한국의 법치주의와 정의의 문제

한국의 법치주의와 정의의 문제

김 일 수

세창출판사

법치주의와 정의라는 말은 어느새 전문가들의 영역을 넘어서 일반인들도 자주 입에 올리는 일상의 언어처럼 되었다. 매우 매력적으로 들리는 이들 언어는 그러나 실제 전문가들조차도 명확한 의미를 단정하기 어렵다. 2천여 년 전 예루살렘에서 속전속결로 진행된 예수재판에서 로마총독 빌라도가 진리를 언급한 예수에게 "진리가 무엇인가?"고 물었던 것처럼, 법치주의에 둘러싸인 법과 정의(正義)라는 언어도 진리처럼 영원한 물음에 속할지도 모른다. 독일의 계몽주의 철학자 칸트가 "오늘날도 법률가들은 법의 정의(定義)를 찾고 있다"고 조소 섞인 말을 던지며, 스스로 법에 관한 정의를 내놓았지만, 거기에 만족하는 법률가들은 여전히 희소하다.

이 책에서 나는 한국의 법치주의의 이상형을 제시하려고 하지 않는다. 오히려 한국의 법치주의가 헌법제정과 헌법에 따른 정부수립 후 약 70여 년을 지나면서 어떻게 헌법에서 제시한 법치이념을 벗어나 옆으로 빗나갔는지를 검토하는 데 주력했다. 더 나아가 그러한 현상의 배후에서 정법(正法)의 지배가 아닌 자의적인 인간의 탐욕과 권력의 지배가 제도 안팎으로 어떻게 작용하면서 진정한 의미의 법치주의를 왜곡시켰는지를 살펴보고자 했다. 이 같은 현상의 분석과 해석을 통해 한국의 법치주의와 정의에서 본질적인 문제가 무엇이며, 우리가 추구해야 할 시급한 현실의 과제와 또 안타까운 법치의 현실을 딛고 우리가 나가야 할 구체적인 이념의 방향이 무엇인지 등등의 문제를 파헤쳐 보고자 시도했다.

필자는 20대 초반부터 법을 전공했고, 수년이란 짧은 기간 변호사로서 법률실무를 경험하기도 했다. 갈등하고 모순처럼 보이는 우리 법현실의 난제를 가슴에 안고 독일유학길에 올라 질풍노도와 같은 열정으로 문제해결을 찾아 고전에서 당대에 이르기까지 수많은 저술들을 섭렵

하기도 했다. 유학을 마치고 돌아와 대학에 자리를 잡았을 때 감시하의 대학에서 자유는 권력의 힘에 눌려 질식지경까지 이르고 있었다. 그러나 누군가의 희생에 의해 굴종으로부터 자유는 회복되었지만, 굴종 못지않게 위험한 자유의 숱한 남용, 즉 방종, 일탈, 질서파괴행위들을 우수(憂愁)에 젖은 아픈 마음으로 지켜보아야만 했다.

민주화투쟁에 대한 도덕적인 부채감과 이데올로기 그룹의 간계에 의한 역사왜곡과 해체에 넋을 잃고 휩쓸려가는 분위기 속에서 운동권정치인들에 대한 지지가 확장되면서, 우리는 먼 나라의 과거사에서 듣던, 이른바 "법률을 수단으로 한 합법적인 독재"가 어떻게 가능한지를 소름 끼치도록 실감할 수 있는 현실의 한복판에 이제 서게 되었다. 더군다나 오늘날의 안전위주의 정책에서 비롯된 정부주도의 후견주의적 행정 및 법사고와 코로나 바이러스 팬데믹 사태에 직면하여 폭발적으로 증가하는 행정명령을 통한 감시국가적인 통제문화의 일상화는 곧 머지않아 자유사회시민들의 생활세계를 식민지처럼 짓밟아 버리고 말 것이다. 통제명령을 어긴 경미한 질서교란행위들도 마치 국가반역행위인 듯 중대한 반사회적 행위로 취급되기도 하고, 마스크 미착용자나 이웃업소에 피해를 주지 않기 위해 동선을 묵비하거나 거짓으로 둘러대는 소박한 일상인들이 사회에서 배제되어야 할 중범죄자인 양 아니면 전시상황의 적군처럼 취급받는 공포 분위기를 우리는 지금 매일 걱정스러운 눈으로 보고 있는 것이다.

여기에 각 사람의 자유의 소중함을 우선할 줄 모르는 통치권의 타락과 이에 맞장구를 치는 관제언론들이 합세하고 마지막 자유의 보루인 헌법재판소와 사법부마저 눈을 가리고 이러한 자유의 질곡상태를 외면하거나 방조한다면 틀림없이 이 땅에서 우리가 아직 겪어 보지 못한 무시무시한 현대판 레비아탄국가의 등장은 단지 시간문제일 것이다. 그러므로 비록 일상의 소소한 자유일지라도 그 자유의 소중함을 아는 자유사회의 책임 있는 시민이라면 이런 비극적 현상이 우리의 밝은 하늘을 먹구름처럼 뒤덮기 전에 제때에 깨어 일어나 자리를 떨치고 소리를 질러야 할 것이다. 이것이 자연법적인 헌법상의 권리인 저항권이 명하는 바요 시민불복종운동의 부름인 것이다.

이 방도를 통해 법치주의는 자기의 길을 꿋꿋이 지킬 뿐만 아니라 바르게 앞으로 더 나아갈 수 있으리라. 당장의 안전이익을 위해 자유의 이익을 쉽게 포기하거나 국고를 털어 미래세대의 빚으로써 사탕발림이나 하는 간사하고 탐욕적인 권력의 속임수에 우리 모두가 쉽게 속아 넘어가 소시민으로 전락한다면 우리는 마치 점점 끓어 오르는 물통 속에 든 개구리의 운명처럼 영구히 헤어날 수 없는 굴레 속에 빠져든 것이나 다름없다. 환난 중일지라도 우리는 정부의 선의를 무조건 믿고 따라서는 안 된다. 오히려 거기에 무슨 노림수가 들어 있는지 의심의 눈을 부릅뜨고 지켜보면서 민감하게 반응할 줄 아는 자유 시민 의식으로써 우리 각자의 의식을 무장해야 한다. 자유사회는 이 의식 가운데서 견고한 기초를 세울 수 있기 때문이다.

이 책은 문민정부의 역사바로세우기운동의 역사에 초점을 맞춘 것이다. 당시 정치적인 현안이었던 이 소용돌이의 중심은 12·12와 5·18의 책임자들에게 형법적 책임을 물어 단죄하는 데 있었다. 거기엔 공소시효가 이미 지났다는 법률적 장애도 걸려 있었다. 이런 문제의 해결을 둘러싼 정치적인 힘과 입법 작용의 함수관계 및 그에 부수하여 일어난 검찰의 공소권행사, 헌법재판소의 결정과 대법원의 판결 등에 이르기까지 당대의 정치계 및 법조계에서 일어난 백가쟁명과 이론적으로 뜨거웠던 쟁점들을 비교적 차분하게 바라볼 수 있는 시차간격을 둔 상황에서 되짚어 본 것이다. 이와 관련된 논의들은 이미 역사의 뒤안길로 사라져 간 과거의 유물에 불과한 것이 아니라고 생각한다. 친일청산에서부터 광주민주화운동 폄하발언처벌법의 손질 등 지금 우리의 현안과도 중첩된 문제라는 점에서 한편 긴장되기도 하고 다른 한편 흥미롭기도 하다. 앞으로 통일의 그날이 오면 다시 불거질지 모를 체제불법 내지 국가범죄의 청산문제와도 깊이 연관되어 있는 문제이기도 하다.

이 문제를 연구하고 책으로 펴내기까지 여러모로 지원을 아끼지 않은 미래한국재단에 감사를 드린다. 또한 과거청산의 소용돌이를 온몸으로 겪으면서 한국의 법치주의에 대한 깊은 성찰의 시간을 가졌던 허화평 이사장님께서 이 책의 저술기간 동안 여러 가지 쟁점에 대해 친절한 대화상대가 되어 주신 데 대해서도 마음으로부터 깊은 감사를 드린다. 코로나사태의 어려움 가운데서도 출판을 맡아 수고해 주신 세창출판사 이방원 사장님과 임길남 상무님께도 깊은 감사를 드리는 바이다.

2020년 9월 초순
여의도 一隅에서

心溫 金日秀 삼가

차 례

I

서 론

한국의 법치주의에서 가장 획기적인 전환점은 5공 말기(1987) 6·29선언을 꼽을 수 있을 것이다. 이른바 신군부세력이 국민 앞에 스스로 역사의 뒤안길로 퇴각하기로 선언한 것을 계기로 한국의 민주주의와 법치주의는 한 단계 더 높은 지평으로 들어설 수 있는 호기를 맞았다고 말할 수 있기 때문이다. 독재·파시즘·공산주의가 기세를 부리다가 몰락의 길로 들어선 20세기 세계 여러 나라의 정치체제변혁에서 우리는 과거와 단절하고 새로운 국가질서의 재건과 확립이라는 목표 아래 치러진 다양한 정치적·법적 문제해결의 유형들을 보아 왔다. 과거청산과 사회통합에 의한 미래발전으로 나가는 길목에서 이러한 역사적 과제를 안고 있던 여러 나라들이 취한 방도는 대체로 다음 세 가지 유형으로 나누어 볼 수 있다:[1]

① **종결모델**(Schlußstrichmodel): 과거사에 대한 진실규명과 형사처벌 일체를 포기함으로써 과거지사를 역사의 평가와 심판에 맡긴 채 묻어두고 미래로 나가는 경우[2]

---

1 이러한 분류에 관하여는 김동률/최성진, 「체제불법의 형법적 과거청산의 당위성에 관한 연구」, 동아법학 제66호(2015), 450면 이하 특히 각주 2 참조; Eser/Arnold/Kreicker, Strafrecht in Reaktion auf Systemunrecht, 2001, S.6-18.
2 러시아, 백러시아, 조지아, 스페인, 브라질, 우루과이, 가나, 폴란드, 체코, 불가리아, 헝가리, 아르헨티나, 칠레, 말리 등 국가가 이에 해당.

② **화해모델**(Versöhnungsmodel): 과거사에 대한 진실은 규명하되 모든 불법에 대한 경중을 가리지 않고 형사적 처벌 일체를 포기하는 경우[3]

③ **형사소추모델**(Strafverfolgungsmodel): 과거사에 대한 진실규명과 함께 그에 맞는 응분의 처벌과정을 거침으로써 피해자의 만족과 정의의 요구를 실현하는 경우[4]

위에서 간략히 언급한 이러한 유형들은 실제 구권력과 신권력 간에 존재하는 역학관계와 그에 따른 각 나라의 정치지형과 정치상황을 현실적으로 반영한 것 외에 다름 아니다. 왜냐하면 권력의 혁명적인 이양기라 할지라도 신·구세력 사이의 권력함수관계 및 시민의 정치적 역량과 요구사항의 강도 등에 따라 과거와의 결연한 단절이냐 아니면 사회통합이란 이름 아래 엉거주춤한 평화냐 또는 그 중간에 문제해결을 위한 실로 다양한 셈법들이 있을 수 있기 때문이다. 어쨌든 구체제의 몰락과 새로운 체제의 등장을 둘러싼 역사적 전환기는 법치주의의 진통기라고 말해도 좋을 것이다. 오랜 법문화전통을 거쳐 오면서 확립된 법치주의원리들이 이러한 정치적 격변기에는 한편으로 정의라는 이름의 독주 앞에 무기력하게 무너지거나, 다른 한편으로 예외상황이라는 미명 아래 원칙의 준수를 쉽게 양보하고 예외적인 조치에 휘둘리게 될 개연성이 높기 때문이다. 이른바 법적 과거청산작업을 둘러싸고 법치주의원칙을 엄격히 고수하려는 노력과 현실정치의 이해득실을 따져 법치주의원칙을 신축성 있는 도구로 간주하려는 입장 사이에 불꽃 튀는 논쟁이 있는 게 사실이다. 최근 수십 년간 세계 여러 나라뿐만 아니라 우리나라의 현대사도 실은 그 예외가 아님을 알 수 있다.

과거의 체제불법 내지 국가불법 같은 거시범죄(Makrokriminalität)에

---

3   남아프리카공화국, 과테말라 등 국가가 이에 해당.
4   독일, 그리스, 포르투갈, 르완다, 중국, 한국 등이 이에 해당.

대해 형법을 통한 법적 청산을 반대하는 입장은 다음과 같은 점을 논거로 든다. 즉, 형법적 과거청산은 화해프로세스를 통한 미래사회로의 발전에 나쁜 영향을 미치고, 새로운 국가질서의 구축과 국가운영의 안정적 기반을 위태롭게 한다는 점, 특히 체제범죄를 개인처벌의 차원에서 청산하는 것은 체제범죄가 갖는 거시범죄 내지 집단범죄로서의 성격을 훼손하여 미시범죄(Mikrokriminalität) 내지 개인범죄 수준으로 환원시키는 일이라는 점 등을 든다. 무엇보다도 법치국가는 어떠한 경우에도 과거청산의 대상이 되는 독재체제하에서의 형사사법과 같거나 그와 유사한 수준의 수단을 사용해서는 안 되며, 더 나아가 보복과 복수가 청산의 동기가 돼서는 안 된다는 점을 들기도 한다. 왜냐하면 법치국가의 형벌권실현은 과거 권위주의체제하에서의 그것에 비해 도덕적으로 우월해야 하고 절차적으로도 정당해야 하며 법치국가형법이 저초하고 있는 기본원칙, 즉 죄형법정원칙, 책임원칙, 비례성의 원칙의 한계 안에서 필요불가결한 최후수단으로서의 성격을 벗어던져서는 아니 되기 때문이다.[5] 특히 소급입법에 의한 형법적 청산의 사례들에서 나타나듯이, 자칫 체제범죄자들을 무차별적인 표적수사와 조준사격에 의한 몰이사냥방식으로 척결하려 든다면, 오만한 승자사법(勝者司法)의 새로운 희생자가 양산될 수 있다는 것이다.

이에 반해 형법수단을 통한 과거청산을 적극 주장하는 입장은 불법체제의 희생자들을 위로함으로써 법치국가와 정의가 살아 있음에 대한 일반인의 신뢰를 회복시키는 것이 무엇보다도 중요하다고 한다. 즉, 불법체제하에서 불가능했던 정당한 형사소추를 감행함으로써 그 체제의 희생자들의 법 감정과 정의감정을 만족시켜 줄 수 있다는 것이다. 희생자관점에 치우치다 보면 형법적 과거청산은 원상회복이나 손해배상, 명예회복과 복권조치 따위로 만족할 수 없고 가해자에 대한 응징과 처벌

---

5   이에 관한 상세는 김일수, 형법학원론, 1988, 101면 이하; 한국형법 I (개정판), 1996, 134면 이하.

에까지 나가야 한다는 결론에 이른다. 이들의 시각에서 보면 너무나 명백하고 가공할 권력적 불법이 왜 단지 일상적인 범죄의 하나로 취급되어야 하는지에 의문을 제기한다. 그들 희생자들이 바라는 것은 단순한 법치주의가 아니라 정의라는 것이다. 그들은 어두운 권력적 불법에 시달리면서 법치주의와 함께 정의의 새벽이 속히 오기를 열망했다. 매를 맞으며 짓밟히고 고문당하고, 권리를 박탈당하며 옥에 갇히어 고립무원의 한계상황에 내몰리면서도 정의가 도래할 때까지 참고 견디어 온 것이다. 그러므로 민주화와 법치주의는 회복되었지만 정의가 실현되지 않는다면, 봄 같은 봄이 온 게 아니라는 것이다. 결국 형사소추란 상처받은 이들에게 위안을 주고, 이를 통해 법치와 정의가 기필코 승리한다는 믿음을 확증시켜 주는 방도라는 것이다.[6]

그 밖에도 독재체제의 위험성은 어느 사회에서나 경계대상으로 삼아야 한다는 일반예방적 고려, 역사인식을 통한 대국민교육효과를 기대할 수 있다는 관점에서도 체제불법에 대한 형법적 수단의 투입을 적극 지지하기도 한다. 문제는 형법을 통한 과거청산에서 구체적으로 법치주의의 진정한 의미는 무엇이며, 또한 정의의 실질적인 내용은 무엇인가 하는 점이다. 구체적인 형사소추의 현장에서 과거청산이란 이름으로 범죄인에게 불리한 소급법률을 제정하고, 또한 그 법률을 적용함에 있어서 '가능한 문언의 의미'를 넘어서까지, 즉 법관의 법 창조활동을 통해서까지 체제불법의 범죄자들을 단죄하는 것이 법치주의의 진정한 의미인지, 심지어 정의라는 이름이 그러한 입법과 사법의 활동을 정당화하고 요구하고 있는지를 면밀하게 분석검토해 볼 필요가 있다.

그동안 특히 6·29선언과 제9차 개정헌법인 제6공화국헌법(1988.2. 25. 발효) 이후 등장한 노태우 정부(1988.2.25.~1993.2.24.)와 특히 김영삼

---

6   Kinkel, 40 Jahre SED-Unrecht, Eine Herausforderung für den Rechtsstaat, 1. Forum des Bundesministers der Justiz am 9.7.1991 in Bonn, ZG Sonderheft 1991, S.7.

정부(1993.2.25.~1998.2.24.)에서 우여곡절을 거치면서 현실화되었던 5공 주역들에 대한 과거청산작업에서 법치주의와 정의라는 이름이 청산주체인 당시 정치권력의 논증도구와 정치적 구호로 얼마나 잘 이용되었는지, 그리하여 한국의 법치주의문화에서 정치적인 힘이 형법의 세계를 얼마나 수월하게 지배했는지를 반성적으로 되돌아보는 것은 우리나라 법치주의의 발전을 위해 결할 수 없는 유용한 작업으로 보인다. 현재 우리들의 생활세계에서 빈발하고 있는 폭력적이고 집단적인 반법치주의적인 현상들은 그동안 누적되어 온 법치주의의 파행과 사법의 정치화가 남겨 놓은 나쁜 유산의 일부가 아닌지를 규명해 볼 필요가 있다고 생각할 때 더더욱 그러한 것이다.

이 책에서는 먼저 형법적 과거청산의 대상이 된 체제불법/불법국가의 개념을 정리하고, 이러한 체제불법상황의 종료 후 그것을 청산하는 법적 방도로서 정의의 요구와 그 기능과 한계를 짚어 보고, 더 나아가 법치주의의 실질적 의미내용을 고찰한 후, 우리나라에서 실질적인 의미에서 법치주의와 정의이념의 조화와 '지평의 융합'을 위한 길을 모색해 보고자 한다. 물론 이 주제와 관련하여 우리나라보다 먼저 동일한 난제를 떠안고 씨름했던 독일, 즉 제2차 세계대전이 끝난 직후부터 동·서독 통일에 이르기까지 두 차례에 걸친 독일의 풍부한 사례를 참조하는 것은 유익하고도 불가피해 보인다. 왜냐하면 우리나라 헌법재판소와 법원의 판결도 독일의 선례를 참조하였을 뿐 아니라 결정적인 논증도구들로부터 정신적인 영향을 받은 것으로 평가되기 때문이다. 다만 독일의 사정은 독일의 특수한 역사적·정치적·사회적 배경과 밀접한 연관성 속에서 읽을 때 그 의미가 드러나는 것이므로, 독일의 입법적·사법적 해결방안을 독일과 사정을 달리하는 우리나라의 사례에 아전인수 격으로 퍼 날라 쓰는 것은 옳지 않을 뿐 아니라 위험스럽기조차 한 것이다. 그러므로 사리에 맞추어 유추적으로 거르고 걸러 사용하는 것이 비교법적으로 학문하는 방법의 정도라고 생각한다.

더 나아가 우리나라의 헌정질서, 즉 헌법제정에서부터 제6공화국

헌법하의 오늘날에 이르기까지 우리의 법과 사법문화에서 체제와 상관없이 여전히 위세와 직·간접적으로 막강한 영향력을 행사하고 있는 정치권력의 작용에 주목함으로써 우리나라 법치주의의 과거와 현재가 얼마나 정치권력에 유착되어 있는지를 평가해 보고자 한다. 물론 법 왜곡죄와 같은 죄형법규가 없는 우리나라 제도하에서 이를 실증적으로 분석·검토하는 것은 어려운 일임에 틀림없다. 그럼에도 추론이 가능한 정황자료들은 여기저기 산재해 있는 게 사실이다. 그런 단편적 소재들을 모자이크 형식으로 직조하면서, 우리는 한국 법치주의의 과거와 현재를 성찰하고, 참다운 법치주의가 지향해야 할 미래의 전망을 모색할 수 있을 것이다.

　법치주의에서 핵심요소는 뭐니 뭐니 해도 '법 그 자체'라는 데 이의를 달 사람은 별로 없으리라 생각한다. 그러나 체제불법과 법적 과거청산에서 정의의 이름으로 위력을 행사하는 것은 자연법, 다시 말해서 '자연법적 정의'이다. 이 논문에서 관심을 쏟을 대목은 '법' 그 자체의 '존재론적 구조'와 그의 역사성(Geschichtlichkeit)이다. 법 그 자체는 결코 고차원에 자리한 자연법과 현실에서 실효성을 지닌 실정법률 또는 법이념·법가치로서 정의와 질서안정성과 같은 것들의 양자대립이나 양자택일 내지 때로는 자연법, 때로는 실정법을 임기응변적으로 둘러대는 방식으로 존재할 수 없다는 분명한 인식에서 출발하고자 한다. 또한 정의 없는 법이 법일 수 없듯이 정의에 명백하고 중대하게 반하는 실정법은, 비록 그것이 현실적으로 강제력을 행사하고 있을지라도, 법치이념에 합당한 법일 수 없다. 그러므로 현실의 헌법원리 내지 형법의 기본원리로서 법치주의 또는 죄형법정원칙을 말할 때, 그것은 바로 위에서 언급한 양자의 실천적 조화(practical concordance) 내지 변증론적 합일(dialektische Vereinigung)의 양태일 수밖에 없을 것이다.

　한국현대사에서 법치주의는 주로 법실증주의에서 말하는 법률 위주의 법치였다는 점을 확증하는 일은 그다지 어려운 일이 아니라고 생각한다. 그 법률이 어떤 유형의 것이든, 그 내용이 어떠하든 간에 현존하는 정치권력의 지배에 이끌림을 받는 경향이 지배적이었다고 본다. 그런 점에서 보면 한국 법치주의에서 핵심적인 내용이 되는 법은 반쪽의 법에 불과하지 않았을까 하는 의문점을 불식시키기 어렵다. 드문 사례에서 자연법적인 논증이나 저항권 등의 대항논리가 제시되기도 했지만, 체제변동과 확립된 신체제의 안전한 울타리가 없이, 법실증주의에 경도된 사법의 허약한 실제에서는 권력의 눈치 보기에 급급한 나머지, 이런 무거운 논증들이 제대로 주목받는 대상이 못 되었던 것이다.

이 논문의 전개과정에서 법치에 강한 영향력을 행사한 정치권력의 작용을 눈여겨 살펴보고자 하는 이유도 이러한 의문점의 규명을 위한 정신적 작업의 일환임을 언급해 두고자 한다. 그리하여 정치적 사실의 힘과 인간의 존엄과 개인의 자유 실현을 지향하는 법의 함수관계에서 전자가 후자를 어느 정도로 지배할 때 우리는 정치적 사법, 정치적 입법이라고 평가를 내릴 수 있는지 그리고 우리는 본래적인 법치주의와 정의의 범주에서 그 정치적 힘을 어떻게 규범적으로 통제하고 배제할 수 있는지를 논의함으로써 최종결론에 도달하게 될 것이다. 이 책에서 필자가 마음속에 새기고 있는 지향점은 참된 의미의 법치를 현실정치 위에 바로 세움으로써 법치가 본래 서 있어야 할 제자리를 찾아가도록 하는 것이다. 이것이 정치적·사회적 격변기에도 국가와 법질서가 국민 한 사람 한 사람의 인간존엄성과 인권을 안정적으로 보호하고 보장하는 지름길이라고 생각하기 때문이다.

II

법치국가와 법치주의

1. 국가의 존재이유

(1) 불법국가와 법치국가

우리에게도 잘 알려진 독일의 헌법학자 콘라드 헤세(Konrad Hesse) 교수는 "국가의 시대가 이제 끝나 가고 있다"는 말로써 당대의 헌법학에서 쟁점이 되었던 국가와 사회의 구별 여부에 관한 논쟁에 종지부를 찍으려 했다.[1] '국가와 사회' 양자 구별을 주장하는 이론진영에 서 있는 뵈켄푀르데(Böckenförde) 교수에 의하면 국가는 기능적으로 사회와 관련을 맺고 있지만 사회로부터 독립한 조직된 작용통일체인 반면, 사회는 스스로 규율할 수 없는 작용통일체라는 전제에서 출발하여, "사회는 조직된 기관으로서 국가, 개인적 자유의 보장자로서의 국가, 외부조종과 타율적 조종의 요소로서의 국가를 필요로 하며, 국가와 사회의 구별이 개인적 자유의 기본조건이다"라고 한다.[2]

그러나 이런 주장에 대해 헤세(Hesse) 교수는 개인의 자유 보장을 위하여 국가와 사회를 분리해야 한다는 주장은 양자를 동일시해야 한다

1 K.Hesse, Bemerkungen zur heutigen Problematik und Tragweite der Unterscheidung von Staat und Gesellschaft, in: Die Öffentliche Verwaltung, 1975.7. 계희열 역, 헌법의 기초이론, 2001, 35면 참조.

2 E.W.Böckenförde, Die verfassungstheoretische Unterscheidung von Staat und Gesellschaft als Bedingung der individuellen Freiheit, 1973, S. 25ff. 계희열, 앞의 책, 37, 40면 참조.

는 주장과 마찬가지로 위험성을 내포한다고 본다. 현대국가와 현대사회의 문제는 양자동일시 또는 양자구별 같이 택일적으로 해결될 수 없다는 것이다. 국가와 사회의 문제는 양자를 국가의 과제, 국가의 작용, 사회적 행위에 대한 국가의 영향과 질서형성 등의 측면에서 어떻게 구체적으로 상세하게 정서(整序)하는가의 문제로 돌아간다는 것이다. 그 본래의 문제는 헌법과 법률에 의한 국가와 사회의 구체적이고 세밀한 정서에 있다고 한다. 요체가 되는 것은 결국 어떻게 양자를 적당한 정도로 분리하고 또 결합시킬 것인가에 귀착된다는 것이다.

개인의 자유는 국가와 사회 양자를 분리하거나 통일시킴으로써만 실효성 있게 보장되는 것이 아니다. 그것은 국가적 침해뿐만 아니라 사회적 침해로부터도 보호될 필요가 있다. 자유롭지 못한 사회로부터 자유로운 국가가 생길 수는 없기 때문이다.[3] 오늘날 국가는 국가를 지탱하고 또 방어하기도 해 주는 사회적 세력에 의존하고 있는 반면, 사회의 발전 또한 국가의 체제와 기능 및 그 한계와도 밀접한 상관관계 속에 놓여 있는 것이 사실이다. 국가를 유지해 주는 사회적 세력들에 의하여 버림받은 국가는 행정부와 사법부가 제대로 작동하더라도 결국 자유의 파괴를 막을 수 없다는 사실을 우리는 지난 세기 세계 도처에서 일어난 구체제 해체기의 혼란 속에서 이미 경험한 바 있다.

지난 세기 제2차 세계대전의 종료와 함께 국가질서와 법질서에서 최고의 규범으로 새롭게 등장한 것은 인간의 존엄성이다.[4] 전체주의 국가에서 저질러진 인간모멸의 역사적 사실을 딛고 출범한 신생국가들의 헌법뿐만 아니라 유엔헌장과 세계인권선언에서 천명된 최고의 가치는 바로 인간의 존엄이었다. 인간의 존엄과 가치를 짓밟고 인간존재에게서 인간성을 빼앗고 유린하며 심지어 말살하려고 하는 국가체제가 바로 불

---

3   계희열, 앞의 책, 52면 이하 참조.
4   Il-Su Kim, Die Bedeutung der Menschenwürde im Strafrecht, Diss. München, 1983, S.11.

법국가, 폭력국가, 전체주의국가, 권위주의국가, 독재국가라고 한다면 법치국가, 민주국가, 자유국가, 안전국가, 사회국가는 바로 인간의 존엄성을 최고의 가치이념으로 고백하고 그에 경도되고 그의 실현에 지향된 국가인 것이다.[5]

전자에 속하는 불법국가를 국가라는 이름으로 지칭하는 데 대해서는 이의가 제기될 수 있다. 헌법적인 의미에서 국가란 도무지 불법이나 악을 저지를 수 없는 것이기 때문이다. 행정법상 국가배상책임의 전제가 되는 불법행위는 원칙적으로 국가기능을 수행하는 공무원 개인의 불법행위를 의미하는 것이지, 국가체제가 총체적으로 또한 체계적인 불법을 자행하는 경우와 구별되기 때문이다. 국가가 변질되어 강도 집단처럼 체계적인 불법을 자행하는 경우는 법적인 의미의 정상국가가 아니라 국가의 탈을 쓴 레비아탄(Leviathan)에 불과한 것이다. 토마스 홉스(Thomas Hobbes)의 말대로 그것은 사실상으로 지배력을 행사하고 있지만 곧 '죽어야 할 신'(sterblicher Gott)에 지나지 않는다.[6]

이에 비해 법치국가는 철저히 헌법과 법에 기초하여 그 규범의 정향(定向)에 스스로 복종하고 따르는 국가를 지칭한다. 그렇다면 여기서 중요한 열쇠는 바로 헌법질서를 포함한 전체 법질서의 정향(定向)규범적 지시이다. 오늘날 모든 법질서가 지향하는 인간의 존엄성은 헌법상의 기본권 조항과 여타의 인권 목록 가운데서 최고의 인권으로서 자리매김되고 있다. 그것은 다름 아닌 인간이 인간답게 살아갈 수 있는 조건이기도 하다. 이 조건은 인간이냐 비인간이냐 하는 근본적인 상황과 연계되어 있기 때문에, 사회의 공존질서를 깨트리고 일상생활 속에서 행해지는 크고 작은 형사범죄에 의해서는 직접 침해되지 않는다. 단지 간접적

---

5 W.Maihofer, Rechtsstaat und menschliche Würde, 1968, S.31; R.Marcic, Ein neuer Aspekt der Menschenwürde, E.v.Hippel-FG, 1965, S.197; ders., Der unbedingte Rechtswert des Menschen. Seine Würde und Freiheit als präpositive Strukturelemente der positiven Rechtsordnung, E, Voegelin-FG, 1962. S.360ff.

6 Th.Hobbes, Leviathan, Ausgabe von I. Fetscher, 1966, S.248(14, 15, 26 Kap.)

인 침해가 일어날 수 있을 뿐이다. 여기에서는 원칙적으로 피해자의 정당방위나 긴급피난의 가능성이 열려 있을 뿐만 아니라, 국가와 사회의 긴급구조를 요청할 수 있는 가능성도 원칙적으로 열려 있기 때문이다.

그러나 한 개인이나 집단이 인종적, 이데올로기적, 문화적인 이유로 다른 집단으로부터 차별대우를 받고 배제당하거나 고문이나 학대를 당하면서 스스로 방어할 수도 없고, 외부세계로부터 구조를 기대할 수도 없는 한계상황하에서 시달리고 있다면, 그 상황은 인간이 인간성을 일방적으로 유린당하여 사실상 단순한 물건이나 수단으로 전락한 것과 같은 참담한 상황인 것이다. 인간의 존엄성이라는 최고의 근본규범은 바로 이런 한계상황에서 직접 침해당하고 있는 것이다.

법치국가는 이런 비극적인 한계상황을 예방하고, 인간이 정말 인간다움을 실현할 수 있는 직접·간접의 조건들을 마련하고 또 그것을 보존해야 할 책임이 있는 것을 스스로 알고 있다. 법치국가는 법공동체 내에서 이 임무를 이행하기 위한 공조의 중심체로서 필요할 경우 최종적이고도 최강의 권력을 투입하거나 행사할 수 있다.

인간의 존엄을 실현하기 위한 가장 필요불가결한 조건으로 개인과 사회의 자유와 안전을 들 수 있다. 그런데 또 하나의 문제는 개인의 삶에서나 사회생활 가운데서 자유와 안전은 다양한 측면에서 서로 얽히고 충돌할 수 있다는 점이다. 인간의 존엄성의 주체인 인간은 개인이면서 동시에 타인과 공존하는 사회적 존재이므로 개인의 자유와 안전 및 사회의 자유와 안전이 서로 충돌하여 어느 것을 우선할지 불분명한 상황에서는 원칙적으로 개인의 자유와 안전에 우선권을 두어야 한다. 이것이 모든 현대헌법이 기초로 삼고 있는 자유주의와 개인주의의 대강령이다.

더 나아가 법치국가의 법질서 내에서 자유와 안전이 서로 충돌하는 상황에서는 어느 것을 우선해야 할 것인가? 오늘날과 같이 사회체계의 복잡성이 상존하는 상황 가운데서는 양자택일이 문제의 해결책이 되는 것이 아니다. 그러므로 자유냐 안전이냐 하는 양자택일보다는 적정한 자

유와 적정한 안전 사이의 실천적 조화를 추구할 것을 주장하기도 한다.[7]

그러나 인간의 존엄성 실현에 어느 것이 더 본질적으로 중요한 의미를 지니는지에 따라 양자의 비중을 저울질할 수 있는 원칙적인 방도를 외면해서는 안 될 것이다. 자유는 인간존엄성을 실현하는 삶의 발전조건인 반면, 안전은 그것을 유지하는 보전조건이다. 자유는 인간의 윤리적인 자기발전의 조건인 반면, 안전은 인간의 윤리적인 자기보전의 조건에 해당하기 때문이다. 그리고 인간의 윤리적인 자기보전의 조건은 인간의 윤리적인 자기발전조건의 수단으로서의 의미를 갖는다. 이렇게 보면 안전은 자유라는 목적을 실현하기 위한 수단이고, 자유는 인간의 존엄이라는 목적을 실현하기 위한 수단인 셈이다. 따라서 자유는 인간의 존엄이라는 최고의 법 가치에 안전보다 실제 더 가까운 의미연관성을 지님을 알 수 있다. 왜냐, 인간의 존엄성은 개념상 "자유를 통해 활력을 얻게 되고 동시에 자유를 더욱 활성화시키는 것"으로 파악되기 때문이다.[8] 이런 의미에서 인간의 존엄을 위한 투쟁의 동인은 제1차적으로 자유의 정신인 것이다.[9] 이런 맥락에서 법치국가는 인간의 존엄성 실현을 위한 목적 합리적 · 가치 합리적 관점으로부터 안전보다 자유에 원칙적인 우위를 부여한다고 말할 수 있다.[10]

(2) 법치국가의 목적

법치국가는 인간의 존엄성을 최대한 존중하는 것을 자신의 목적으로 삼는 국가체제이다. 그러기 위해서 더 나아가 인간의 자유와 안전을 보장한다. 나치의 폭정 끝에 탄생한 신생 독일(서독) 기본법 제1조보다

---

7   이를테면 Arth.Kaufmann과 H.Schöch 교수의 입장.
8   W.Maihofer, Rechtsstaat und menschliche Würde, a.a.O., S.87.
9   E.Bloch, Naturrecht und menschliche Würde, 1961, S.231 이하 참조.
10 W.Maihofer. Ebd., S.119; I.Müller, Rechtsstaat und Strafrechtsverfahren, 1980, S.360.

이 점을 명백히 보여 주는 헌법체계나 문언은 없다. 즉, "인간의 존엄은 불가침이다. 이를 존중하고 보호하는 것은 모든 국가권력의 책무이다." 이에 따르면 법치국가는 인간의 존엄을 최고의 목적으로 삼고 거기에 이바지하는 수단에 불과한 것이다. 서독헌법의 제정에 앞서 마련된 초안[11] 제1조도 "국가는 인간을 위해 존재하며, 인간이 국가를 위해 존재하는 것이 아니다."라고 천명했다. "국가는 인간이 만든 피조물이다. 따라서 국가 없는 인간은 상정할 수 있어도 인간 없는 국가는 상정할 수 없다."[12]는 말도 같은 맥락에서 이해할 수 있다.

그러므로 법치국가의 목적과 임무는 그의 보장기능 및 보호기능이든, 사회적인 급부기능이든 간에, 인간과의 관계에서 결코 인간을 지배하는 데 있지 않고, 인간의 행복한 삶을 위해 봉사하는 데 있다. 궁극적으로는 바로 인간의 존엄과 행복한 삶을 실현하도록 그 외부적·간접적인 조건을 법적으로 마련해 주는 한도 안에 법치국가의 성격이 나타나는 것이다. 왜냐, 존엄성의 주체인 인간은 저마다 직접 자신의 삶을 스스로 의미 있게 개발해 나갈 수 있는 정신적-윤리적인 자기결정과 자기선택의 능력을 원칙적으로 갖고 있음을 전제하기 때문이다.

이렇게 볼 때 법치국가는 그의 수단의 측면에서 보면 지배조직체이지만, 그의 목적의 차원에서 보면 봉사조직체이다.[13] 순전히 개인존재의 차원에서만 본다면 어쩌면 국가 그 자체는 하나의 악일지 모른다. 그러나 법치국가는 결코 악을 위해 통치하지 않는다. 영국의 오래된 법언 가운데 하나인 "국왕은 잘못을 저지를 수 없다"(The king can do no wrong)는 언명은 적어도 그 본래의 의미에 비추어 이해하자면 오늘날에도 적용될 만한 국가행위의 윤리적 지도 원리로 간주할 수 있을 것이다.

---

11 이 초안은 독일 남부의 바이에른 주에 있는 호수, 헤렌킴제에서 마련되었기 때문에 헤렌킴제초안(Herrenchiemseer Entwurf)이라고 부른다.

12 R.v.Coudenhove-Kalergi, Totaler Mensch, totaler Staat, 1965, S.16

13 Il-Su Kim, Die Bedeutung der Menschenwürde im Strafrecht, a.a.O., S.177.

물론 법치국가도 지배와 통제수단을 써야 할 때가 있다. 탐욕과 이기심에 이끌리는 인간의 삶의 터전에는 갈등과 충돌, 범죄와 일탈이 없을 수 없기 때문이다. 만인의 만인에 대한 투쟁이 그치지 않는 야만상태 또는 법과 불법의 경계가 모호해지는 혁명적 상황하에서는 인간의 존엄의 실현이나 자유의 의미의 중요성도 한 낱 공염불에 불과할 것이다. 그러므로 국가는 최소한 이러한 야만상태를 종식시키고 법질서가 통할 수 있는 시민상태로 이전하기 위해 최소한 지배력을 행사하지 않을 수 없는 것이다. 국가는 만인이 만인과 더불어 싸우는 전쟁상태를 극복하고, 만인이 만인과 더불어 평화할 수 있는 질서를 회복해야 한다. 홉스의 말을 빌리자면 무법한 야만상태에서는 만인이 만인에 대해 늑대가 되지만, 법이 통하는 시민상태에서는 만인이 만인에 대해 천사 같은 존재가 되기 때문이다. 그러므로 반사회적 행위를 제압하고 사회적 행위를 유도할 수 있는 법과 제도를 마련해야 하고 실효성 있게 법을 집행할 필요가 있는 것이다.

　　그런데 인간은 개별적인 개인존재일 뿐만 아니라 동시에 타인과 더불어 사는 사회적 존재이다. 여기서 개인이익과 공동체이익 사이에 어떤 균형을 맞추는 것이 합리적이고 올바른 관계인지 밝히는 것은 법치국가의 임무에서도 본질적으로 중요한 문제에 속한다. 달리 말하자면 이것은 개인의 자유보장과 공동체를 위한 자유제한 사이의 경계를 긋는 규범적인 기준을 찾는 문제이다. 일반국가학에서 이 문제는 개인주의와 집단주의의 문제로 돌아간다.

　　주지하다시피 개인주의는 개인을 국가와 사회보다 우선하는 자리에 두고, 최고의 목적으로 삼는다. 이에 따르면 실재하는 유일한 것은 개인뿐이며, 국가나 사회는 실재성이 없는 가상에 불과하다는 것이다. 서구의 정신사에서 개인주의의 뿌리는 스토아학파에서 비롯하여 기독교의 영향을 받으면서 인본주의, 계몽사상과 자유주의로 줄기를 뻗고 꽃을 피우기도 했던 것이다. 17세기, 18세기 혁명의 시기에 중요한 역할을 담당했던 사회계약사상도 이성적인 개인존재를 전제한 것이다. 특히 자유주의 정치사상의 영향하에서 개인주의는 모든 삶의 영역에서 될 수 있는 대로 많은 자유를 개인에게 달라고 요구했다.[14] 그러나 한계를 모르는 극단적인 자유에의 욕망은 개인을 도덕적인 무정부상태에 빠트리고, 그로 인한 자유의 몰락을 사실 개인주의는 속수무책으로 지켜볼 수밖에 없다는 사실은 하나의 아이러니가 아닐 수 없다.

이에 반해 집단주의는 공동체를 인간생활세계의 중심에 놓는다. 이것은 개인의 독자성과 자기목적성을 부인하고, 개인을 사회발전의 수단으로 삼는다. 여기에서 실재하는 것은 개인이 아니라 국가 또는 사회공동체이다. 그리하여 거꾸로 개인이 공동체를 위해 존재하며 공동체의 이익을 위해 봉사해야 한다는 것이다. 집단주의에서는 인격을 지닌 개인이 전체에 대하여 자신의 용도와 기능에 따라 평가되며, 생산을 위한 인간도구로서 용도가 있는 한에서 한 의미 있는 존재로 취급될 수 있는 것이다. 이러한 사상은 전체주의로 흐를 소지를 잉태하고 있음을 어렵지 않게 추론할 수 있을 것이다. 결국 집단주의에 의한 인간의 도구화는 인간의 비인격화와 같은 의미이며, 여기에서 인간은 존엄한 주체가 아니라 집단과의 관계에 따라 좌우되는 상대적인 존재에 불과하다.[15]

개인주의나 집단주의는 다 같이 개인적·사회적 존재로서 인간존재를 잘못 이해하고 있는 것이다. 개인주의는 인간의 개인존재 측면만 강조함으로써 그의 본래적인 공동체연관성을 놓치고 있다. 반면 집단주의는 인간의 사회존재 측면만 봄으로써 그의 본래적인 자율성과 독자성을 간과하고 있다. 인격주체로서 인간의 실존은 개인과 사회의 두 축과 떼려야 뗄 수 없는 관계로 연결돼 있다. 따라서 인간의 개별성과 사회성은 근원부터 동시적이고 나눌 수 없는 존재론적 성격을 갖고 있음을 놓쳐서는 안 된다.[16] 이런 존재론적 사고를 인격주의(Personalismus) 또는

---

14   G.Burckhardt, Was ist Individualismus?, 1913, S.8f.

15   Il-Su Kim, ebd., S.185f.

16   M.Buber, Das Problem des Menschen, 4.Aufl., 1971, S.164f.; ders., Ich und Du,

연대주의(Solidarismus)라고 부르며, 헌법과 법질서가 저초하고 있는 인간상(人間像)도 바로 이러한 의미의 인격주의와 연대주의인 것이다. 이 관념에 따르면 인격체(Person)로서의 인간은 그의 개별독자성과 공동체연관성이라는 양극의 조화 속에서 현실적인 인간으로 승인된다.[17] 다시 말해서 인간은 정신적 · 사회적인 개별독자성(geistige-sozlale Individualität)을 지닌 존재이다.[18]

법치국가의 존재양식도, 인간의 이와 같은 존재양식에 상응하게, 개인주의나 집단주의에서 출발하지 않고, 인격주의 내지 연대주의에서 출발한다. 자유주의의 겉옷을 걸친 개인주의는 그 역사적인 발전도상에서 인간의 존엄성을 변호했고 국가의 막강한 권력에 맞서 개인의 자유를 선도한 것은 사실이지만, 인간의 존엄과 자유를 의미 깊게 실현하는 바른 방도를 알지 못했던 것이다. 반면 국가전체주의의 겉옷을 걸친 집단주의는 개인의 존엄과 자유의 가치를 도무지 알지 못했다. 이에 비해 인격주의적인 법치국가는 위에서 본 바와 같은 특성을 지닌 인간존재를 위해 그에게 주어진 모든 권력관계에서 실질적 · 형식적으로 법에 의해 근거지어지고 법에 정해진 절차와 한계 안에서 제한받는 국가인 것이다. 따라서 인간의 존엄과 자유를 위해 사회적 공존질서를 평온하게 유지하는 일을 게을리할 수 없다. 이런 의미에서 카우프만(Arth.Kaufmann) 교수는 진정한 법치주의는 바로 중용의 국가(Staat der Mitte)라고 적절히 지적한 바 있다. 법치국가의 문제는 바로 올바른 정도의 문제(Problem des rechten Maßes)가 되기 때문이라는 것이다.[19]

개인과 공동체 사이에서 개인의 자유향유와 공동체를 위한 자유제한 간의 적정선 긋기는 중요한 법치국가원리의 하나인 보충성의 원칙

1967, S. 7f.
17 Il-Su Kim, ebd., S.187. 특히 각주 48, 49 참조.
18 Arth.Kaufmann, Die ontologische Struktur des Rechts, in: ders., Rechtsphilosophie im Wandel, 2.Aufl., 1984, S.122.
19 Arth.Kaufmann, Tendenzen im Rechtsdenken der Gegenwart, 1976, S.27, 33.

(Subsidiaritätsprinzip)을 통해서도 잘 구현될 수 있다. 보충성의 원칙의 뿌리는 개인과 공동체 사이의 적정관계를 추구하는 인격주의와 연대주의에 있기 때문이다.[20] 보충성의 원칙은 인간의 존엄과 자유 관념이 기초하고 있는 전제, 즉 자기선택과 자기결정능력에 따라 자기책임을 지는 존재자인 인간은 원칙적으로 자기기획 안에서 자신의 삶을 형성할 수 있다는 전제에서 출발한다.[21] 이 같은 기본관념을 전제로 한다면, 개인과 국가·사회공동체 사이에 이익충돌이 일어날 때, 어느 쪽의 손을 들어야 할지에 관해 합리적인 의심의 여지가 있을 때, 법치국가는 개인을 공동체보다 우선시하고, 더 나아가 더 작은 단위의 생활공동체를 더 큰 단위의 생활공동체보다 우선시한다.

국가의 임무와 관련하여 보충성의 원칙은 소극적·적극적인 의미에서 2중의 의미를 지닌다. 먼저 소극적으로 그것은 개인이나 소규모의 생활공동체가 외부의 도움을 필요로 하지 않을 때, 국가가 도움을 줄 필요가 없다고 한다. 반면 적극적으로 그것은 개인이나 소규모의 생활공동체가 스스로 극복할 수 없는 어려움에 처했을 때, 국가는 능동적으로 돕는 자리로 나서야 한다는 것이다. 그 근본정신은 개인에게는 "될 수 있는 대로 더 많은 자유와 꼭 필요한 만큼의 제한"을, 사회와 국가의 관계에서는 "될 수 있는 대로 더 자유로운 사회와 필요한 만큼의 국가적 개입"을 요청한다. 다양한 이익충돌 상황에서는 개인과 더 작은 단위의 공동체에게 유리하도록 "의심스러울 때는 약자에게 유리하게"라는 근본정신에 따라 강자에게 입증책임을 지우는 것이다. 법치국가는 이 원칙에 따라 "의심스러울 때는 자유에 유리하게 그리고 강제에 불리하게" 판단하고 결정해야 한다. 왜냐하면 법치국가는 개인이 원칙적으로 마땅히

---

20   J.Isensee, Subsidiaritätsprinzip u. Verfassungsrecht, 1968, S.222; E.Denninger, Rechtsperson und Solidarität, 1967, S.216; E.F.Sauer, Staatsphilosophie, 1965, S.144.

21   Arth.Kaufmann, Subsididiaritätsprinzip und Strafrecht, in: H.Henkel-FS, 1974, S.97.

해야 할 바를 행할 수 있다는 점과 예외적으로 개인이 자신에게 주어진 자유를 잘못 사용할 수 있다는 사실상의 추정에서 출발하고 있기 때문이다. 그에 상당하게 또한 법치국가는 자유보장을 원칙으로 삼고 자유제한을 예외로 삼는 규범적인 추정에서 출발해야 할 것이다. 한 국가체제의 법치국가성은 자유와 억제의 한계선 설정에서 "최소한의 자유억제 하에서 최대한의 자유보장"이라는 원칙에 따라 모든 국가기능과 작용이 운용되는가의 여부에 달려 있는 것이다.[22]

---

22   W.Maihofer, Rechtsstaat und menschliche Würde, a.a.O., S,141.

2. 법의 존재이유

(1) 법의 의미와 목적

"사회 있는 곳에 법이 있다"는 말처럼 인간과 법의 밀접한 관계를 간명하게 표현해 주는 말은 없을 것이다. 존재론적-인간학적 관점에서 보면 무릇 법이란 인간들 사이에서 빚어지는 삶의 다양한 사태를 해결하기 위한 현실적 필요에 의해 생겨나는 대응책일 것이다.[23] 어떤 의미에서 법은 인간의 본질의 한 표현이다. 따라서 법의 존재양식은 인간의 존재양식에 상응한다.[24] 왜냐, 인간형상과 법형상은 상호 유비적인 관계일 뿐만 아니라 인간의 본질에 관한 규명과 그로 말미암는 인간존재의 이해는 법을 이해하는데 밀접한 연관성을 갖기 때문이다.[25]

인간은 "세계 내 존재"로서 존재 필연적으로 두 종류의 세계, 즉 자연환경적인 주위세계(Umwelt)와 다른 사람들과 어울려 사는 공존세계 (Mitwelt)를 필요로 한다. 인간은 주위세계의 차원에서 생존조건에 필요한 주거와 의복 및 식량, 물과 공기 같은 것이 없이는 인간답게 살아갈 수 없다. 그러므로 헌법도 인간다운 삶을 위해 적어도 국민 한 사람 한 사람에게 최저생계를 보장할 것을 국가에 의무지우고 있다. 타면 공존

23   E.J.Lampe, Rechtsanthropologie, Bd.1, 1970, S.17f.

24   W.Richter, Mensch und Recht, 1953, S.11.

25   G.Radbruch, Der Mensch im Recht, 1957, S.9f.; W.Maihofer, Menschenbild und Strafrechtsreform, 1964, S.5.

세계의 차원에서 인간은 다른 사람과 더불어 다 같이 안전하고 평화롭게 살 수 있어야 한다. 다른 사람과의 상호교류나 대화 없이 고립무원상태에 빠져 있거나 당장의 안전을 기약할 수 없는 전쟁 같은 혼란상황 속에서는 아무리 빼어난 인간존재라 할지라도 자신의 한계를 뛰어넘어 자기를 온전히 계발하여 인격의 완성에 이르러 갈 수 없기 때문이다.

그러므로 한 개인이 자기 자신을 발전시켜 인간의 존엄성실현이라는 최고의 목표에까지 도달하기 위해서는 객관적인 실존조건들이 갖추어져 있어야 한다. 여기에는 생존에 필요한 재화뿐 아니라 사회에서 타인과 평화롭게 살아갈 수 있는 각종 제도화된 객관적인 질서체계도 포함된다. 이러한 객관적 실존조건들은 한 사람의 자유의 오용과 남용에 의해 침해되기 쉽다. 자유는 인간의 인격적인 자기발전에 결할 수 없는 객관적 조건이다. 하지만 오용되거나 남용되는 자유는 더 이상 참된 의미의 자유가 아니다. 오히려 고삐 풀린 야생의 자유 내지 자기중심적인 자의(恣意)에 불과한 것이다. 이 같은 야생의 자유 속에서 인간은 오래 더불어 살아갈 수 없으므로, 그것을 조절할 법이 필요한 것이다. 법은 한 사람의 자유와 다른 사람의 자유 사이에 평화로운 공존이 가능하도록 한계선을 긋고, 또한 사회질서에 필요한 정도로 자유 활동의 반사회적 일탈을 규율한다.

이렇게 볼 때 법공동체 안에서 각 사람이 향유하는 자유는 결코 일방이 자신의 목적을 위해 타방을 단순한 수단으로 사용할 수 있는 성질의 것이 아니다. 각 사람이 누리는 자유는 상호 목적-수단의 관계로 연결되어 있는 것이다. 인간의 자유는 물론 인간의 타고난 자연권이지만 결코 무제약적인 절대적 자유가 아니다. 타인과의 평화로운 공존을 위한 범위 안에서 그 자유는 내재적인 한계를 갖는다. 그리하여 서로 상대방의 자유를 아끼고 돌보는 이러한 질서상태는 인간이 인간다울 수 있는 상호주관적 조건으로서 인간의 근본상황에 속한다. 법은 이 근본상황이 침해받지 않도록 보존하고 보호하는 한편, 이것이 깨어졌을 때에는 즉각 손을 펴서 그것을 회복시키는 작용을 하는 것이다.[26]

이런 의미에서 일찍이 칸트(Kant)는 법을 정의하기를 "한 사람의 자의가 다른 사람의 자의와 자유의 일반법칙에 따라 하나로 합치될 수 있는 조건들의 총체"라고 했던 것이다.[27] 법이란 이처럼 모든 사람에게 최대한의 자유를 보장해 주지만, 다른 사람도 그와 동등한 자유를 누려야한다는 관점에서, 정도를 벗어난 한 사람의 과도한 자유에 대해서는 자연히 제약을 가하지 않을 수 없는 것이다. 인간의 본성은 일면 타인과 더불어 사는 사교성 내지 사회성을 갖고 있지만, 타면 타인과 자신을 비교하여 타인의 자유영역을 자신의 자유가 지배하는 영역 안으로 끌어들여 굴복시키려는 탐욕적인 비사교성 내지 반사회성을 갖고 있다.[28] 그러므로 인간 간의 사회생활 속에서 법은 이 비사교성 내지 자유의 남용가능성을 억제하고, 사교성 내지 자유의 공존가능성이 활기를 띠도록 작용해야 할 몫을 떠안고 있는 셈이다. 이성존재로서의 자율적인 인간의 측면에서 보면 타율적인 법이 필요하지 않지만, 이해타산적인 오성적 인간존재나 탐욕적인 감성적 인간존재의 측면에 비추어 볼 때, 법을 통해서만 적합한 자유의 상태가 마련될 수 있다는 것이다. 여기에서 모든 사람의 최대한의 자유는 그 자유가 야생의 자유로 변질되지 않고, 공동생활의 합법적인 질서의 토대를 무너뜨리지 않는 한계를 최선으로 지키는 것과 연계된다. 최대한의 동등한 자유의 질서가 한 국가 내에서 타당하게 적용될 모든 외적인 법의 원칙을 형성해야 한다는 것이 법에 관한 칸트의 착상이었다.

그렇게 보면 법은 결코 생활세계의 자유를 저지하는 것이 아니라 반대로 그 자유의 일탈을 저지하는 것이다.[29] 독일기본법 제2조 제1항도 이런 의미에서 "모든 사람은 다른 사람의 권리를 침해하거나 합헌적인

26   Zai-Woo Shim, Widerstandsrecht und Menschenwürde, Diss. Bielefeld, 1973, S.70.
27   I.Kant, Die Metaphysik der Sitten, in: Kant-Werke, Bd.Ⅷ, 1968, S.337.
28   Kant는 이것을 비사교적 사교성(ungesellige Geselligkeit)이라고 지칭한다.
29   I.Kant, Die Metaphysik der Sitten, a.a.O., S.338.

질서나 도덕률에 반하지 않는 한, 인격의 자유로운 발전에 관한 권리를 갖는다."라고 규정하고 있다. 독일 기본법의 제정자들은 이 언명으로써 개인의 일반적인 행동의 자유를 인간의 존엄성 바로 다음에, 모든 기본권의 첫머리로 삼기를 원했던 것이다. 다만 개별 인격성(Personalität)과 사회적인 연대성(Solidarität)에서 나오는 두 가지 큰 유형의 한계를 벗어나지 않을 것을 조건으로 한 것을 주목할 필요가 있다.[30]

문제는 앞서 법치국가의 목적에서 살펴보았듯이 사회적인 생활세계에서 법은 어떻게 한 사람의 자유권의 한계를 다른 사람의 자유권과의 관계에서 조절할 수 있을 것인가 하는 점이다. 만일 한 사람의 자유가 사회적으로 묵과할 수 없을 정도로 다른 사람의 자유를 침해한다면, 그 자유의 사용은 법에 의해 제지되어야 마땅하다. 그러나 이 경우에 법치국가 내에서 법에 의한 형사제재와 같은 강제력은 사후적이어야 하고, 최후 수단적이어야 하며, 필요한 최소한의 수준에 머물러야 한다. 그래야만 앞서 법치국가론에서 본 국가작용의 보충성의 원리에 적합할 수 있는 것이다. 더 나아가 죄형법정원칙, 책임원칙, 비례성의 원칙과 같이, 오늘날 명문규정 여부와 상관없이, 이미 헌법적 위상을 차지한 법치국가형법의 기본원리에도 충실하지 않으면 안 된다. 법률의 명료성과 보편성, 소급금지, 관습형법 배제. 유추적용금지는 개인의 인간으로서의 존엄과 가치 차원에서 최대한 존중되고 지켜져야 한다. 왜냐, 인간의 존엄과 자유가 법치주의라는 저울대 한쪽 편에서 엄청난 무게를 싣고 버티고 앉아 있기 때문이다. 법질서에서 인간의 존엄성과 자유의 무게가 중요하게 여겨지면 질수록, 그것을 위태롭게 할 수 있는 예외적인 상황은 점점 더 엄격하게 통제되어야 한다.[31]

---

30 Ch.F.Menger, Der Begriff des sozialen Rechtsstaates, in: E. Forsthoff(Hrsg.), Rechtsstaatlichkeit u. Sozialstaatlichkeit, 1968, S.65f.

31 F.Nowakowski, Zur Rechtsstaatlichkeit der vorbeugenden Maßnahmen, in: H.v. Weber-FS, 1963, S.105.

법질서에서 법의 강제적 성격은 '절대 무제약'(conditio sine qua non)의 공식처럼 비록 법에 본질적인 것은 아니지만, 그럼에도 법에 고유한 특성이라는 점을 간과해서는 안 될 것이다. 왜냐하면 법의 앞면에 자유가 있다면, 바로 그 뒷면에 강제가 따르기 때문이다.[32] 법질서는 이처럼 인간존재의 발전가능성의 객관적 조건들을 직접 창설하여 전면에 내세우고 이를 또한 보전함으로써, 동시에 비록 간접적이긴 하지만, 인간이 인간일 수 있는 주관적 조건, 즉 인간의 존엄성을 보장하고 보호하는 데까지 미치는 것이다. 각 사람마다 자신에게 본질적으로 주어진 존엄성을 지키고 실현하려면, 자기 자신의 고유한 인격적 자율성과 함께 또한 타인과의 사회적 소통과 만남 그리고 평화로운 공존관계를 필요로 하듯, 이에 상응하여 인간의 존엄성을 존중하고 보호하는 것을 궁극의 목적으로 삼아야 할 법의 본질적인 의미도 제1차적으로는 최소한 사회공동체의 평화로운 공존질서를 유지하기 위한 객관적인 조건들을 제시하고 또 이를 확고하게 유지·관철하는 데 있다 할 것이다.

(2) 법의 임무와 기능

사회는 사람들이 마땅히 준수하고 또 위반하지 말아야 할 각종 규범의 안정적 체계로 간주된다. 그중에서 법은 가장 광범위하게 인간의 사회생활에 영향력을 끼치는 사회규범의 하나다. 규범(norm)의 어원이 되는 라틴어 norma는 규칙, 척도, 지침, 추론의 논리적 전제가 되는 근본명제 등의 의미를 갖는다. 정도의 차이는 있지만 규범은 정당한 행위규칙의 체계라고 할 수 있다. 도로교통에서의 신호체계가 이 점을 잘 보여 준다. 행위규칙은 적어도 세 가지 종류로 나눌 수 있다. 즉, ① 개인 상호 간의 행동을 규율하는 규칙, ② 미래에 일어날 미지의 숱한 사건에

---

32   W.Maihofer, Vorwort, in: Begriff u. Wesen des Rechts, 1973, S. XXXIIIf.; H.Welzel, Das Recht als Gemeinschaftsordnung, in:H.Henkel-FS, 1974, S12f.

적용될 일반적 규칙, ③ 법인, 단체를 포함하여 각자의 보호영역의 한계를 확정하는 금지를 내포하는 규칙 등이다.

법규범과 도덕규범은 개인과 단체의 행위방향을 설정해 주고, 행위와 그 결과에 합법칙적 질서를 부여하는 보편적인 행위규칙이다. 이들은 실생활의 안정을 위해 요구될 뿐만 아니라 또 그 목적과 방향에 따라 행해질 필요가 있다는 의미에서 실천적 규범이라고도 부른다. 이 양자를 사회기능적인 역할에만 비추어 보면 서로 다른 측면이 두드러진다. 단적인 예로 칸트가 구별했던 것처럼 도덕의 내면성과 법이 이면성과 같이 말이다. 이러한 분리는 후기현대의 기능주의적 법 이해에서 더욱 두드러지는 경향이 있다. 그러나 여기에 우리의 성찰이 잠깐 머물러야 할 필요가 있다. 법을 너무 기능적으로만 이해하면 법의 법다움, 법의 생명력은 어디에 있는지를 놓치기 쉽다. 그러므로 법과 도덕을 양분하여 대립, 단절시키는 것은 현시대의 법과 사회와의 유기적인 관계성이라는 관점에서 볼 때, 한쪽으로 치우쳤다고 할 수밖에 없다. 독일의 사회철학자 · 법철학자인 브리스코른(Norbert Brieskorn)이 제시한 바 있는 다음과 같은 법의 "실천적 삼단논법"을 고려한다면 사회규범이라는 시각에서 법과 도덕의 관계 내지 법에서 존재와 당위의 관계도 재조명될 필요가 있다. 즉, 전제로서 ① "너는 너의 삶을 실현해야 한다!" ② "너는 타인의 자유를 고려하여 질서 가운데서 살아야 한다!" 그리고 여기서 질서를 법이라고 부르면 우리가 당도할 결론은 ③ "너는 법 속에서 살아야 한다!"가 되기 때문이다.[33]

법치국가에서 법은 인간의 존엄과 행복이라는 최고의 가치를 실현하기 위한 보조수단이다.[34] 그러기 위해 법치국가는 법을 통해 먼저 이 것을 가능하게 할 형식적이고 공식적인 조건들을 제시한다. 법의 형식성은 개인의 자유와 재산, 명예에 심각한 영향을 끼치는 형사법, 조세법,

33   노베르트 브리스코른, 법철학, 김일수 역, 1996, 19-24면 참조.
34   베르너 마이호퍼, 법치국가와 인간의 존엄, 심재우 역, 1994, 23면 이하 참조.

경제법 및 그 밖에도 여러 행정법 분야에서 특히 엄격히 요구된다. 형법의 죄형법정원칙, 형사소송절차에서 압수, 수색, 체포, 구속과 같은 강제처분의 법정주의, 적법절차의 원칙, 무죄추정의 원칙과 의심스러울 때는 피고인의 이익으로의 원칙, 소위 미란다 원칙, 독수독과(毒樹毒果)의 원칙, 전문증거금지의 원칙 등이 그 본보기에 해당한다. 물론 이런 형식성은 궁극적으로 인간의 존엄과 인권의 실현과 같은 법의 실질적인 내용인 실체적 정의의 실현에 봉사한다.[35]

　　법은 더 나아가 인간의 존엄을 직접 침해하는 비인간적인 한계상황을 각 사람들이 서로 평화롭게 공존하며 살아갈 수 있는 근본상황으로 복원시켜야 한다. 그리고 일단 회복된 근본상황이 다시 체계적인 고문상황과도 같이 인간성 자체를 부인하거나 모독하는 한계상황으로 빠져들지 않도록 경계 · 방어하고 대비해야 한다. 다시 말하자면 법질서의 실천적 임무는 약자를 강자의 일방적인 폭력과 착취로부터 보호하는 것이다.[36] 사회공동체 안에서 개인들 간의 공동생활이 폭력과 혼란으로 무너져 내려 개인의 삶이 불안 속에 휩싸이지 않도록 법질서는 무엇보다도 한 개인이나 집단의 외부적인 행태가 공존자인 타인의 자유와 안전에 대하여 법질서의 한계를 넘어서 위해(危害)가 되었는지를 주목의 대상으로 삼아야 하는 것이다.

　　인간은 각자 원칙적으로 주어진 자기결정능력에 따라 자신의 외부적인 행위를 선택하기 때문에 법은 법규범을 준수해야 할 주체가 자유의지에 따라 그것을 준수할 수 있다는 전제에서 출발한다. 그 한에서 법은 인간이성의 합리적인 통찰에 호소할 뿐만 아니라 갈등상황에 처한 어느 한 사람의 목적과 이익의 추구가 질서 있는 공동생활의 요청과 합치할 수 있도록 작용한다. 이런 전제에서 법질서는 양자의 갈등상황에서도 사회적으로 유해한 충동행위가 자신의 윤리적이고 합리적인 결정

35　R.Marcic, Rechtsphilosophie Eine Einführung, 1969, S.262f.
36　R.Marcic, Vom Gesetzesstaat zum Richterstaat, 1957, S.324.

능력 그리고 더 나아가 법의 호소기능과 조정기능에 의해 조절되고 극복되길 기대하는 것이다.[37]

　사회적인 평화질서를 유지해야 할 법의 질서기능을 충족시키기 위하여 법은 이에서 더 나아가 그의 효력의 실효성을 요구할 뿐 아니라 부득이한 경우엔 또한 이 요구를 강제적으로 관철시키고자 한다. 행위와 관련하여 법은 다른 사람의 이익이 침해되지 않도록 일정한 작위, 부작위의 행위규범을 미리 제시하며, 이어서 그것이 잘 준수되도록 필요한 경우에는 그 위반에 대해서 제재를 가하기도 한다. 또한 일정한 법이을 보호하기 위한 목적에서 법질서는 일정한 행위규범을 설정한다. 법익을 보호하기 위한 이 행위규범은 물론 사회질서나 문화에서 생성된 근본규범에서 수용하는 경우도 있고 아니면 법질서의 범위 안에서 발견되거나 법률상의 필요 때문에 입법자에 의해 제정되는 경우도 있다. 이렇게 보면 모든 법질서는 수단으로서는 규범위반자를 응징하는 법규범질서이지만, 목적으로서는 법익보호질서인 셈이다.[38]

　법익질서의 관점에서 볼 때, 법익은 헌법규범이나 형사법규범, 민사법규범, 행정법규범 등 모든 법 영역에 산재해 있다. 물론 최상위규범으로서 헌법과 하위규범인 개별법 영역에서 보호하는 법익은 중첩되는 경우가 많다. 그럼에도 불구하고 법익 중 최고의 법익은 인간의 존엄성이다.[39] 그것을 둘러싸고 있는 법익들 중에는 각종 자유적 기본권과 사회적 기본권, 청구권적 기본권, 절차적 기본권 등이 있다. 그것이 또한 하위의 법 영역에서는 생명, 신체의 완전성, 자유, 명예, 재산 외에 국제적·국가적·사회적 법익 등으로 세분되기도 한다. 법익질서의 관점에서 보아도 역시 법의 보편적인 임무는 분명히 인간의 존엄성의 의미내

37　H.Henkel, Die Selbstbestimmung des Menschen, In: K.Larenz-FS, 1973, S.21.

38　W.Maihofer, Der Unrechtsvorwurf, in:Th.Rittler-FS, 1957, S.149.

39　이에 관하여는 W.Maihofer, Rechtsstaat und menschliche Würde, a.a.O. S.5ff.; F.Münch, Die Menschenwürde als Grundforderung unserer Verfassung, 1951, S.12 참조.

용을 명확히 인식하고, 인간의 모든 포악과 탐욕에서 나오는 자의와 폭력에 대항하여 인간의 존엄과 행복한 삶의 실현에 진력하고 애쓰는 데 있다 할 것이다.

만일 법이 궁극적으로 인간을 위해 존재하고, 또한 인간의 존엄성을 실현하는 데 진력하는 것이 법의 임무라면, 법 스스로 그의 신성한 목적과 임무를 결코 어떤 자의적인 사실상의 권력이나 정치적인 계산에서 나오는 잔혹한 고문이나 테러에 희생되도록 방치해서는 안 될 것이다. 왜냐하면 바로 이 꼭짓점에 법 자체가 절대로 방치해서도 또 조장해서도 안 될 최후의 한계선이 그어져 있기 때문이다. 인간의 존엄성이 제2차 세계대전 종료 후 새로운 국가질서 내지 세계질서로 자리 잡기 전에 당대의 위대한 법학자였던 벨첼(Welzel)은 법질서까지 포함한 모든 정의로운 질서를 근거짓는 윤리의 실체적인 핵심내용을 인간의 존엄성이라고 보았던 것이다.[40] 그는 인간의 윤리적인 자율성은 절대성을 지닌 구체적인 선이므로, 모든 사유 가능한 행위와 모든 상황하에서도 불가침인 것으로 규범적으로 밝히 드러내야 한다는 것이다. 그러므로 우리의 내면을 윤리적으로 의무지울 수 있는 법의 효력은 인간의 윤리적인 자율성이라는 이 절대적인 선을 짓밟도록 명령하는 곳에서 그 한계를 발견한다는 것이다. 왜냐하면 법에서 형식적 · 외면적인 질서가치는 인간의 존엄성 속에 있는 실질적-윤리적인 내용가치에 우선순위를 인정해 주어야만 하겠기 때문이다.[41]

---

40   H.Welzel, Vom irrenden Gewissen, 1949, S.27f.
41   O.v.d. Leye, Vom Wesen der Strafe, 1959, S.95.

3. 법의 개념

(1) 실증주의의 법 개념: 이상과 한계

세계 제2차 대전이 끝난 직후 법률가들 앞에 놓인 과제는 그동안 위세를 떨쳤던 법실증주의의 법 개념을 어떻게 극복하고 법을 새롭게 하느냐 하는 것이었다. 우리에게는 신생국가를 건설하는 헌법제정 작업 외에 일제의 폭정 밑에서 맹위를 떨쳤던 예비검속, 학교에서 일본어전용, 신사참배강요와 종교탄압, 전쟁물자 공출과 학병강제징집, 각종 강제노역 같은 식민지지배를 위한 악법의 청산작업이 이에 해당한다. 독일인의 경우, 나치 12년의 폭력적 지배는 이른바 악법도 법이라는 법실증주의의 전성기였다. 반유태인법, 정신병자안락사조치 그리고 강제수용소제도와 대량학살 같은 이른바 홀로코스트 등은 법률과 총통의 비밀지령에 의한 만행이었다.

19세기 말 독일법학자 칼 베르그봄(Karl Bergbohm)은 "극악한 법률이라도 그 형식이 똑바르게 제정되었으면 구속적인 것으로 승인되어야 한다."고 주장함으로써 법실증주의를 확립했다. 여기에서는 실정 법률이 만능의 집이었다. 그 내용이 어떤지를 묻지 않는다. 실정법률 외에 따로 도덕성이나 정의의 기준 같은 것도 필요 없다는 것이다. 악법이건 좋은 법이건 그 효력에 차이가 나지 않는다. 정의의 기준은 입법자의 의지이다. 입법자의 힘이 곧 정의요 선이다. 그 입법자가 폭군이건 독재자이건 불문한다. 법원도 법률의 내용이 아무리 비인도적이고 불평등한 차별을 갖고 있더라도 형식적인 절차를 거친 법률이기만 하면 그에 따라 재판해야 한다. 법관은 '법과 양심'에 따라 재판해서는 안 되고, 오직 '실정법률'에 따라 재판해야 한다. 양심의 눈으로 그 법률의 내용을 의심하거나 적용을 망설여서는 안 되고, 마치 맹신자처럼 그 법률에 맹종하라는 것이다.

　법실증주의의 아류였던 가치상대주의의 법철학을 세웠던 법사상가 라드브루흐(Radbruch)는 나치집권 전 단계에서 법률 속에 내재된 법 가치들에 대한 결정을 정치에 맡기고 법관에 대해서도 법률이 부정의하다는 이유로 빠져나올 수 없는 힘의 지배하에 묶어 버렸다. 입에 자주 오르내리는 그의 말이 있다. "우리는 자기의 확신에 반해 설교하는 목사를 경멸하나, 자신의 반항적인 법 감정으로 인해서도 자신의 법률에 대한 충성을 흩트리지 않는 법관을 존경한다. 왜냐하면 종교교리는 단지 신앙의 표현으로서만 그 가치를 가지나, 법률은 정의의 구체화일 뿐만 아니라 법적 안정성의 보장으로서도 가치를 가지며, 특히 법률은 법적 안정성의 보장을 법관의 손에 맡겨 주었기 때문이다." 당시 그의 시각에는 정의는 법의 2차적인 과제고, 법적 안정성이 법의 1차적인 과제였다. 그래서 그는 "법률의 효력의지를 실효성 있게 하고, 자신의 법 감정을 권위 있는 법 명령에 복종시키고, 단지 법으로 제정된 것이 무엇인지를 물을 뿐 그것이 또한 정의로운가를 결코 묻지 않는 것이 법관에게 주어진 직업의무다"라고 말했다.[42]

　이렇게 교육받았던 독일 법률가들이 나치집권시기(1933-1945) 독일의 법조계를 이끌었다는 사실을 기억할 필요가 있다. 이른바 독일 제3제국은 법실증주의를 말 그대로 받아들여 실천에 옮겼던 것이다. 입법자인 전체주의국가는 모든 임의적인 내용을 지닌 법률을 양산해 냈다. 최고 국가권력소지자, 즉 영도자의 명령이기만 하면 모든 파란 눈동자를

42　G.Radbruch, Rechtsphilosophie, 3.Aufl., 1932, 83f.

가진 아이들을 살해하라는 명령도 유효했던 것이다. 실정법의 옷을 입고 법률이라는 이름으로 온갖 범죄적인 불법을 자행하는 참혹한 현실을 법실증주의의 논리를 가지고서는 도무지 어찌할 도리가 없었던 것이다.

근자에 이르러 영국의 실증주의 법철학자 하트(Hart)의 생각에 깊이 동조하는 독일의 법실증주의자 노베르트 회르스터(Norbert Hoerster)는 이른바 법실증주의의 핵심테제로 거론되는 다섯 가지 테제를 검토하면서 그 가운데 핵심테제 하나를 제시한다. 그리고 나머지 네 가지 테제는 실제 법실증주의와 관계가 없을 뿐 아니라, 오늘날 그것을 가지고 법에 대한 실증주의적 이해를 주장하는 법실증주의자는 없다는 점을 밝힌다. 그가 주장하는 법실증주의의 중심테제는 "법에 대한 개념정의는 내용적인 중립성을 가져야 한다."는 이른바 중립성테제이다. 이미 수십 년 전부터 법실증주의의 반대자들에 의해 법실증주의의 내용에 속하는 것으로 오해되어 온 다른 네 가지 테제는 ① 법률테제(법의 개념은 법률의 개념을 통해 정의되어야 한다), ② 포섭테제(법의 적용은 가치평가가 배제된 포섭을 통해 이루어진다), ③ 주관주의테제(정당한 법의 척도는 주관적이다), ④ 준수테제(법규범은 어떠한 경우에도 준수되어야 한다)인데, 이에 대해 그는 대부분 분석과 명확성과 섬세한 구별을 하지 않은 채 이루어진 것이라는 비판을 가한다.[43]

법실증주의의 법에 대한 이해의 중심에 서 있는 것이 소위 중립성테제이다. 즉, 법에 대한 개념정의는 내용적인 중립성을 가져야 한다는 것이다. 오늘날에도 대표적인 법실증주의자로 손꼽히는 켈젠(Kelsen)과 하트(Hart)도 이 테제를 법 개념의 핵심으로 천명하고 있다. 하트에 따르면 넓은 의미의 법 개념에서는 "법질서의 형식적 기준을 충족하고 있다면, 설령 관련된 사회의 어떤 도덕이나 우리가 계몽과 진리라고 여기는 도덕에 반하는 규범일지라도" 이를 법이라고 지칭해야 한다고 명시적으

43　노베르트 회르스터, 법이란 무엇인가?(2006), 윤재왕 역, 2009, 75면 이하 참조.

로 주장한다.[44] 이 중립성테제는 법과 도덕을 분리하는 의미로 쓰이는 분리테제와는 다르기 때문에, 양자를 혼동해서는 안 된다. 왜냐, 중립성테제는 법질서에 어떠한 도덕적 가치나 확신이 개입되지 말아야 한다고 고집하지 않기 때문이다.

현대의 법실증주의는 법의 성립과 관련된 사실상의 문제나 규범적·정신적 문제에 대해 어떤 태도를 취하지 않는다고 한다. 또한 실재하는 법규범이 일정한 도덕적 원칙이나 확신을 한 사회의 법질서에 수용할 수 없다는 것을 의미하지도 않는다는 것이다. 우리 민법총칙에 규정된 "선량한 풍속 기타 사회질서"나 형법총칙 정당행위에 규정된 "기타 사회상규"의 예처럼 도덕과 윤리적인 관념을 끌어들이고 있는 현행 실정법의 내용이 무엇인지를 탐구하는 것은 법실증주의의 관점에서 아무런 문제가 되지 않는다. 이와 같이 중립성테제는 실정법이 윤리를 원용하는 것 자체를 결코 부정하지 않는다.[45]

나치치하에서 반유대인 인종법(1935.9. 제정) 같은 극단적인 사례가 보여 주듯, 실효적인 어느 법질서의 전체주의적 토대가 불법이라고 판단하는 것은 정당하다는 것이다. 또한 이 점에서 나치 법질서 그 자체는 "불법체제" 또는 "불법국가"라고 불러야 할 충분한 이유가 있다는 것이다. 하지만 이 불법체제에 속하는 일체의 모든 규범도 "법규범" 또는 "법"이라고 부를 수 없다 할 것인가는 냉철하게 판단해야 할 사안에 속한다는 것이다. 예컨대 나치 전체주의하에서 당시의 도로교통법이나 1933.10.에 제정된 동물보호법 같이 도덕적으로 중립적인 규정들도 불법체계하의 불법이라는 비난을 감수해야 할 것인가? 아마도 중립성테제를 반대하는 사람일지라도 이러한 규범들에 대해서까지 도덕적으로 준수할 가치가 없다고 단정하지는 않을 것이다. '불법체계'라고 해서 매연 공장의 굴뚝처럼 '불법'만을 만들어 밖으로 뿜어내는 것은 아니기 때문

---

44   L.L.Hart, The Concept of Law, 2nd ed., 1994, p.209.
45   노베르트 회르스터, 앞의 책, 75-77면 참조.

이다.[46]

"정의의 최소한의 요건을 충족시키는 것은 국가의 명령이 법적 성격을 갖기 위한 필연적 전제라는 사실에 대해서는 법 실무에서도 보편적 합의가 존재"하며, 법률적 불법에 반대해야 할 도덕적 논거뿐만 아니라 법적 논거까지도 사실상 존재한다고 주장하는 알렉시의 관점처럼,[47] 법실증주의자들도, 자의에 치우치지 않고 법률에 따르는 평등한 취급이 곧 정의로운 것이라고 생각한다는 점을 부인하기 어렵다. 이 점에서 회르스터는 자연법과 법실증주의가 서로를 배척하지 않는다고 주장한다.[48] 물론 자연법이 존재하더라도 이 자연법이 곧바로 경험적 토대 위에 만들어진 실정법의 일부가 되는 것이 아니라, 실정성의 옷을 입기 전에는 단지 객관적으로 정당한 법의 윤리적 기준 역할을 할 뿐이라고 한다. 따라서 자연법과 내용적으로 일치하는 법규범은 그것이 자연법과 일치한다는 이유 때문에 실정법이 되는 것이 아니라, 국민의 법적 확신이나(관습법의 경우) 입법절차를 통해 입법자의 의지의 산물(법률의 경우)로서 실제 만들어져야 한다는 것이다.[49]

다만 현대의 법실증주의자들은 '법치국가'라는 개념이 극히 불분명하여 법치확립에 별 도움이 되지 않는다는 점을 지적하기도 한다. 왜냐, 이 개념을 어떻게 사용하는가에 따라 때로는 법질서를 가진 모든 국가가 자동적으로 법치국가가 되기도 하고 때로는 특정한 정치적·규범적 요구—예컨대 개인의 자유권을 제도화하라는 요구—를 충족하는 국가만이 법치국가가 되기도 하는 때문이라는 것이다. 후자의 경우 '법치국

---

46   노베르트 회르스터, 앞의 책, 92-93면.
47   Alexy, Begriff u Geltung des Rechts, 1992, S.87
48   이 점은 나치의 불법상태가 어느 정도 극복된 후 등장한 이른바 신실증주의 (Neo-Positivismus) 내지 자연법론 진영 내에서 법실증주의의 공과를 냉정하게 성찰하는 학자들의 공통된 인식이기도 하다. 이에 관한 상세는 Arthur Kaufmann, Zur rechtsphilosophischen Situation der Gegenwart, in: ders., Rechtsphilosophie im Wandel, 2.Aufl., 1984, S.167f. 참조.
49   노베르트 회르스터, 앞의 책, 104면 참조.

가'라는 개념을 사용하는 것은 '불법국가'라는 개념을 사용하는 것과 마찬가지로 일정한 가치판단에 구속되는 것은 분명하다. 그리고 하나의 국가 또는 하나의 법질서를 이러한 가치 평가적 의미에서 '법치국가'로 볼 수 없는 국가나 법질서가 존재한다는 점도 부인할 수 없는 사실이라는 것이다.[50]

독일 통일 후 동독의 과거청산 작업에서 바로 이 문제가 자연법과 법실증주의 관점과 맞물리면서 전문가 사이에서도 체제불법에 대한 현격한 입장 차이를 드러낸 것을 유념할 필요가 있을 것이다. 어떤 국가 또는 법질서가 현존한다는 사실과 그 내용에 대한 규범적·실천적 가치 평가는 하나로 간단하게 합일시키기 어려운 문제라는 점을 법실증주의자들도 인정해야 할 것이다. 법실증주의의 맹목성이 초래한 참혹한 현실을 목도하고 난 뒤, 라드브루흐가 걸어왔던 숲길에서 돌아서 실정법을 포함한 모든 법은 "정의에 봉사하는 의미를 갖는 질서와 규정"이라고 천명했던 선회는[51] 바로 중립성체제가 갖는 한계에 대한 지적으로 읽히는 대목이다. 현대의 법치주의와 민주주의는 결코 자신을 공격하고 넘어뜨리려는 어떤 이념에 대해서까지도 중립적일 만큼 허술하지 않기 때문이다.

(2) 자연법론의 법 개념: 이상과 한계

전체주의국가의 '실정법적 불법' 현실을 목도하고 체험한 사람들은 제2차 세계대전 후 자유의 시대가 돌아오자 서로 앞다투어 생각을 고쳐 먹기 시작했다. 법이 현상유지와 질서안정만 유지해 주면 족한 줄 알았던 종래의 관념과 일체 단절하고, 법에도 적나라한 권력과 폭력에 대항하여 인간을 위한 법질서 본래의 목적을 실현시킬 고귀한 과제가 있음

---

50   노베르트 회르스터, 앞의 책, 101면 참조.
51   G. Radbruch, Gesamte Ausgabe, Rechtsphilosophie III, 1990, S.89.

을 새롭게 인식하기 시작한 것이다. 즉, 법률은 사회생활에서 일어나는 이익의 갈등을 정당한 방법과 절차를 통해 조정해 주고, 각 사람의 인간 존엄성 실현에 적절한 보장수단이 될 때, 비로소 정의의 기준에 알맞은 내용을 지닌 법이 된다는 것을 알게 된 것이다. 법률이 변질된 국가권력의 적나라한 폭력과 인간의 자유에 대한 부당한 압박의 도구가 된다면, 더 이상 정의로운 법일 수 없다는 깨달음의 시대가 온 것이다.

　　법실증주의 편에 기울었던 라드브루흐가 영국에서의 망명생활을 끝내고 돌아와, 1945년에 펴낸 "5분간의 법철학"에서 그는 다음과 같이 말했다: "법률이 정의에의 의지를 의식적으로 부인하고 예컨대 인권을 자의적으로 부정하면 이런 법률은 효력을 잃고, 국민은 거기에 복종할 의무가 없다. 법률가들도 그런 법률에 대해 법적 성격을 거부하는 용기를 지녀야 한다."[52] 또한 1946년에 발표된 "법률적인 불법과 초법률적인 법"이라는 그의 가장 유명한 논문에서는 "정의가 추구되지 않고 실정법의 제정에서 의식적으로 정의가 부인되는 곳에서 법률은 단지 부당한 법이 아니라 아예 법적 성질을 잃어버린 것이다. 왜냐하면 법은, 실정법도 마찬가지지만, 정의에 봉사하는 그의 의미에 따라 정해진 질서와 규정이라고밖에는 달리 정의할 수 없기 때문이다."라고 말했다.[53] 더 나아가 위 같은 논문에서 그는 "실증주의는 사실상 '법률은 법률이다'라는 그의 확신과 손을 맞잡고 독일 법률가신분에 자의적이고 범죄적인 내용을 지닌 법률에 저항할 수 없게 만들었다. 법률의 효력은 법률이 스스로를 실현시킬 수 있는 힘을 가졌을 때 증명된다고 실증주의는 믿고 있다. 그러나 힘이란 하나의 필연은 될지 몰라도 결코 하나의 당위나 효력을 근거지을 수는 없다. 당위나 효력은 오로지 법률에 내재하는 어떤 가치 위

52　　G.Radbruch, Fünf Minuten Rechtsphilosophie, 1945, 윤재왕 역, 프랑크 잘리거 저, 라드브루흐의 공식과 법치국가, 2판, 부록2, 2011, 156면

53　　G.Radbruch, Gesetzliches Unrecht u übergesetzliches Recht, 1946, 윤재왕 역, 앞의 책, 부록1, 147면.

에 근거지어진다."[54]

　　이런 생각으로부터 라드브루흐는 다음과 같은 결론을 이끌어 낸다. 즉, 모든 법제정보다 우선하는 법원칙들이 있어, 이에 반하는 법률은 그 효력을 잃게 된다는 것이다. 이 법원칙들을 라드브루흐는 종전의 교의와 일치하게 자연법 또는 이성법이라 부른다. 물론 이 원칙들 하나하나를 놓고 보면 구체적인 내용에 대해 많은 의문이 있지만, 이미 수 세기에 걸친 노력은 그러한 원칙들의 확고한 핵심을 밝혀냈고, 이른바 인권과 시민권 선언에 담긴 내용과 거의 일치한다는 것이다.[55]

　　라드브루흐와 거의 일치된 관점에서 법철학자 코잉(H.Coing)도 실정법 앞에 주어져 있는 자연법원리를 말한다.[56] 법은 자력구제 또는 사적 결투에 의한 문제해결이나 사적인 린치 형 대신, 평화로운 방식으로 갈등문제를 해결해 줌으로써 사회에 평화를 가져온다는 점에서, 코잉은 "법질서는 평화질서"라고 한다.[57] 그런데 평화를 세우려면 단지 종이 위에 쓰여진 법조문이 아니라 실제로 관철되는 법질서여야 한다는 의미에서 법의 유효성은 단지 어떤 사실이 아니라 동시에 하나의 가치라는 것이다. 왜냐하면 외부적으로 안정된 질서 없이 인간의 평화로운 공동생활은 불가능하기 때문이다. 그러므로 혁명이나 쿠데타를 통해 권력을 장악한 정부라도 오직 그만이 질서와 안정을 확보하고 유지할 수 있다면, 그 자체로서 가치 있는 일이라는 것이다.[58]

　　그러나 그 질서가치는 유일하게 실정법을 이끄는 기본가치만이 아니라는 것이다. 왜냐하면 외부의 평온이나 대외적인 질서는 공동체의 평화를 유지하는 데 충분하지 않기 때문이다. 따라서 그 밖에도 공동체

54　윤재왕 역, 앞의 책, 부록1, 146면.
55　윤재왕 역, 앞의 책, 부록2, 157면.
56　H.Coing, Grundzüge der Rechtsphilosophie, 3.Aufl., 1976, S.203ff.
57　Ebd., S.134ff.
58　A.Verdross, Was ist Recht?, W.Maihofer(Hrsg), Naturrecht od Rechtspositivismus?, 1972, S.319 참조.

가 인간의 본성에 내재해 있는 실존적인 삶의 목표성취에 봉사하는 가
치들을 실현하도록 조장해 주어야 한다는 것이다. 여기에는 무엇보다
의식주에 필요한 재화 외에 가정과 교육과 건강과 행복을 위한 실존조
건들도 포함된다. 이러한 실존조건 없이 인간다운 생활 자체가 불완전
할 수밖에 없기 때문이다. 이러한 맥락으로부터 한 발자국 더 나아가 결
론적으로 코잉은 인간조건의 상수(常數)에 해당하는 것이 바로 인권 및
인간의 존엄성이라는 점을 강조한다.[59] 이것이 말하자면 현대법치국가
에서 이해할 수 있는 자연법의 매우 실천적인 핵심내용이며, 어떠한 형
태의 실정법도 함부로 이 가치를 거역하거나 침해해서는 안 된다는 점
에 대해서는 오늘날 이론의 여지가 없어 보인다.

　　오늘날 각국 헌법과 역사적인 인권문서가 새로운 국가질서와 법질
서, 심지어 도덕질서를 포함한 공동생활의 질서와 세계질서의 전면에
내세운 것이 인간의 존엄과 가치이다. 그것은 현대자연법의 핵심으로부
터 나와 실정법화된 것으로 한마디로 '초실정법의 실정화'라고 말할 수
있다. 이제 법관은 종래 법실증주의 교의 아래 맹신하도록 강요받았던
법률을 다시금 고차원의 법과 양심에 비추어 검토해 보고 자신의 법적
양심이 저항할 때, 그 법률의 적용을 거부하지 않으면 안 된다. 이러한
사정을 마이호퍼(Maihofer)는 실증주의자였던 시절에 라드브루흐가 쓴
경구에 대응하는 다른 자연법적 경구를 제시한다: "우리는 자기의 확신
에 반해 재판하는 법관을 경멸하며, 우리는 더 나쁜, 더 잘못된 법률이나
부당하거나 심지어 부도덕한 법률로 인해 자기의 법에 대한 충성을 흩
트리지 않는 법관을 존경한다."[60] 이러한 법에의 충성은 오늘날 모든 국
가권력의 연원인 국민 각자가 마땅히 져야 할 법의무인 것이다.

59　H.Coing, a.a.O., S.213.
60　W.Maihofer,Die Bindung des Richters an Gesetz u Recht(Art.20Abs.3GG),
　　in:Annales Universitatis Saraviensis, Serie Rechts- u Wirtschaftswissenschaften,
　　Vol.Ⅷ(1960), 1/2, S.32.

하지만 법이 인간의 평화로운 공동생활을 가능케 해주는 질서안정성을 결할 수 없는 요소로 삼는다면 실정성의 가치를 소홀히 할 수 없음을 유념해야 할 것이다. 오늘날 법적 안정성은 모든 법치국가에서 어떤 헌법 체계인가와 상관없이 강조되는 특성이기도 한 때문이다. 자연법을 실정법에 원칙적으로 우위에 둔다고 모든 법의 난제가 해결되지 않는다. 순수 이론적으로 자연법을 선험적인 법으로 관념하고 현실의 법 문제를 그것을 통해 해결하기를 바라는 것은 나무에서 물고기를 얻기를 기대하는 것과 같이 무모한 일일 수 있다. 윤리나 법 감정, 또는 특정 세계관으로부터 자연법이라는 이름의 새로운 법원(法源)을 도출하거나 이를 증대시키는 것은 위험하다. 법적 안정성의 가치 때문에 우리는 섣불리 자연법적 이상과 현행법을 혼합하여 양자를 똑같이 활용하려는 유혹에 빠져 들어가서는 안 된다.[61]

현대의 어느 실증주의자가 든 아래의 극단적인 한 사례가 우리의 주목을 끌기에 충분해 보인다. 즉, 독일의 저명한 민법학자이며 법철학자인 칼 라렌츠(Karl Larenz)는 "수천 년에 걸친 자연법사상의 철학적 전통"을 "쓰레기통에 던져 버리는" 법실증주의에 대한 자신의 적대감을 단 한순간도 의심해 본 적이 없다고 한다. 그러나 라렌츠는 1934년에 법 개념에 대한 자연법적 규준에 "피는 정신이, 정신은 피가 되어야 한다."는 옷을 입히고, "실증주의와 철저히 결별"하는 것이 동시에 "개인주의"와 "철저히 결별"하는 것이며, 이것이야말로 "영도자의 정신 속에 살아 있는" 법이해로 전향하는 것이라고 선언했다. 놀랍게도 자연법적 사고를 가지고 나치의 법실증주의에 부역한 셈이다. "라렌츠 사건"은 독일 법학에서 결코 예외적인 현상이 아니라는 것이다. 이 점에서 법실증주의에 대항하는 자연법적 대안에 대한 덴마크의 법 철학자 알프 로스(Alf Ross)의 경고는 경청할 만하다: "자연법은 창녀와 마찬가지로 누구에게나 몸

61   E.Riezler, Der totgesagte Positivismus, in: W.Maihofer(Hrsg), NR od RP?, 1972, S.250f.

을 맡긴다. 자연법을 원용하여 옹호할 수 없는 이데올로기란 없다."[62]

(3) 법의 존재론적 구조

위에서 고찰한 바와 같이 자연법의 입장과 법실증주의의 관점 중 어느 하나만 가지고서는 "법이 무엇인가?"라는 근본문제에 대한 만족할 만한 대답을 얻을 수 없다는 점을 충분히 엿볼 수 있었다. 더구나 자유민주적 법치국가의 헌법질서를 전제로 할 때, 일방적이고 배타적(절대저)인 자연법입장이나 법실증주의는 다 같이 법의 진정한 대변자가 되기엔 부족해 보인다. 법의 역사 속에서 자연법사상이 우세할 때가 있었고, 법실증주의가 우세할 때도 있었지만, 어느 한쪽이 일방적·절대적으로 법의 세계를 무한정 독점할 수 는 없는 노릇이었다. 법의 존재론적 구조에 비추어 볼 때 양자 중 어느 한쪽의 일방성과 절대성은 이론적으로 성립할 수 없고 또한 사실상으로도 장기간 지속될 수 없다. 마치 공중의 달처럼 차는 듯하다 보면 기울고, 기우는 듯하다 보면 다시 차는 것이 양자의 실상이다. 그래서 혹자는 "자연법의 영원한 회귀"[63]를, 또 혹자는 "법실증주의의 영원한 회귀"[64]를 번갈아 가며 노래했던 것이다.

흔히 법의 필수적인 개념요소로 법의 실정성, 법의 정당성, 법의 유효성을 든다.[65] 법실증주의는 그중에서 실정성(Positivität)을 법의 실존과 타당성의 결정적인 표지(標識)로 간주한다.[66] 물론 여기에서 '실정적'이란 말은 극단적인 법률실증주의에서 주장한 것처럼 '법률적' 내지 '법률

---

62   노베르트 회르스터, 전게서, 98-99면에서 인용.

63   H.Rommen, Die ewige Wiederkehr des Naturrechts, 2.Aufl., 1947.

64   D.Lang-Hinrichsen, Zur ewigen Wiederkehr des Rechtspositivismus, in: Mezger-FS, 1954, S.1ff.

65   이준일, 헌법학강의, 2005, 21면 이하; Alexy, Begriff u Geltung des Rechts, 이준일 역, 2000, 10면.

66   Arth.Kaufmann, Rechtsphilosophie im Wandel, 2.Aufl., 1984, S.102.

의 형식을 갖춘' 것으로만 이해해서는 안 된다. 도리어 실정성이란 말의 의미는 현존재성(Anwesenheit), 구체적으로 자신을 나타내는 체현성과 같은 것이다.

　　법의 존재론적 구조를 본질존재론과 실존주의의 대립 속에서 깊이 천착한 바 있는 카우프만 교수는 먼저 현실적으로 실재하는 사물의 실재성은 구조상 본질(Essenz)과 실존(Existenz), 본질존재(Wesen)와 현존재(Dasein)의 양극적인 관계 속에 존재한다고 본다. 인간존재에 비추어 말하자면 영혼과 육체의 관계와 같다는 것이다. 사물의 이 같은 존재론적 구조는 법의 존재론적 구조에 그대로 적용할 수 있다고 한다. 존재론적 의미에서 법의 실정성은 바로 법의 현존재성, 체현성, 현실성이라는 것이다. 그에게 있어서 법의 실정성은 우리가 확인하고, 취하고, 적용할 수 있는 법의 본질의 구체화와 현실화의 정도를 말하는 것이다. 예컨대 입법자의 손으로 만들지 아니한 관습법도 지속된 관행(usus continuus) 속에 그의 실정성을 갖고 있는 것과 같다. 반면 고도의 추상성과 한계의 불확정성 때문에 존재론적으로 볼 때 '실정적'이라고 말할 수 없는 법률규정들도 있다. 예컨대 신의성실의 원칙이나 선량한 풍속 같은 일반조항이 그것이다. 실정성은 법적 안정성을 담보하는 것인데, 일반조항은 비록 실정화된 법률규범이지만 안정화된 법규범이라고 말하기 어렵다. 그것은 판례를 통해 그 내용이 구체화되었을 때 비로소 안정화된 규범에 이를 수 있기 때문이다.[67]

　　이렇게 보면 종래의 법실증주의와 합리주의적인 자연법이론은 다 같이 원래 있어야 할 법을 일원론적으로 규정함으로써 그의 존재론적 구조를 제대로 파악하지 못한 한계를 안고 있었다고 할 것이다. 전자는 법의 현실상태만 보았고, 후자는 법의 이상적인 차원만 주목했기 때문이다. 실재하는 법은 서로 견인하고 보충하며 상충하며 발전하는 이 양

67　　Ebd., S.44f.

요소의 양극적인 구조 속에서 변증론적인 관계를 이루는 것이다. 그러므로 자연법성과 실정성은 전체적으로 하나를 이루는 법의 양극[68] 내지 양 날개[69]에 해당한다. 이것을 마치 근대자연법이론이나 법실증주의이론이 오류를 범했던 것처럼, 단칼로 베어서 각각 분리하고 독립 별개의 것인 양 취급하는 것은 잘못이다. 이러한 사고에 집착하는 한, 자연법론의 비현실성과 법실증주의의 가치중립성의 한계를 극복하기 어렵다.

그렇다면 자연법과 실정법의 관계는 이제 대립관계나 병렬관계로 볼 것이 아니라 서로 밀고 당기는 긴장관계, 서로 돕고 보완하는 조화관계로 보아야 할 뿐만 아니라, 인간의 영육처럼 부즉불리(不卽不離)의 관계로 보아야 할 것이다. 법의 본질과 실존, 법의 자연법성과 실정성은 결코 같은 것이 아니며, 또한 반드시 하나가 되어야 할 필요도 없다. 정당한 법의 내용은 완벽하게 현실화되어야 하는 것도 아니고, 사정에 따라서는 아예 실현되지 않을 수도 있는 것이다. 법으로 공표된 어떤 실정규범, 즉 어떤 법률은 현실적으로 불법일 수 있고, 전혀 법이 아닐 수도 있다. 그럼에도 불구하고 가장 비난받아 마땅한 법질서도 아직 의무지우는 어떤 가치와 힘을 갖고 있다는 법실증주의의 주장은 사실 법실증주의의 파산선고와 같은 것이다.

이 같은 맥락에서 카우프만은 첫째로 법과 법률을 구별한다. 법률은 가능한 한 다양한 사례들에 적용될 일반적인 규범인 반면, 법은 현실적인 판결이 보여 주듯이 지금 여기에서의 현실적인 상황을 해결하기 위해 판단하고 결정하는 것이다. 마르치치(Marcic)가 법의 존재론적 근거에서 밝힌 바와 같이 법의 기초는 모든 존재하는 것(존재자)들의 질서이다. 법은 그의 출처와 본질에 따라 고찰할 때 존재(Sein)이지 당위(Sollen)가 아니기 때문이다. 법은 법률과의 관계에서 본래 더 큰 존재의 밀도를 가지고 있는 것이다.[70] 이런 관점으로 부터 카우프만은 '법보다 법률을

---

68   Ebd., S.108.
69   김일수, 법 · 인간 · 인권, 3판 중판, 1999, 9면 이하.

우위에 두는 생각'에서 '법률보다 법을 우위에 두는 생각'으로 사고의 전환을 해야 할 때라고 말한다.[71]

둘째로 그는 법(자연법)이 자신의 본질성을 구체화함에 있어 시간과 상황에 제약된다는 의미에서 법이 역사적(geschichtlich)이라고 말한다. 일반적인 법률 그 자체는 현실적인 시간과 아무런 역사적인 관계를 갖지 않는다. 왜냐하면 법률은, 한시법(限時法)과 같은 극히 이례적인 예외 상황을 제외하면, 그의 이념상 불확정한 시간, 즉 어느 특정시간에 구애됨이 없이 통용되고자 하는 속성을 갖기 때문이다. 여기에서 역사성(Geschichtlichkeit)은 상대성이나 경험적 역사의 우연성 같은 것을 말하는 것이 아니고, 오늘 여기에서 본질의 현실화, 다시 말해서 초시간적인 내용의 시간과 역사 속으로의 구현을 의미한다. 물론 이 역사성의 문제는 인간의 본성을 고려하지 않고서는 해결될 수 없는 문제이다. 인간과 관계된 영역에서만 역사성이 존재할 수 있기 때문에 법의 역사성도 인간의 역사성에 비추어 유추적으로 대답될 수 있기 때문이다.[72]

이런 맥락에서 카우프만은 법이 형성되는 과정은 3단계를 거쳐서 실행된다고 보았다. 제1단계가 원칙규범(자연법칙, 법원칙)이고, 제2단계가 제정된 법률이고, 제3단계가 구체적인 사안에 대한 판결이라는 것이다.[73] 이와 같은 사고도식은 일찍이 법의 형성은 법관의 판결에서 완성된다고 한 Thomas Aquinas에게서 발견될 뿐 아니라 실증주의자며 순수법학이론의 창시자인 켈젠(Kelsen)의 법단계설(Stufentheorie) 가운데서도 발견된다. 법은 법률조항 속에 완전히 갇혀 있는 것이 아니라, 그것을 사안에 적용한 구체적인 판결을 통해, 비로소 법의 진정한 의미가 밝히 드러날 수 있기 때문이다. 다만 구체적인 판결이 법의 의미를 왜곡하여

---

70   R.Marcic, Vom Gesetzesstaat zum Richterstaat, a.a.O., S.43.
71   Arth.Kaufmann, a.a.O., S.43.
72   Ebd., S.48.
73   Ebd., S.128.

실정 법률의 포로가 되느냐 아니면 법률의 해석·적용 속에서 감추어진 법의 의미를 밝혀내어 진정한 의미에서 법의 완성에 이르게 하느냐는 법관의 상호주관적인 법의식, 법의 역사성에 대한 지식과 인격적인 헌신이 중요한 관건이 될 것이다.

(4) 법의 역사성

법의 존재론적 구조조명에 이어 카우프만은 법의 존재론적 역사성을 천착한다. 앞에서 이미 간략히 언급한 바와 같이 법은 시간과 상황에 제약되어 있다. 법이 이 같은 의미의 역사성을 갖는다는 것은 법이 정태적인 성격을 갖지 않고, 역동적인 성격을 갖는다는 것을 뜻한다. 법이 역사성을 갖는다는 것은 그때그때의 역사적인 법 관념이나 법 실현 같은 경험적인 역사와 무관하다. 법의 역사성이라는 법철학적 주제는 법사(法史)적인 문제가 아니라 법존재론적인 문제인 것이다. 그것을 카우프만은 하이데거의 실존론적 존재론의 용어를 빌려 "일회적이고 비임의적인 역사적 과제"의 문제라고 한다. 즉, 사실서술적인 연대기적 역사서술과 달리 인간의 임의대로 할 수 없는 유일한 역사적인 의미를 탐구하는 과제라는 것이다. 따라서 이 문제는 법이 사실상 역사 속에 어떻게 있느냐의 문제라기보다는 법이 어떻게 역사를 갖고 있으며, 법이 자신의 존재 속에서 역사성이라는 양태를 통해 어떻게 규정되느냐의 문제이다. 이런 의미에서 법의 역사성이란 바로 법의 존재론적 역사성의 문제이다.[74]

소위 역사주의(Historismus)는 모든 존재를 역사라는 경험적인 사실성 속에 해소시키고, 항구적인 어떤 것이나 초시간적인 내용들을 인정하려 들지 않기 때문에, 역사주의는 결국 참된 의미의 역사성을 잃어버

---

74   Ebd., S.118.

리고 끝내 절대주의 양상을 띠게 된다. 반면 절대주의(Absolutismus)는 모든 시대에 타당한 하나의 법질서를 확립하고자 하지만 법의 역사성이란 과제에서 실패할 수밖에 없다. 그리하여 실은 몇 개 안되는 최상위의 원칙으로 돌아가 그것을 붙잡고, 나머지 법의 내용들은 손쉽게 상대주의(Relativismus)에 내맡김으로써, 역시 법의 존재론적 역사성구현이라는 과제를 충족시킬 수 없다. 강화된 절대주의가 결국엔 그 반대편에 있는 상대주의와 실증주의(Positivismus)로 흘러 들어간다는 사실은 아이러니가 아닐 수 없다.[75]

따라서 법의 역사성의 문제는 이런 극단적인 입장으로부터 벗어나, 법의 절대성과 법의 상대성 사이에서 자기입장을 취할 때, 올바로 파악할 수 있을 것이다. 진실로 법의 역사성은 초시간적인 자연법을 의미할 수 없으며, 그렇다고 법의 제정이 의미와 가치와 무관한, 인간의 임의대로 시간의 흐름 속에 내맡겨진 법실증주의를 의미할 수도 없다. 오히려 이 대립성을 극복하여 절대성과 상대성, 타당성과 유동성, 항존성과 가변성, 영원성과 역사성 사이의 변증론적인 종합을 추구하는 것을 의미한다. 이 변증론적인 종합은 법의 존재론적 기본구조, 즉 자연법성과 실정성의 양극관계와 본질존재와 현존재의 존재론적 구별에서만 발견될 수 있는 것이다.[76]

이 세상에 실재하는 것들 가운데 본질과 실존이 동일한 게 아니고 존재론적으로 구별된다는 것은 오랜 본질존재론의 중요한 명제이다. 바로 이 존재론적 구별이 이 세상 모든 사물들이 겪는 생성, 변화, 발전, 소멸을 설명할 수 있는 열쇠가 된다. 만약 실존이 본질과 동일하다면 그 사물의 실존은 영원성을 지녀야 할 것이다. 그러나 이 세상의 어떤 제도나 사물도 여기에 해당하지 않는다. 토마스 아퀴나스(Thomas Aquinas)가 그의 신학대전에서 밝히 말했던 것처럼 오직 절대자인 하나님만이 유일

---

75   Ebd., S.8ff.
76   Ebd., S.119.

하게 그럴 수 있는 분이시다. 신의 본질은 바로 신의 실존 그 자체이기 때문이다. 그러나 이 세계 내 사물들은 가멸성과 우연성을 지닌 존재자들이다. 하루 낮 동안 있다가 저녁에는 소리도 없이 사라지는 하루살이 같은 목숨이 우리 주변에 얼마나 많은가.

다른 한편으로 지금까지 한 번도 존재하지 아니하였고, 오늘도 존재하지 아니한 사물이 내일은 존재할 수 있다. 그러므로 어떤 사물의 실존이 영구한 존재가능성을 의미할 수 없듯, 그의 비실존(非實存)이 영원한 실존불가능을 의미하지 않는다.[77]

하지만 법의 역사성의 진정한 의미를 추구하려면 세계 내의 사물들의 생성과 소멸에 대한 존재론적 구조원칙만을 보아서는 불충분하다. 더 근원적인 인간의 역사성으로부터 출발하지 않으면 안 된다. 왜냐하면 엄밀한 의미에서 역사성이란 본래 인간의 영역, 다시 말해 정신적 · 인격적인 존재의 영역에만 적용될 수 있겠기 때문이다. 물론 비정신적 · 비인격적인 실재들, 즉 순수한 물질, 동 · 식물들에게도 본질과 실존의 구별가능성 및 그로부터 기인하는 존재의 시간적 한계성이 없는 것은 아니다. 그러나 그들은 한번 던져지기만 하면 그의 본질을 실현해 나가는 수고 없이도 언제나 그의 본질 가운데 실존할 수 있다는 점에서 역사성이 없다. 그들의 실존은 그들이 구속되어 있는 본능의 굴레나 자연적인 필연성 속에서 이루어지게 마련이기 때문이다. 거기에는 모험도, 결단도, 실패도 있을 수 없다.

인간의 경우는 이와 다르다. 인간은 그의 정신적인 자기의식과 자기결단을 가지고 자기의 삶 전체를 형성해 나가야 하며, 그 과정에서 시시각각 자기 자신을 스스로 실현하고, 자신의 의미 있는 삶을 영위해 나간다. 이 점을 쉘러(M.Scheler)나 겔렌(A.Gehlen)은 인간학적 용어로 '환경으로부터의 자유'(Umweltfreiheit) 또는 '세계개방성'(Weltoffenheit)이라고

77　김일수, 『인간의 역사와 교회』, 시대와 지성(이문영 교수 화갑기념논문집), 1988, 188면.

일컬었다. 이 세계개방성과 그와 함께 주어진 자유의 결과로 인간존재에겐 본질과 실존이 구별되는 것이다. 인간이 그의 본질을 실현하는 것은 비인격체에서 보는 바와 같이 자연적 필연성이나 본능적인 자의에 좌우되지 않고 의미와 가치에 정향된 자유의 활동 속에서 수행된다. 그리고 인간만이 자신에게 가능성으로 주어진 것을 현실화하기 위해, 시간 안에서 그리고 시간을 통해 자신을 꾸준히 실현해 나가야 할 임무를 안고 있다. 역사성이란 바로 인간이 본질에 도달해야 하는 차원이다. 벨첼(Welzel)이 지적했듯이, "역사란 인간이 자신의 현존재를 (의미 있고 지속적인) 질서로 가져오기 위해 시도하는 의미 있는 생활 질서의 현실적인 전개요 형성이다."[78] 오직 유한한 정신적 존재이며 사회적 존재로서 인격인 인간만이 역사적일 수 있으며, 인간존재에 대해서는 역사성 그 자체가 바로 구성적인 의미를 갖는다.

인간이 존재하므로 있게 된, 즉 인간의 존재양식에 따라서 그의 존재양식이 규정되는 사물들 가운데 언어, 예술, 문화 외에 법이 있다는 사실은 별도의 논증을 필요로 하지 않는다. 그래서 인간존재가 역사적이라면 법도 유추컨대 역사적일 수밖에 없다. 법 존재는 역사성을 통해 규정될 뿐만 아니라 법은 '역사성이라는 시간의 구조'[79]를 갖는다. 법의 역사성은 법의 존재론적 본질을 오늘, 여기로 보내 구체적인 현실이 되게 하는 것이다. 그것은 또한 초시간적인 법 내용을 역사와 시간 속에서 구체화하는 것을 말한다. 이 과정을 통해 법의 본질과 실존은 점점 더 서로 합치하여 법의 진실에 도달하게 되고 마침내 시의적절한 법(zeit-gerechte Recht)이 되는 것이다. 카우프만은 그러므로 법의 역사성을 자연법의 역사성으로 이해했다.[80]

그가 이해하는 자연법은 근대자연법론에서 이해한 것과 같은 정태

---

78 H.Welzel, Persönlichkeit u Schuld, in:ders., Abhandlungen, a.a.O., S.207.
79 G.Husserl, Recht u Zeit, 1955, S.22.
80 Arth.Kaufmann, a.a.O., S.123.

성(靜態性), 영원성과 절대성을 지닌 완성된 법이 아니라,[81] 철저히 역동성을 지닌 법이며, 시의에 맞는 법이 되기 위해 항상 새롭게 자신을 실현해야 하는 법이다. 그러므로 그것은 또한 모든 시간을 관통하며 생성되고 변화하는 법이라는 것이다.[82] 결론적으로 법의 역사성은 법의 본질존재가 지금 여기에서 실현가능한 실존성에 도달함으로써 획득하는 시의에 맞는 법이며, 그런 의미의 자연법에로 법이 열려 있음을 의미한다.

(5) 법 역사성의 정원(庭園)에서 법의 보전과 발전

이와 같은 법의 존재론적 역사성이해에서 '때에 알맞은 시의적절한 법'으로 규정된 자연법을 상정할 때, 그 다음 문제는 그로부터 어떤 실정 법률이 옳고 바른 것의 척도를 전제하고 그에 이끌림을 받지 않은 채, "실존이 본질보다 우위에 있다"고 주장하는 무신론적 실존주의(J.P.Sartre)나 상황윤리(J.Fletcher) 같은 사상에 휩싸여, 부정의하고 비윤리적인 내용의 불법에 경도되지 않게 할 이론적인 장치들은 무엇일까 하는 점이다.

1) 실존(법률)보다 본질(법) 우위의 원칙

카우프만은 법(자연법)의 충만한 실현, 속이 꽉 찬 법의 존재밀도(Seinsdichte)는 구체적인 "사물의 본성"에서 비로소 성취될 수 있으나, 법의 근거와 정도는 이념상 초시간적이고 절대적인 일반규범(법률의 일종)에서 얻을 수 있다고 말한다. 그러므로 그는 법률과 법을 존재론적으로 구별할 것을 주장한다. 법률은 추상적·일반적이며 아직도 법의 내용에

---

81 카우프만은 이런 성질의 것을 자연법(Naturrecht)이라 부르지 않고, 자연법칙(Naturgesetz)이라 불렀다. 그리고 이것을 법의 실현단계에서 제1단계인 원칙규범(Grundsatznorm)의 범주에 자리매김했다. 이에 관하여는 앞의 책, 126면 이하 참조.
82 이와 같은 류의 자연법 이해로는 J.Messner, Das Naturrecht, 3.Aufl., 1958, S.318ff.; Fechner, Rechtsphilosophie, 1956, S.185, 261; F.A.v.Heydte, Vom Wesen des Naturrechts, in: ARSP43, 1957, S.220 등 참조.

관한 구체성을 띠지 않는다. 법률은 법의 완전한 실현이 아니며, 법 실현의 길에 단지 하나의 필요불가결한 단계일 뿐이라고 한다. 법률은 법에 맞는 바른 행위를 위한 하나의 일반규범, 하나의 척도, 하나의 기준일 뿐이다. 또한 법률은 어떤 주체에 의해 제정되는 특성을 갖는다. 따라서 법률은 입법자의 권위에 뿌리를 둔다.[83]

그러나 법은 법률과 달리 사물의 자연적인 질서에 뿌리를 둔다. 그것은 권위 있는 자의 의지에서 나온 것이 아니고, 근원적으로 존재에 부합하는 것이다.[84] 그렇기 때문에 법은 존재자들의 질서로서 구체성을 띤다. 법은 어떤 규범에 부착돼 있지 않으며, 정당한 행위를 위한 어떤 추상적인 공식도 아니다. 그것은 구체적인 상황에서 바른 행위 그 자체이며 또한 바른 판단과 결정이다. 법이 구체적인 상황 속에서 많은 가능성 중 하나의 질서를 위한 결정이라는 점에서 구체적이라고 한다면, 법은 모든 구체적인 것의 잠정성과 가변성에 참여하는 것이며, 그런 뜻에서 법은 본질상 역사적인 것이다. 자연법도 이처럼 존재에 부합하는, 구체적, 역사적인 것이다. 근대 자연법론에서 주장했던 것처럼 절대적이고 불변적인 자연법은 없다.[85]

모든 법은 법률을 전제하고, 국가의 입법자는 이미 앞서 주어져 있는 기본적인 가치판단에 따라, 정의와 법적 안정성, 윤리성과 공공선 등을 기초로 삼는다는 점에 비추어, 카우프만은 "존재론적으로 법이 법률보다 우위에 있으나, 논리적으로는 법률이 법에 우선한다"는 결론을 이끌어 낸다.[86] 그러므로 국법 및 실정법은 이미 확립된 법치국 내의 기본원칙들, 예컨대 보충성의 원칙, 죄형법정원칙, 소급입법금지의 원칙, 책

---

83 Arth. Kaufmann, a.a.O., S.125.
84 법이 존재와 더불어 동시에 주어졌다는 것은 가장 오래된 서구의 법사상이다.
85 Arth. Kaufmann, a.a.O., S.126: 신토마스주의 법철학에서 주장했던 몇 가지 최상위의, 매우 추상적이고 보편타당한 그리고 불변하는 정의와 윤리성의 원칙들은 그의 관점에서 볼 때, 자연법이 아니라 자연법칙(lex naturalis)이라는 것이다.
86 Ebd., S.127.

임원칙, 비례적 정의의 원칙 등을 구현해야 한다. 그것은 곧 구체적인 법의 길로 다가가는 발걸음이 되어야 한다. 그리고 독립적이고 양심적인 법관의 판결을 통해 아직 추상성을 띤 법률(일반규범)은 정당한 법질서로 점점 확립되어 나가는 것이다.

2) 사물 논리적 구조와 생활배려의 원칙

법실증주의가 입법자의 전능성을 전제하는 한, 땅에 속한 입법자에게 신적인 특성을 부여한 결과가 되며,[87] 그 한도 안에서 법실증주의는 일종의 법학적인 신학이라고 판단한 벨첼(H.Welzel)은 입법자를 얽어매는 실정법의 내재적 한계가 있음을 밝힌다.

그 첫 번째 한계를 그는 사물 논리적 구조(sachlogische Struktur)에서 발견한다. 이것은 모든 법 소재를 점철하며 동시에 그 법 소재 앞에 특정한 양태의 규율을 제시한다. 이를테면 불법행위에 대해 형벌을 과하려면 책임이 전제되어야 하며, 그 책임규명은 책임의 사물논리적인 내용에 의하여야 한다. 책임개념은 모든 입법자 앞에 먼저 주어져 있으며, 입법자는 이에 구속되어야 한다. 따라서 사물 논리적 구조는 입법자에 맞서서 부분적으로 법을 수호하는 역할을 담당한다. 형법에서 목적적 행위도 모든 형사법입법자의 법률제정에 앞서 주어져 있는 사물 논리적 구조로서 정언명령 같은 법칙성을 띤다는 것이다.[88] 그러나 이 사물 논리적 구조는 입법자를 구속하는 데 있어 상대적인 기능을 가질 뿐이라고 한다.[89]

그러므로 그보다 더 강도 높은 두 번째 내재적인 한계로, 어떤 국가명령도 침해할 수 없고, 이를 침해하면 즉시 무효가 되고, 법적 성격을

---

[87] H.Welzel, Naturrecht u Rechtspositivismus, in: ders., Abhandlungen, a.a.O., S.283: 벨첼은 입법자의 전능이라는 명제가 법실증주의의 원죄라고 한다.
[88] Ebd., S.284f.
[89] Ebd., S.283.

잃게 되는 실체적인 원칙으로 그는 생활보호의 원칙을 든다. 그는 법질서에서 강제력을 발하는 힘과 의무지우는 가치를 구별한 뒤, 이 후자의 가치에서 나오는 의무야말로 윤리적·법적으로 우리를 구속하는 의무가 된다는 것이다. 그 가치는 바로 생활과 삶이라고 한다. 삶은 선하고 옳으므로, 삶을 보호하고 안전하게 지켜 주는 질서는 그 때문에 우리를 법적, 윤리적으로 의무 지운다(Protego, ergo obligo)는 것이다.[90] 그러므로 법률의 의무지우는 권한은, 법률이 어떤 상황에서도 윤리적으로 침해해선 안 될 옳음과 선을 침해하도록 명령하는 곳에서, 한계를 발견한다. 그것이 다름 아닌 인간의 윤리적인 자율성에 기초하고 있는 현대헌법에서 명시한 인간의 존엄이라는 것이다.[91] 인간을 단순한 물건으로 취급하고, 어떤 목적을 위한 단순한 도구처럼 취급하는 것은 칸트의 말대로, 목적 그 자체로 실존하는 인간의 인격적인 고유 가치에 대한 침해이다. 인간의 존엄성을 침해하는 법률은, 만약 그의 명령을 거부할 경우 해악을 가할 충분한 힘을 행사할 수 있는 한, 강제할 수 있으나, 그것을 넘어 더이상 의무지울 수는 없는 것이다. 그 상황에서 그 법률은 폭력과 테러가 될 수 있을지언정 결코 의무를 지우는 타당한 법일 수 없다. 그의 견해에 의하면 이 한계는 절대적인 성질의 것이라고 한다. 신이 그의 본성상 선해야 하듯 법도 본성상 옳아야 하며, 실정법도 법인 한, 이 한계를 벗어날 수 없다는 것이다.[92]

3) 자유를 위한 법의 출발추정 원칙

마이호퍼(W.Maihofer)에 의하면 인간의 존엄성은 모든 규범의 근본

---

90   Ebd., S.286; 카우프만도 그의 뮌헨대학 교수정년 고별강연 말미에서 후기현대의 법철학을 법에 대한 염려(Sorge um das Recht)로 규정한 뒤 곧이어 그것은 인간에 대한 염려요 또한 삶 일반에 대한 염려라고 했다(Arth.Kaufmann, Rechtsphilosophie in der Nach-Neuzeit, 1990, S.43).

91   Ebd., S.286.

92   Ebd., S.287.

66 | II | 법치국가와 법치주의

규범으로서 법치국가 내에서 모든 법의 실질적 타당성을 규정한다. 인간의 존엄성을 존중하고 보호하기 위해 법치국가는 우선적으로 자유를 중시하는 법치국가가 되어야 하고 또한 그 다음으로 안전을 중시하는 법치국가가 되어야 한다는 것이다. 법치국가에서 인간의 자유는 윤리적인 자기발전을 위한 조건인 반면, 인간의 안전은 윤리적인 자기보존을 위한 조건이 되기 때문이라고 한다.[93] 그는 인간의 인격적 자유와 그것을 위한 법원칙은 비록 안전을 위한 제약의 필요가 있고 또한 법률의 형식을 취하더라도 공권력의 임의적인 처분대상이 될 수 없다는 것을 그의 사물의 본성론,[94] 구체적 자연법[95] 등 여러 법철학 저작을 통해 일관되게 추구했다.[96]

공동체와 개인의 이익이 충돌하고, 또한 자유와 강제가 충돌하는 사정하에서 어느 쪽을 우선해야 할지 판가름하기가 어려운 갈등상황에 처했을 때, 선택의 옳음에 대한 입증책임은 앞서 본 보충성의 원리의 취지와 같게 더 작은 자와 약자에게 유리하게 돌아가야 하고, 강제적인 제약보다는 원칙적으로 자유에 유리하도록 설정되어야 한다는 것이다. 이를 위해 제시되는 법의 추정의 원칙은 일찍이 슈나이더(Schneider)가 제시한 "의심스러울 때에는 자유에 유리하게"(In dubio pro libertate)라는 공식이다.[97] 마이호퍼는 자유법치국가가 출발점으로 삼는 인간상, 즉 이성과 자유의 능력을 타고난 인간존재와 또한 인간을 자유로운 존재로 대우하도록 요구하는 인간존엄성의 규범적 전제로부터 안전(강제)보다 자

---

93 W.Maihofer, Rechtsstaat u menschliche Würde, 1968, S.25ff., 44ff.

94 W.Maihofer, Die Natur der Sache, in: Arth.Kaufmann(Hrsg), Die ontologische Begründung des Rechts, 1965, S.56ff.

95 Ebd., S.83ff.

96 W.Maihofer, Recht u Sein. Prolegomena zu einer Rechtsontologie, 1954. S.35ff.; ders., Vom Sinn menschlicher Ordnung, 1956, S.64ff.; ders., Naturrecht als Existenzrecht, 1963.

97 P.Schneider, In dubio pro libertate, in: Hundert Jahre deutsches Rechtsleben, Bd. II, 1960, S.290.

유의 원칙적인 우위라는 규범적 귀결을 도출한다.[98]

그러므로 자유 법치국가는 자유와 강제 사이의 적절한 중간선을 찾기 어려울 때, "의심스러울 때에는 자유에 유리하게, 강제에 불리하게"라는 원칙에 따라 결정해야 한다. 더 나아가 법률로 금지되지 않은 것은 원칙적으로 허용된다. 원칙적으로 윤리적인 자기결정능력을 지닌 인간은 법률의 규율 이전에 자기의 이성에 따라 자유롭게 옳고 그름 사이를 판단하고 선택할 수 있기 때문이다. 부자유한 관헌국가 내지 권위주의 국가는 이와 반대로 "의심스러울 때에는 자유에 불리하게"(In dubio contra libertatem)라는 원칙에 따라 "의심스러울 때에는 자유에 불리하게, 강제에 유리하게" 결정한다. 아울러 후자의 국가 및 법체계에서 법률로 허용하지 않은 것은 원칙적으로 금지된다.

자유 법치국가는 원칙적으로 자유를 최대한 보장하고, 사회 안에 공존하는 타인의 유익을 위해 부득이할 경우, 필요한 최소한의 한도에서 예외적으로 그 자유를 제한한다. 자유보장과 자유제한의 관계가 이처럼 원칙과 예외의 관계라면, 한 국가의 법치국가성은 자유보장과 자유제한 사이의 한계를 긋는 모든 기능 중에서 "될 수 있는 대로 최대한의 자유보장과 될 수 있는 대로 최소한의 자유제한이라는 원칙"이 제대로 이행되고 있는지에 따라 결정돼야 한다.[99]

4) 처분불가능성의 원칙

하쎄머(W.Hassemer)는 실정법의 정당성을 재는 내용적 기준과 관련하여 처분불가능한 법원칙을 제시한 바 있다. 그에 의하면 원래 처분불가능성(Unverfügbarkeit)은 자연법적으로 법을 근거지으려는 시도들에서 나타나는 핵심표지 중 하나이다. 물론 전통적인 자연법론에서는 이 표지가 내용적 원칙으로서 작용하였지만 오늘날 자연법론은 초월성과 영

---

98   W.Maihofer, Rechtsstaat u menschliche Würde, a.a.O., S.126f.

99   Ebd., S.141

속성을 내려놓고, 역사성의 차원으로 내려옴으로써 실정법과의 한계도 애매모호하게 된 것이 사실이다.

이 같은 사정하에서 하쎄머는 법에서 처분 불가능한 것의 근거를 제시하게 위해 먼저 롤즈(Rawls)의 정의론에서 나오는 주장을 차용한다. 롤즈는 "정의에 근거한 권리들"은 "정치적 처분이나 사회적 이익형량의 대상이 될 수 없다"는 점에서 출발하여 오늘날 세계적으로 널리 공인된 인권 및 시민의 권리들은 본래 처분불가능하다는 결론에 도달한다.[100] 그러나 원초적인 사회계약론에 바탕을 둔 롤즈의 정의론에 따르면 "자유롭고 이성적인 인간들"이 "무지의 베일" 속에서 일정한 규범을 선택하게 되는데, 그 이유들은 결국 이익형량을 통해 평가될 수밖에 없다는 것이다. 정당성을 평가할 다른 기준이 없기 때문이라는 것이다. 이 점에 비추어 하쎄머는 롤즈가 말하는 처분불가능성은 실체적 내용을 지닌 법가치가 아니라 그러한 가치들을 가설적으로 구성하는 절차일 뿐이라고 평가한다.

그는 이어서 하버마스(Habermas)의 저작에서 처분불가능성의 출처를 찾아내어 언급한다. 즉 하버마스에 의하면 처분불가능성이란 법에 "본질적으로 내재하는 요소"라는 것이다.[101] 그러나 하버마스는 이 처분불가능성이 내용적 원칙들이 아니라 절차적 원칙들이라는 것을 명시적으로 언급했다.[102] 즉, 이미 실정법 안에 부분적으로 들어선 절차적 합리성은 실정법에 대해 처분불가능성의 요소 및 우연적 개입을 배제하는 구조를 보장해 줄 수 있는 요소로서의 특징을 갖는다는 것이다. 이성법이 붕괴한 자리에 이제 절차의 합리성을 확립하려면 입법, 사법 및 행정

---

100 J.Rawls, Eine Theorie der Gerechtigkeit, 1975, S.20; 빈프리트 하쎄머, 형사소송에서 처분 불가능한 것(변종필 역), 배종대·이상돈 편역, 형법정책—법치국가와 형법, 1998, 243면.

101 J.Habermas, Wie ist Legitimität durch Legalität möglich?, in: KJ 1987, S.9.; 하쎄머, 앞의 책, 244면.

102 J.Habermas, a.a.O., S.11.

의 영역에서 공조가 필요하며, 법적인 결정절차가 "도덕적 논증대화를 위해 투명하게 열려 있다면" 합법성에서 정당성이 획득될 수 있을 것이라고 한다.[103]

마지막으로 하쎄머는 카우프만의 관계존재론(Ontologie der Relation)에서 비로소 처분 불가능한 "법 내용"의 준거점하나를 발견한다. 카우프만은 후기현대 법철학의 활로를 모색하기 위해 고전적인 절대적 자연법론이나 과학적 법실증주의로 다시 돌아가는 것은 어렵다고 보는 한편, 오늘날 활기를 띠는 새로운 방향, 즉 법을 기능주의적으로 고찰하는 이른바 기능주의(Funktionalismus)에도 맞서 "관계적인 것의 비임의성"에서 "구체적이고 역사적"인 처분불가능성의 실마리를 붙들려고 한다. 여기에서 처분불가능이란 원래 관계적인 존재인 "인격으로서의 인간"이다.[104] 그리고 이러한 인격은 법의 발견과 정당화를 위한 절차적인 논증대화에서 정체성을 보장해 주는 처분 불가능한 법 내용을 이룬다는 것이다. 하쎄머는 바로 이 "인격"에 기대어, "법의 근거를 절차적으로 제시하려는 흐름에는 적어도 법에서 정의를 원근법적으로 측정할 수 있게 해주는 하나의 지주는 있는 셈"이라고 말한다.[105]

5) 사랑의 법 원칙

"주 너희 하나님을 사랑하고, 네 이웃을 네 몸과 같이 사랑하라"는 사랑의 계명은 모든 도덕과 윤리의 최소화뿐만 아니라 더 나아가 법과 정의의 최소화를 요구한다. 사랑의 법은 바로 사랑의 계명에 기초한 상위의 법(The Law above the Law) 요구의 복합적인 표현일 뿐이다. 사랑의

103　Ebd., S.13.

104　Arth. Kaufmann,Vorüberlegungen zu einer juristischen Logik u Ontologie der Relationen, in: Rechtstheotie 17(1986), S.275; 하쎄머, 앞의 책, 245면; Arth. Kaufmann, Rechtsphilosophie in der Nach-Neuzeit, a.a.O., S.40ff.

105　빈프리트 하쎄머, 앞의 책, 245면.

계명 자체가 그의 정신적 내용의 심오함에도 불구하고 일반적으로 잘 알려진 바대로 아주 단순한 형식이기 때문에, 사랑의 법도 법의 복잡성을 단순명료성으로 해소할 수 있는 적격성을 갖는다.

사랑의 숭고한 의미는 사랑이 본래 신(神)적인 언어라는 데 있다. 완전하신 하나님이 아담의 타락 후 죄에 깊이 물든 인간을 구원하기 위해 자신의 아들, 예수 그리스도를 이 땅에 보내셨다. 그리고 흠 없는 그를 인간의 죄를 대신 할 속죄양으로, 극형의 상징인 십자가에 달려 돌아가시게 내주셨다. 그의 죽음으로써 하나님과 인간 사이에 죄로 인해 막혔던 장벽이 무너지고, 신과 인간의 관계가 회복되어 화목하게 된 것이다. 이것이 하나님의 완전한 아가페 사랑의 이야기다. 이 사랑 안에서 예수 그리스도는 "내가 너희를 사랑한 것 같이 너희도 서로 사랑하라"는 사랑의 새 계명을 주셨다(요한복음 13:34. 15:12).

사랑의 정신을 망각한 법이론 가운데 최근 들어 법질서 확립을 위해 적(敵)개념을 정치적으로 끌어들이는 새로운 시도들이 확산되는 경향이 있다.[106] 정치적인 것의 핵심이 적과 동지의 구분에 있다고 주장한 칼 슈미트(Carl Schmitt)에게 적이란 "실존적으로 다르고 낯선 존재"[107]이며, 끝없는 투쟁의 대상일 뿐이다. 그러나 신학자 칼 바르트(Karl Barth)에게서 적관념은 전혀 다른 의미를 갖는다. 즉, 하나님의 사랑 안에서, '적'은 정치적인 의미가 아니라 신학적인 의미에서 '절대적 존재'이다. 사도 바울이 말한 대로 "우리가 원수 되었을 때에 그의 아들의 죽으심으로 말미암아 하나님과 화목하게 되었은즉"(롬5:10), 하나님의 사랑 아래 있는 우리는 원수까지 사랑하는 것이 마땅하다(롬12:20). 하나님은 적의 존재 안

---

106 Jakobs 교수의 적대형법의 진화과정과 그를 둘러싼 논쟁은 주로 테러범죄, 조직범죄 등에 초점을 맞춘 것이지만, 체제불법을 극복하기 위한 법리논쟁 속에서도 친구와 적을 구분·대치시키는 정치적 사고도식이 은연중 작용하고 있음을 엿볼 수 있다. 이에 관해서는 김일수, 「위험형법·적대형법·사랑의 형법」, 형법질서에서 사랑의 의미, 2013, 180-190면 참조.

107 C.Schmitt, Theorie des Partisanen, 1975, S.93.

에서도 자신을 계시하시기 때문에, 바르트에게서 "적과 사랑은 하나님을 체험하게 하는 두 가지 상호보완적인 형식들"[108]이다. 즉 "적이 하나님과 세계 사이에 놓인 경계를 느끼게 해 준다면, 사랑은 이 경계를 폐기하여 하나님의 존재를 인지하게 해 준다"는 점에서 하나님의 온전함은 적에 대한 사랑(Feindes-Liebe)에서 가장 밝게 드러난다.

그러면 왜 하필 법에서 사랑일까? 그에 대한 대답은 법이 인간을 위해 존재하며, 인간이 법의 척도이기 때문이다. 더 정확히는 법이 인간의 근본상황을 위해 존재하기 때문이다. 인간의 근본상황이란 한 사람이 타인과 더불어 살아갈 수 있는 평화로운 공존의 인간관계를 주로 하지만,[109] 더 나아가 인간과 자연의 조화로운 삶의 관계, 끝으로 인간이 신과 더불어 화목을 누리는 관계를 말한다.[110] 한마디로 말해서 인간의 존엄과 행복을 위한 선하고 올바른 질서이다. 이 근본상황은 인간의 탐욕과 이기심, 죄악으로 인해 깨어지기 쉽다. 인간이 타인과 적대 · 반목하고, 자연이 그 자정력(自淨力)과 복원력을 잃어버릴 만큼 파괴되고, 신이 인간영혼의 외침에 귀를 막고 돌아설 때의 상황을 한계상황이라 한다. 이 절망적인 한계상황에서는 인간 스스로 자기 자신을 윤리적으로 보전할 수도 계발할 수도 없다. 약육강식하는 야만상태나 전쟁상태와 같은 것이다. 그러므로 법은 인간의 근본상황을 유지 · 존속 · 발전시킬 임무를 갖는다. 만에 하나 근본상황이 깨어져 한계상황에 처하면, 될 수 있는 대로 빨리 한계상황을 극복하여 근본상황을 회복시키는 것이 법의 임무이다.

사랑의 법은 이와 관련하여 두 가지 의미차원을 갖고 있다. 첫째, 규범적 구조의 차원이다. 법은 일반적으로 금지규범 · 명령규범과 허용규범 · 면책규범 그리고 제재규범으로 이루어져 있다. 그중에서 금지 ·

108 K.Barth, Römerbrief, Zürich, Theologischer Verlag, 1984, S.456.
109 베르너 마이호퍼, 법치국가와 인간의 존엄, 심재우 역, 1994, 70면 이하 참조.
110 김일수, 형법질서에서 사랑의 의미, 2013, 195면 이하 참조.

명령규범을 우리는 행위규범이라 칭한다. 행위규범을 포함한 이 모든 규범들은 사랑의 계명에 뿌리를 두고 있다. 사랑의 계명은 모든 규범세계의 최고봉이기 때문이다. 따라서 이들 법규범은 저 만년설 덮인 규범세계의 최고봉으로부터 흘러나오는 최고의 법(The highest Law), 즉 신의 성품에서 나오는 근본규범인 사랑의 계명을 구체화하는 전체로서의 사랑의 법을 구성하는 일부분인 것이다.[111]

근본규범에 속하는 이 사랑의 계명과 법규범, 특히 행위규범 사이를 이어 주는 매개규범으로 요구규범(Anspruchsnorm)이 있다. 사람의 법과 신의 법은 제3의 비교인자(tertium comparationis)인 요구규범을 통해 서로 매개되어 결정체를 이룬다. 이 요구규범은 신의 품을 떠나 사람의 아들로 역사 속으로 오셔서 고귀한 자기비하와 자기희생으로써 죄 많은 인간과 거룩한 신을 하나로 화목하게 하신 예수그리스도의 십자가와 비교할 수 있다. 법규범으로서 행위규범은 사람에게 "무엇을 하지 말라"(금지규범) "무엇을 하라"(명령규범)고 하지만, 요구규범은 금지·명령규범이 저초하고 있는 법익의 세계로 들어가 왜, 무엇 때문인가를 포착하고, 그것을 존중하고 배려하도록 요구하고 호소하는 몫을 한다.[112] 보통사람들이 행위규범에서 잘 포착하지 못하는 사랑의 의미는 고차의 법(The higher Law)인 이 요구규범에서 새로운 의미로 빚어져 사랑의 계명과 공명한다.[113]

이처럼 행위규범이 사랑의 계명을 법규범의 세계에서 구현해 놓은 실상이라면, 행위규범을 위반했을 때 과해지는 제재규범도 사랑의 계명에 이끌린 법규범의 요구와 가치를 인간의 내면에 내재화시키는 선한 도구이다. 이 제재규범이 없으면 사랑이나 배려, 새로워짐과 거듭남에

---

111 김일수, 앞의 책, 서문Ⅴ; 야고보서 2:8(최고의 법인 사랑).

112 F.A.Freiherr von der Heydte, Existenzialphilosophie u Nr, in: W.Maihofer, Nr od Rp, a.a.O., S.156f.

113 김일수, 앞의 책, 200면 이하.

대한 기대와 신뢰, 희망도 사회적 맥락을 잃어버리고 허공중에 뜨고 말 것이다. 그럼에도 불구하고 사랑의 법 정신은 이 제재규범을 사랑의 원리에서 분리해 따로 밖에 세워 두지 않는다. 제재는 본질상 아픔을 수반하는 채찍 같은 것이지만, 단순한 폭력의 도구가 아니라 사랑의 질서를 다시 세우기 위한 사랑의 매 같은 것이기 때문이다. 그러므로 준엄한 매질 가운데서도 한시라도 긍휼히 여김과 자비를 벗어 버려서는 안 된다.

둘째, 실천적·윤리적 차원이다. 완전한 사랑의 하나님은 예수 그리스도 안에서 인간과—비록 슈미트적인 의미에서 그가 적이라도—인격적인 교제와 소통을 통해 사랑의 법을 일깨워 주시고, 그의 영원한 사랑에 참여케 함으로써 인간의 삶의 세계에서도 우리가 서로 이웃이든 타인이든 동지이건 적이건 이 사랑의 빛에 이끌리어 사랑을 실천하며 살아가게 하신다. 또한 더 나아가 사랑이라는 관념은 나와 너라는 개인적인 관계의 특수성을 지양(止揚)하고 사회와 공동체를 아우르는 보편적인 정신적 유대로서 변증적인 발전으로 나아가는 계기가 필요하다. 사회의 다양한 공적 관계에서 이루어지는 용서와 화해와 포용이 갈등과 증오와 배제를 지양하여 진정한 의미의 배려와 사회통합의 지평으로 나가도록 사랑이 우리를 충동하는 것이다.

법이념에서 말하는 정의는 바로 인간증오의 한계상황에 대항하여 인간애호의 근본상황을 복원시키고 이를 유지·발전시키는 과제 외에 다름 아니다.[114] 그것은 결론적으로 인간의 존엄성이 존중되고 인권이 보장되는 상황이며, 인간관계가 사랑과 신뢰의 관계로 두터워지는 생활 세계를 의미한다. 그러므로 법에서 정의의 궁극적인 목표는 인간애를 위한 의무와 책임이다. 철학자 김형석 교수의 말대로 사랑의 나무에서만 자유와 평등의 열매가 함께 맺힐 수 있는 법이며, 증오와 복수를 가장

114　A.Süsterhenn, Das Naturrecht, in: W.Maihofer, Nr od Rp?, 1972, S.26.

한 정의는 도리어 사회악의 원천이 된다.[115]

같은 맥락에서 사랑은 법을 필요로 한다. 각종 사회관계에서 법은 개인들이 변덕스럽게 약속을 뒤집거나 멋대로 타인의 자유영역을 침범하거나 억압을 가하는 것을 경계함으로써 사랑이 더욱 번성할 수 있는 상황을 조장하고 돕는 역할을 한다. 법만으로 사랑을 조성할 수 없지만, 사회관계는 크든 작든 간에 사랑을 영위하고, 사랑이 꽃피어 열매 맺을 수 있는 도구로서 법을 필요로 한다. 버만(Berman) 교수가 적절히 지적한 바와 같이 법이 사랑에 봉사하는 것은 사랑을 대신하는 것이 아니라 사랑이 자랄 수 있는 토양과 환경을 조성하는 것이다. 예컨대, 법률가를 비롯한 사건담당자가 당사자의 호소와 사정을 열린 마음으로 경청하고 치우침이 없이 공정하게 처리하는 태도를 사랑이 요구하기 때문이다.[116]

---

115 http://news.donga.com/3/all/20181225/93433868/1.
116 해롤드 버만/김철(공저), 종교와 제도, 1992, 140면 이하 참조.

4. 법의 이념으로서의 정의

(1) 법이념과 정의

법의 이념으로서의 정의는 법철학의 근본문제이다. 인간의 사회생활 속에 범접해서는 안 될 절대적 가치가 있는지는 각자의 확신문제로 미뤄 두기로 하자. 그러나 인간의 공동생활에서 법을 통해 보호해야 할 가치는 적어도 구체적인 행위상황을 떠나서 논의할 수는 없다. 해방 후 근 50년이 지나도록 우리의 법문화 갱신을 위한 일제 식민통치적 법사고와 권위주의적 법 관행을 청산할 겨를이 별로 없었다. 12년간(1933-1945)에 걸친 악법의 지배 상황에서 벗어난 당시의 독일법률가들이 법의 갱신을 위해 진지한 논의를 하고 있을 때 우리의 법률가들은 일제의 식민지 통치 시기의 법들을 갱신시키기 위한 노력을 게을리했다. 마치 나치시대의 법률가들이 로마에서 타는 불이나 페르시아에서 타는 불이나 똑같이 불은 불이기 때문에 총통의 명령도 법이라고 강변했던 것처럼, 식민지시대의 법도 법이라고 강변했던 것이다.[117] 더군다나 장기화한 독재 권력의 위압에 짓눌려 실로 우리나라에서는 법의 본질이 왜곡되고 법의 위상이 거꾸로 뒤바뀌어 인간을 위한 법, 정의로운 법이 아니라 국

---

117 당시 경성지방법원장이었던 장경근의 담화에 잘 나타나있다. 이에 관해서는 한인섭, 식민지적 · 권위주의적 지배구조와 법체계, 계간 사상과 정책, 1989 가을 호, 17면 참조.

가의 통치권 안정과 집권세력의 현상유지를 위한 도구로 전락한 시기가 길었다.

　그러나 법에서 정의가 바로 세워지지 않으면 법적 평화는 깨지고 만다. Kant가 "정의가 무너지면 세상은 더 이상 살 만한 가치가 없다"고 말했을 때 바로 이것을 두고 한 말이다. 더 나아가 법에서 정의가 깨어지면 인간의 법 생활에서 신뢰와 기대, 희망과 안전도 사라진다. 부정의가 법의 탈을 쓰고 활보하는 곳에서 인간의 자율성에 바탕을 둔 인격의 자유로운 발전을 도모할 수 없다. 인격의 자율에 바탕을 두지 아니한 법에의 복종은 내면의 양심이나 의무감에서 우러난 자율적인 순종이 아니라 벌거벗은 힘과 강제를 두려워한 타율적인 굴종에 지나지 않는다. 거기에서 잠정적으로 지배하는 안정은 살아 있는 사회적 삶의 평화공존이라기보다 공동묘지의 고요일 뿐이다.

　법에서 정의의 이념은 인간과 인권을 위해 법이 봉사해야 할 방향성을 제시한다. 인간의 삶은 인간의 실존 그 자체로서 이미 선과 옳음의 의미를 갖고 있다. 따라서 진실로 법이 인간을 위해 봉사하기 위해서는 인간의 과도한 자유의 남용을 통제함으로써 인간의 윤리적인 자기발전과 자기보존이 가능하도록 그 외적인 가능성의 전제를 확보해 주는 것이 선결과제이다. 앞에서 이미 언급한 바와 같이, 이 같은 가능태를 우리는 인간질서의 근본상황이라 부른다.[118] 정의를 자유의 논의와 함께 전개한 Kant도 정의란 나의 자유가 다른 사람의 자유에 의해 제한받는 것, 나의 자유에 대한 제한이 곧 타인의 자유가 되며, 타인의 자유에 대한 제약이 곧 나의 자유가 된다고 보았다. 즉 제약성을 지닌 자유, 한계 안에서의 자유만이 정의로울 수 있다는 것이다.[119]

　이런 의미에서 정의, 법적 안정성, 합목적성 같은 가치로 이루어진

118　베르너 마이호퍼, 법치국가와 인간의 존엄, 심재우 역, 1994, 70면.
119　김일수, 「법질서에서 정의─왜 정의여야 하는가?」, 김일수 외, 한국사회 정의 바로 세우기, 2015, 17면.

법의 이념은 법의 최고 가치라고 한다. 그중에서도 최고 가치는 정의라는 데 오늘날 일종의 묵시적인 합의가 형성된 셈이다. 그러나 정의는 고도의 추상성을 지닌 개념이다. 전래적으로 규범적 질서와 법, 국가, 경제, 가족 같은 사회제도의 정당화를 위한 최고원리인 객관적 정의와 덕목으로서의 주관적 정의로 분류하기도 한다. 정의의 핵심은 평등이라고 한다. 그러나 실제 이런 의미의 정의는 형식적인 공식일 뿐 그 내용을 담보해 주지 않는다. 그래서 일찍이 라드브루흐는 평등원리를 단지 형식적 속성을 갖는 것으로 보고, 실질적 원리로 합목적성을 정의 옆에 나란히 세웠다. 후기에 이르러 그는 기존에 갖고 있던 자신의 법이념을 상당히 수정하여 정의(평등), 합목적성, 법적 안정성을 "법이념의 세 가지 측면"이라 규정하고, 이들 세 가지 측면들은 법을 모든 측면에서 공동으로 지배한다고 보아, 이 이념들 간의 갈등은 이율배반적인 것이 아니라 오히려 "정의 자체의 갈등"으로 이해해야 한다고 했다. 그리하여 넓은 의미의 정의 밑에 좁은 의미의 정의로서 평등은 정의의 형식, 사회적 정의의 의미를 지닌 합목적성은 정의의 내용, 법적 평화의 의미를 지닌 법적 안정성은 정의의 기능으로 보았다.[120] 여기에서 주목할 점은 이제 법적 안정성도, 합목적성도 정의의 일부로 파악된다는 것이다.

오늘날 우리는 자유민주주의의 실현을 구가하고 있고, 국가권력의 가치전도는 현저히 역사의 뒤안길로 물러갔지만, 우리는 지금 정의가 실현되는 인간다운 법 생활 속에서 정말 자유롭고 안전한가? 우리의 법 생활에 무겁게 드리워진 불안한 어둠의 터널은 없는가? 그 어둠의 인식과 확인을 통해 법 생활의 밝은 지평을 추구해야 할 실천적 임무 앞에 우리는 역사의 순간마다 서 있는 것이다.[121] 법을 더 정의롭게, 더 자유롭게, 더 인간답게 가꾸어 나가기 위해 어둠의 현실을 헤치고 나가서 희망의 새벽을 여는 가슴이 법공동체의 법 주체들에게 항시 필요한 것이다.

---

120 아르투어 카우프만, 법철학, 김영환 역, 2쇄, 2013, 333면 이하 참조.
121 이상돈, 법의 깊이, 2018, 2면 이하.

법이란 본질상 사회질서이다. 즉 인간의 사회생활 관계를 질서 안에서 규율하고 향도하는 원칙이요 규범이다.[122] 규범질서로서의 법은 그 질서기능을 실현하기 위해 법규범을 위협하는 역사적 · 사회적 · 경제적 여건에 대응해야 할 뿐만 아니라, 그 현실적 여건을 이끌고 나갈 일정한 가치의 실현을 염두에 두지 않으면 안 된다. 법의 이념으로서의 정의 역시 법규범 앞에 있으며, 동시에 법규범과 함께 있기도 하다. 그것은 실정화되어야 할 법률을 이념적으로 이끌어 나가는 기능을 할 뿐만 아니라, 이미 실정화된 법률이 실체적으로 정의로운 법으로 실현되고, 성낭한 법으로 구현되도록 개선하고 비판하는 기능을 갖는다. 더 나아가 실정 법률의 구체적인 적용 가운데서도 최대한의 자유 보장과 최소한의 자유제한, "의심스러울 때는 시민의 자유에 유리하게"라는 원칙에 따라 정당한 법이 구현되도록 할 것을 의미하기도 한다.

이런 의미에서 정의 이념 자체는 언제든지 성찰적인 이성을 통해 굳어진 법률을 뒤흔들어 개폐되도록 소극적 역할을 담당하기도 한다. 실정 법률이 정의이념으로부터 멀어지거나 그것을 배반하지 않도록 견인하고 비판하는 기능을 갖기 때문이다. 이 점과 관련하여 때로는 정치권력의 방만한 셈법이 정의라는 탈을 뒤집어쓰고 인권과 자유, 법적 안정성을 위한 원칙을 무시하고, 또한 체제변혁을 위한 예외상황이란 구실 아래 법치주의의 확립된 제도적 장치들을 훼손하는 경우가 있다는 사실이다. 이른바 성공한 쿠데타와 국민투표를 거친 헌법질서 아래서 이루어진 국가행위들을 정의의 이름으로 단죄하고, 심지어 공소시효를 넘어서까지 법정에 세우는 일, 때로는 소급효금지를 침해하면서까지 정의의 이름으로 죗값을 묻는 역사적 과거청산 작업들은, 비록 과도기적 현상일지라도, 법의 이념으로서의 정의를 새로운 이념적 갈등 속에 몰아넣어, 또 다른 법이념의 하나요, 정의의 일면이기도 한, 법적 안정성과

---

122   A.Süsterhenn, a.a.O., S.22.

의 불필요한 충돌을 야기한다는 점이다.

(2) 법에서 정의의 본질적인 함의들[123]

정의는 본질적으로 옳음(iustum)을 의미한다. 정의로운 판단, 정의로운 행동, 정의의 최후 승리 등을 말할 때 정의는 어떤 인간의 윤리적인 덕목이나 태도(habitus)를 뜻하는 것이 아니라 오히려 그 대상인 옳음 자체를 뜻한다. 사회윤리적인 행위의 옳음에 대한 기준을 법이 제공하고 있다. 그러므로 정의의 대상은 법이고(ius est objectum iustitiae),[124] 정의는 법을 필요로 하고 있으며, 법을 지향하고 있다. 법이 인간에게 주어진 권리를 보장한다면 정의도 타인에게 주어진 권리를 부여하는 것이다. 그렇다면 정의란 법 실현의 행위요, 법적 욕구의 이행이라 할 수 있다. 이미 로마법에서 울피아누스가 말했듯이 정의란 각자에게 그의 몫을 주는 것(suum cuique tribuere)이다.[125] 그것이 옳음의 기준이다.

각자에게 그의 것을 준다는 것은 무엇인가? 각자에게 그의 것(suum cuique)이란 하나의 내용 없는 형식에 불과한 것인가 아니면 어떤 내용과 연관을 갖고 있는 것인가? 그것이 본질적으로 어떤 내용을 가질 수 있다면 그 내용은 무엇일까? 바로 이러한 물음이 정의의 본질론이다.

앞에서 이미 언급한 바와 같이 정의의 본질은 우선 평등이념에서 발견된다. 본질적으로 평등한 것은 평등하게, 본질적으로 불평등한 것은 불평등하게 대해서 각자에게 기회의 균등이 주어지도록 함을 뜻한다. 공동생활에서 각자에게 인격적인 평등을 토대로 동등한 권리·의무를 부여하는 것에 더해서 약한 자에게 힘을 보태주는 배분적 노력이 그 속에 포함된다.

---

123 아래 서술부분은 김일수, 법질서에서 정의, 앞의 책, 19-22면을 옮긴 것이다.

124 Thomas, Summa Theologica (II,III), 57, IC.

125 Ulpian, Corpus Iuris Civilis, Institutiones (I), 1.

모든 사람들이 경제·사회·정치·문화생활에서 평등한 지위와 기회를 누리면서 비례의 원칙에 따라 평등한 대우를 받는 것이 정의의 내용이다. 이것은 "각자가 그의 능력에 따라 일하고 그의 필요에 따라 분배받는다"고 한 마르크스(Marx)의 주장에서도 나타났다.

페를만(Perelman)은 다시 이것을 「① 각자에게 똑같은 것을, ② 각자에게 그의 필요에 따라, ③ 각자에게 그의 공적에 따라, ④ 각자에게 그의 일의 결과에 따라, ⑤ 각자에게 그의 지위에 따라, ⑥ 각자에게 그의 법적 자격에 따라 대우하라」는 공식으로 정리하고 있다.[126] 또한 묀스(Moens)도 「① 각자에게 그의 일의 결과에 따라, ② 각자에게 그의 능력에 따라, ③ 각자에게 그의 공적에 따라, ④ 각자에게 그의 필요에 따라, ⑤ 각자에게 그의 가치에 따라」라는 공식으로 정의의 원칙을 설명하기도 한다.[127]

이러한 원칙들은 상호간에 대립·모순이 없는 것이 아니다. 예를 들어 자유경제를 옹호하는 자본주의에서는 "각자에게 그의 능력에 따라"라는 원칙이 지배적이지만, 계획경제를 주장하는 공산주의에서는 "각자에게 그의 필요에 따라"라는 분배원칙이 지배적이다. 이 두 원칙은 평등의 원칙이라는 점에서는 공통되지만 누가 혹은 무엇이 평등한가에 대해서는 양극현상이 나타낸다.

그러나 구체적인 현실에서 정의의 실현이 형식적 정의의 원칙과 모순된다고 해서 정의의 본질표지로서 평등이념이 무시되어서는 안 된다. 법철학에서는 이 같은 모순의 해결을 위해 형평(Billigkeit)을 거론하기도 한다.[128] 형평이란 정의와 다른 법가치가 아니라 통일적인 법 가치에 도달하기 위한 상이한 과정으로서 "개별적인 사례의 정의"[129] 혹은 "동일한

---

126 Perelman, Über die Gerechtigkeit, 1967, S. 29f

127 v.Moens, Gleichheit als Wesensmerkmal der Gerechtigkeit, in : ARSP(1975), S. 486f

128 Henkel, Rechtsphilosophie, 2.Aufl., 1977, S. 419 ; Perelman, Das Prinzip der Gerechtigkeit und der Billigkeit, in : Über die Gerechtigkeit, 1967, S. 100f.

본질범주에 속하는 사람들을 지나치게 불평등하지 않게 다루려는 경향"130 등으로 설명되기도 한다. 즉 상충하는 둘 이상의 본질적 특성을 동시에 고려해야 하거나 추상적, 혹은 형식적인 규범 대신 구체적인 경우를 고려해 더 완전한 평등에 도달하고자 하는 것이 형평이념이다.

그러나 구체적 정의의 본질규명은 특정한 세계관이나 기존체제의 영향을 완전히 벗어날 수 없기 때문에 형평이념으로 각자에게 그의 것을 돌려주는 구체적 옳음의 내용은 해명되지 않는다. 우리는 여기에서 한번 '사물의 본성'이론에 귀 기울일 필요를 느낀다. 사물의 본성이란 조리. 사고형식 등으로 불리기도 하지만 사물의 있어야 할 관계, 즉 인간관계의 정상성을 의미한다. 그것은 각자가 자유를 평등하게 누리고 있는 공동생활질서를 의미한다. 자유가 인간실존의 본질을 형성하므로 정의의 실존이유도 자유의 실현에 있다.131 동식물은 본능에 종속되어 살아가므로 살아 있기는 하지만 자유의 의미를 알지 못한다. 그러나 인간은 자율과 이성에 따라 끊임없는 자기실현의 의무를 지고 살아가기 때문에 인간의 삶에 본질적인 것은 자유이다. 이 자유의 근원을 인간의 존엄에서 찾는다면 정의란 바로 각자에게 인간의 존엄성이 평등하게 보장되도록 하는 일이라고 생각한다.132

그러므로 인간 존엄성의 평등한 보장은 다수결의 원칙에 의해서도 폐기될 수 없다. 인간의 존엄성에 대한 보장요구는 인간의 공동사회질서가 합법적으로 뛰어넘어 갈 수 없는 한계를 설정해 주고 있기 때문이다.133

---

129 Radbruch, Rechtsphilosophie, S. 127.
130 Perelman, a.a.O., S. 101.
131 Kubes, Die Illusion der Gerechtigkeit, in: Rechtstheorie 17(1986), S. 1681. ; Rawls, A theory of justice, 1973, pp.60-65.
132 김일수, 법질서에서 정의, 전게서, 21면.
133 Vgl. H.Welzel, Über die ethischen Grundlagen der sozialen Ordnung, in : Abhandlungen zum Strafrecht und zur Rechtsphilosophie, 1975, S. 245.

결국 옳은 것, 바른 것의 기준은 사물의 있어야 할 모습, 평등하게 자유로운 인간관계 속에 있음은 분명하나 현실의 인간관계와 사물 속에 이러한 바른 인간관계가 그대로 존속하고 있지 못하다는 데 문제가 있다. 바르고 옳아야 할 인간관계가 거꾸로 뒤집혀 뒤틀리고 굽어진 인간관계가 도처에 상존하고 있는 것이 현실이다. 바른 정치, 바른 경제, 옳은 법보다는 강포의 정치, 빈익빈 부익부의 경제, 강자의 힘과 통치수단이 된 법 등 우리 주위에는 부정의의 실체가 산적해 있다. 심지어는 동등한 인격주체인 인간이 다른 한 인간의 노예나 노리갯감으로 전락하기도 하고 물질과 향락과 마약과 도락의 노예가 되기도 한다.

정의는 하늘에서 떨어지는 것이 아니다. 구체적인 인간관계에서 가꾸고 실천해 나감으로써 형성되고 보존되는 가치이다.[134] 우리들의 사회생활에서 정의의 실현을 위해서는 무엇보다도 실천이성의 보정적(補正的) 기능이 필요하다. 그것이 바로 인간존중의 이념과 사랑의 의미이다.[135] 왜냐하면 정의가 법의 이념이듯이, 법의 이념은 바로 인간의 이념이 되기 때문이다. 정의의 본질을 이해하기 위해서는 무엇보다 구체적 상황 속에 놓여 있는 구체적 인간의 실존상황과 형편을 고려해야 되기 때문이다.[136]

구체적 인간관계에서 정의의 요구가 자신의 한계성과 불완전성을 알지 못하고 형식적 정의 자체와 동일시하고자 할 때, 즉 구체적 정의원칙이 형식적 정의를 대신하여 독단화 혹은 절대화할 경우 정의가 정의 이데올로기로 변모하여 결과적으로 부정의를 관철시킬 위험에 직면하게 된다. 따라서 구체적 정의원칙이 더 바른 법의 이념을 충족시키는 정의이기 위해서는 자비와 관용이 반드시 전제돼야 한다.[137]

---

134 R. Zippelius, Das Wesen des Rechts, 1977, S .126.

135 Arth. Kaufmann, Theorie der Gerechtigkeit, 1984, S. 42.

136 H. Henkel, Rechtsphilosophie, S. 419; 베르너 마이호퍼, 실존법으로서의 자연법, 윤재왕 역, 2011, 23면 이하.

137 Messner, Naturrecht, 6. Aufl., 1983, S. 448.

이런 의미에서 토마스 아퀴나스(Thomas von Aquino)도 "인애 없는 정의는 잔학"이라고 말하고 있다.[138] 사랑 없는 정의는 폭력일 수밖에 없다. 여기에 인간존중의 정신과 사랑의 요구가 정의의 절대명령을 순화시켜 법공동체에서 풍성하고 인간미 넘치는 사회생활을 가능하게 해 준다.[139] 그러므로 오늘날의 지성은 바로 이 같은 인간성과 사랑의 이념에 충실한 정의감을 소유하지 않으면 안 되리라고 생각한다. 아무리 포악한 범죄인이라 할지라도 그의 죗값을 묻는 형벌 속에서 그를 한 사람의 인격으로 바라보고 대접할 수 있는 마음가짐이 필요하다. 바로 이러한 전제에서 우리는 법이 정의요, 정의가 법이라고 말할 수 있을 것이다.

---

138 변종필, 「사랑과 정의의 관계」, 고려대 법학석사학위논문, 1987, 35면.
139 H. Henkel, Rechtsphilosophie, S. 419에서 인용.

5. 법치주의

(I) 현대의 법치주의: 영미의 법의 지배(Rule of Law)와 독일의 법치국 가(Rechtsstaat)의 의미의 통합으로서 법치주의

우리나라 헌법질서의 기본원칙 중 하나인 법치주의이념은 우리의 전통적인 법문화 속에 자생적인 뿌리를 둔 것이 아니다. 외래의 근대법 전통과 이념을 모방한 것이다. 자유민주주의와 자유법치주의의 독자적 인 실현 경험이 일천한 우리나라의 법치주의는 아직 토착화 단계에 이 르렀다고 단언하기 어렵다.

혼히 일컫듯이 우리나라가 영향을 입은 현대 법치주의이념은 영미 법계의 전통 깊은 법의 지배(Rule of Law; Herrschaft des Rechts)원리와 독일 의 법치국가(Rechtsstaat; Law-State)원리, 이 두 가지 축의 결합이라고 할 수 있다. 전자는 불문법체계의 귀결로 판례법우위의 법체계에 입각하고 있어, 사법형 질서형성모델 또는 사후처리형의 법체계라고 일컬어진다. 이에 비해 후자는 실정법체계에 입각한 국가질서형성모델이다. 이 행정 형 질서형성모델은 법률에 의한 법치행정이 강조된다.

법의 지배원리와 법치국가원리모델은 각각의 장단점을 안고 있는 만큼 현대의 법치주의이념은 이 양자를 상호 보완하는 쪽으로 흐르고 있다.[140] 따라서 판례법주의와 제정법주의, 사법형 질서형성과 행정형

---

140 .Denninger, "Rechtsstaat" od "Rule of Law"—was ist das heute?, in: Lüderssen-FS,

질서형성, 법의 지배원리와 법치국가원리의 통합과 균형을 중시하는 것이 오늘날의 법치주의이념이라고 할 것이다.[141]

물론 영미식 법의 지배는 잘 알려진 바와 같이 자유주의의 산물이다. 자유주의가 전제하고 있는 인간상은 정신적인 이성능력에 의하여 인간 각자는 법의 규율이 있기 이전에 원칙적으로 스스로 자유롭게 선택·결정하고 그에 대해 책임질 수 있는 존재라는 것이다. 이러한 자유의 실질을 극대화하기 위해 '법의 지배'는 법적 맥락에서 법 앞의 평등과 같은 다소간 형식적인 일련의 원칙과 밀접한 관련을 맺는다.

첫째, 법률은 서로 모순되어서는 안 된다(법질서의 일체성),

둘째, 법률은 공표되어야 한다(공시성),

셋째, 법위반에 대한 공적 대응은 이 공표된 법률과 일치해야 한다(공표된 법과 공적 대응 간의 일치성),

넷째, 법률은 장래를 향하여 효력을 발생해야 하며, 과거로 지향하는 소급효는 엄격히 금지 된다(소급효금지),

다섯째, 법률의 문언은 명확해야 한다(명확성),

여섯째, 법률은 사람들이 규정의 내용을 알고 따를 정도로 충분히 예측가능하고 안정적이어야 한다(상대적 안정성),

일곱째, 법률은 특정인 또는 개별사안을 겨냥하여 제정되어서는 안 되고(보편성), 일반적 규율에 의해 지도되어야 한다(일반성),

여덟째, 판결과 구체적인 사안에 대한 법률의 적용은 일반에 공개되어야 하고, 적법절차 및 정의와 공평의 원칙에 합당해야 한다(공개성, 적법 절차성),

아홉째, 법률의 집행은 법률과 판결의 취지에 합치해야 하며, 일관성을 지녀야 한다(합치성 내지 일관성),

열째, 법률과 판결의 효력은 합법적인 구제절차를 따라 다투어질 수

2002, S.41ff.; N.MacCormick, Questioning Sovereignty, 1999, p.43.

141 김철수, 헌법학신론, 제21전정신판, 2013, 238면.

있으나, 권위 있는 사법기관에 의해 무효로 되거나 취소·폐지되기 전에는 준수되어야 한다(준수가능성).

이러한 법의 지배 원칙들은 이성적이고 책임 있는 개인들에 대하여 형법의 강제적 개입을 가능한 한 피하도록 하고, 대신 그들의 삶을 자유롭게 계획하는 상황으로 유도한다. 그래서 법의 지배의 원칙은 자유주의적 법이념의 중심을 이룬다.[142]

독일학자들은 법치주의라는 말을 잘 쓰지 않는다. 그 대신 법치국가(Rechtsstaat) 내지 법치국가성(Rechtsstaatlichkeit)이란 용어를 주로 사용한다. 법이 개인의 의지와 삶을 지배하지만, 대신 법의 지배는 목적론적으로 인간의 존엄과 가치를 실현하기 위해 존재하고 작용한다는 점을 강조한다. 인간이 법의 주인이므로 법이 기능적으로 인간을 위해 봉사해야 하는 때문이다. 따라서 법치국가는 자유민주주의와 함께 헌법의 기본원리에 해당한다. 법치의 이상은 통치자와 피치자 사이의 상호작용이며 거기에는 또한 절차의 공정성이 내포되어 있다.

그럼에도 불구하고 독일에서 법치국가성은 역사적으로 내용적인 관점 보다 주로 형식성(정형성)에 중점을 두는 경향이 있었다. 법치국가 원리는 어떤 공식적 기준에 따라 국가작용이 수행되어야 하는가에 초점을 맞추어 두었기 때문이다. 예컨대 국가는 우리헌법과 마찬가지로 법률이 정하는 한도와 절차에 따라서 개인의 기본권을 공공의 이익을 위해 제한할 수 있다는 것이다. 또한 이 경우에 개인에게 법적인 구제절차에 의한 보호를 받을 수 있는 가능성을 반드시 열어 두어야 한다는 것이다. 이렇게 보면 영미법계에서 중시하는 적법절차가 단순한 절차적 형식이 아니라 개인의 자유와 인권을 보호하기 위한 실체적(substantive)인 적법절차로 이해되듯, 독일법계에서 법의 정형성(Formalität) 또는 정형화(Formalisierung)도 단순한 요건만 갖추면 무엇이든지 된다는 의미의 요식

---

142 니콜라 레이시, 국가형벌론, 장영민 역, KIC번역총서 13, 2012, 194면; 오민용, 존 피니스의 법사상 연구, 고려대 법학박사학위논문, 2018, 135면 참조.

행위를 요구하는 것이 아니라 개인의 자유와 인권을 보장하기 위한 분명한 법률적 요건을 요구한다는 실체적(material)인 의미를 담고 있는 것이다.

그러나 나치 패망 이후로 한층 더 실질적인 법치국가의 이념이 강조되어 온 것은 사실이다. 즉 법률이라는 형식이 그 내용의 정당성을 담보할 수 없으며, 법률은 법의 이념에 비추어 항상 동시에 내용적으로도 정당하고 정의로워야 한다는 것이다. 국가는 법의 지배 아래 있어야 하고 국가를 지배하는 법의 내용은 우선적으로 인간의 존엄성과 가치를 존중하고 보호하는 데 있다는 것이다. 또한 이를 위해 개인의 인격 활동의 자유와 여타 기본적 인권들을 보장하고 이를 활발히 하는 데 진력해야 한다는 것이다.

법의 지배의 이념은 통상적으로 자명한 듯해 보이지만, 현실의 법생활 속을 찬찬히 파고들어 가 보면, 특히 법치주의의 역사가 일천한 우리 한국인들에게 정의로운 법(Recht)의 이념보다 법률(Gesetz)의 지배이념에 더 치우쳐 온 경향도 없지 않다. 참된 법의 지배는 궁극적으로 공동선의 일부이며, 공동선과 정의의 가치는 진정한 법치국가에 의해 최고도에 이를 수 있는 것이다. 이 지평은 제정된 법률의 정당성을 문제삼는 '더 높은 법'(The Higher Law) 내지 자연법의 문제영역과도 맞닿아 있다. 그러므로 법의 지배 원리 아래서 법의 실현, 즉 법률의 제정(입법)과 재판(사법절차) 및 그 집행은 각 단계마다 법 그리고 정의의 이념과 실제적인 조화를 이루어야 한다. 무엇보다 자유주의적 법치국가 원리에 입각하고 있는 상위의 헌법규정의 원리에 합치해야 한다. 법과 정의의 이념에 반하여 인권을 침해하는 법률은 현실적인 강제력을 갖고 있더라도 법의 권위로부터 나오는 보편타당성을 지닌 효력을 주장하기 어렵다. 이런 법률은 정상국가질서 내에서는 헌법재판소의 위헌결정으로 무효나 취소될 수 있다. 더 나아가 법관의 판결에서 구체적으로 실현될 '법의 지배'를 통해, 오늘날의 정당정치 사정하에서 의회도 잘 감당할 수 없는 소위 법률국가(Gesetzesstaat)의 권력을 통제하고 제한할 수 있다.[143] 만일 헌법재판소나 대법원도 법치국가헌법에서 부여한 이러한 제구실을 다할 수 없는 최악의 경우라면, 그러한 법 상태하의 법률은 악법이라는 오명을 뒤집어쓰고 마침내 국민저항권과 시민불복종의 대상이 될 수도 있는 것이다.

그러므로 현대 법치주의의 핵심가치는 최소한 다음과 같은 내용을 단지 이론으로서가 아니라 법 실무 전역에서 실제적으로 효력을 나타내 보여야 한다.

첫째, 국가생활에 있어서 법률적 규정이 있는 곳에서는 다른 모든 기준들, 특히 정치적 기준에 대해서도 법률의 우위가 인정된다는 점이다(법률의 우위성). 정당한 법이념을 지향하는 법률은 한 국가나 사회공동체의 질서형성 측면에서 정치와 경제보다 우선한다. 법의 지배(Rule of Law)라는 영국의 전통이 보여 주듯, 원래 법은 자기법칙성을 갖고 있기 때문에, 정치권력도 이 우월한 법의 지배하에 놓여 있는 것이다.[144]

둘째, 법치국가에 있어서는 제정된 법률의 현존 그 자체가 아니라, 그 법률의 일정한 내용이 구속력을 발휘한다(법의 최고성). 법치국가에서 국가의 목적은 실질적으로 정의로운 상태의 창설과 유지에 있기 때문이다. 형식적 법치국가는 헌법에 보장된 기본권 가운데 나타나는 인간의 존엄·평등·자유를 하위 법규범들을 통해 구체적으로 형성함으로써 비로소 실질적 법치국가가 된다. 그러므로 법치국가에서 법의 지배는 법의 우위성을 전제하며, 동시에 법률 앞에 법의 우위성을 법질서의 기본원리로 삼는다.[145]

---

143 R.Marcic, Vom Gesetzesstaat zum Richterstaat, 1957, S.190.

144 영국법의 정신은 불문법위주이고, 법률의 정신보다 사물의 이치에 그리고 추상적인 법전보다 구체적인 사례법인 판례법에 비중이 놓인다. 물론 의회의 제정법이 불문의 보통법을 수정, 보충할 수 있으나 사실상 사법권, 즉 최고법원격인 House of Lords의 우위, 법관신분의 탁월한 지위, 그리고 단체로서의 자율성 등이 영국 법치주의의 핵심인 Rule of Law의 토대를 형성한다. 이에 관하여는 G.Radbruch, Der Geist des englischen Rechts, 3.Aufl., 1956, S.23ff. 참조.

셋째, 법치국가에서 국가기관들의 작용은 입법·사법·행정을 가릴 것 없이 법의 불편부당성을 전제하고, 이 법에 구속되는 한 상대적인 독립성을 지닌다. 그들이 이 법에 구속되는 범위 안에서 권력분립의 원리에 따라 모든 다른 종류의 영향들로부터 벗어나 독립성을 지닐 수 있는 것이다. 이 점과 관련하여 이미 반세기 훨씬 전에 라드브루흐가 '5분간의 법철학'에서 한 말을 늘 상기할 필요가 있다. "법은 정의를 향한 의지이다. 정의는 대상이 누구인지를 감안하지 않고 재판하는 것, 즉, 모든 것을 똑같은 잣대로 가늠한다는 것을 뜻한다."[146] 사법(司法)은 권력의 눈치를 보지도 않고, 세류나 통속적인 여론에 휩쓸리지도 않으며, 오직 법과 법률 그리고 건전한 상식, 즉 양심에 따라서 재판할 때 정의를 지향했다고 평가할 수 있기 때문이다.

넷째, 법치국가는 안정성, 지속성을 유지하는 속성을 바탕으로 모든 사회변동을 넘어 상대적 계속성을 확립한다. 현대사회에서 정치적·경제적·사회적 생활과정의 변동은 그 이전보다 심한 편이다. 때로는 정치적 생활과정 가운데 정치적 전체노선의 변동가능성은 있게 마련이지만, 법이 구속력을 가지고 버티어 낼 때 급격한 변동이 사회적 혼란 속에 빠지는 데서 피할 수 있는 것이다.[147] 법치국가의 계속성 없이는 집행권과 사법권이 각각의 역할을 제대로 수행할 수 없을 것이고, 국민은 법적 불안정상태에 직면하게 될 것이다.

다섯째, 법치국가는 헌법과 법률에 근거하여 국가작용에 기준과 형식을 주고, 모든 국가권력을 법에 구속시킴으로써 기능적 합리성뿐만 아니라 내용적인 합리성을 지향한다. 이해가능성, 정형성(定型性), 예측

---

145   Arth. Kaufmann, Rechtsphilosophie im Wandel, 2. Aufl., S. 49.

146   구스타프 라드브루흐, 5분간의 법철학(1945), 윤재왕 역, 라드브루흐 공식과 법치국가 (F. Saliger, 1995), 부록2, 2판, 2011, 155면 이하.

147   1987년 6·29 선언 이후 제6공화국 출범과 노태우 정부까지 우리사회가 급격한 체제변화에도 큰 혼란에 빠져들지 않은 데는 법의 안정기조가 어느 정도 유지되었기 때문이라고 평가할 수 있을 것이다.

가능성, 명료성은 국가생활의 특징이 되어야 한다. 국가생활은 무의식적인 것, 비합리적인 것, 무형식적인 것, 즉흥적이고 감정적인 것이 되어서는 안 되며, 상호주간적이고 객관화된 이성의 원리에 따라 파악하고 공감할 수 있는 규칙과 원리들, 그리고 성찰적인 사상에 이끌림을 받아야 하는 것이다.[148]

그럼에도 불구하고 법치주의를 법률주의(legalism)와 혼동해서는 안 될 것이다. 이와 관련해서는 버만(H.J.Berman)의 법률주의 비판에 잠시 주목할 필요가 있다. '문명과 역사적 법이론'이리는 부제가 달린 그의 『종교와 제도』라는 책에서 그는 "법은 어떤 사회에서 권리와 의무의 배분에 있어서 나타나는 사회구조와 사회과정"이라는 전제에서 출발하여,[149] "법은 규칙의 체계인 것만이 아니다. 법은 사람들이 규칙을 만들고, 사건을 듣고 결정하며, 실제로 나타나게 하며, 밀고 당기면서 합의에 도달하는 것이다. 그것은 권리와 의무를 나누어 주어서, 갈등을 풀고, 서로 도와가는 경로를 새로 만드는 살아 있는 과정이다."[150]라고 주장한다. 법의 관념이 잘못되면 살 만한 가치 있는 사회를 실제로 더욱 살기 힘든 것으로 만들고, 사람들은 이상한 억압적인 의무에 매여, 강압적인 힘에 굴종하는 결과를 낳을 수 있다는 것이다. 우리가 지난 세기와 금세기까지도 지역에 따라 자유제한과 박탈 등의 직·간접적인 역사적 체험을 통해 겪을 수 있었던 권위주의 내지 독재체제 아래 있던 많은 사회들을 기억하고 있다. 그 사회의 특징은 바로 이처럼 잘못된 법의 관념이 그럴 듯한 지배 이데올로기의 도구로 사용된다는 점이었다.[151] 이에 반해 바른 법 관념은 사회에 구조와 형태, 규범의 내면화를 통한 질서 안정 그리고 무규범상태하의 사회해체를 막고 사회결속과 사회통합을 촉진

---

148 콘라드 헤세, 헌법의 기초이론, §6.기본법의 헌법체계에 있어서 법치국가, 계희열 역, 2001, 128면 이하 참조.
149 H.J.Berman, Religion & Institution, 1992년 한국어판, 김철 공저, 22면.
150 앞의 책, 36면.
151 앞의 책, 36면 참조.

시키는 힘이 있음을 상기할 필요가 있다. 이런 점에서 법이 단지 사회를 통제하고 정책을 효과적으로 수행해 나가는 데 효율적인 제일차적 수단이란 생각은 긴 호흡으로 볼 때 잘못된 것이라고 단언할 수 있다.

리걸리즘은 모든 법을 법의 정신과 목적의 빛(사랑의 빛) 안에서 해석·적용할 것을 제쳐놓고,[152] 단지 정치공학적인 의미에서 효율성의 조건으로만 생각함으로써, 법제도에 부착된 옳은 것을 행할 능력을 고갈시키는 역효과를 낳는다. 이를테면 사람들의 건전한 법 감정, 다시 말해서 권리와 의무에 대한 감정, 공평한 대우에 대한 욕구, 불법에 대한 혐오, 자의적인 입법 및 소급적인 법적용이나 법을 적용·집행하는 데 있어서 일관성을 잃은 데 대한 반감 같은, 모든 법제도에서 빼놓을 수 없는 근본적인 법 윤리적 감정을 좀먹는다.[153] 법이 인간존중이나 이웃사랑 같은 근본적인 목적을 벗어나서 순전히 문자적으로 또는 기술적이거나 기계적인 체계로만 취급될 때 법과 인간 모두 상처를 받는다.[154] 우리는 그 극명한 전례를 나치체제하에서 맹위를 떨쳤던 독일사법의 이른바 법률실증주의(Gesetzespositivismus)[155]에서 찾을 수 있다. 그러나 진정한 의미에서 법률이 법답고 또 더 나아가 효율적이 되는 것은 법률이 권력의 도구로만 쓰이는 기계적·기술적 차원을 뛰어넘어, 보통사람들의 정의감과 법질서의 옳음에 대한 신뢰가 뒷받침이 되어질 때인 것이다.[156]

(2) 법치주의에서 실질적 정의와 법적 안정성의 문제

이 문제를 해결하는 데 결정적인 기준을 제시한 사람은 국내외 여

---

152 김일수, 형법질서에서 사랑의 의미, 2013, 190-197면, 338-342면; 앞의 책, 133면 참조.
153 H.J.Berman, 앞의 책, 38면 참조.
154 김일수, 앞의 책, 138면 참조.
155 이에 관하여는 Arth.Kaufmann, Rechtsphilosophie im Wandel, 2.Aufl., 1984, S.148f. 참조.
156 H.J.Berman, 앞의 책, 42면 참조.

러 전문가들과 연구자들이 공언하는 바와 같이 독일의 법철학자요 형법학자인 라드브루흐(G.Radbruch)이다. 그는 바이마르공화국의 법무부장관을 지냈으나, 나치 집권 후 나치의 박해를 피해 영국에서 망명생활을 보내다가, 제2차 세계대전 종료 직후 모국으로 귀환하였다. 그가 별세하기 3년 전에 발표한 소논문 「법률적인 불법과 초법률적인 법」이 그가 세상에 남겨 놓은 방대한 저작물 중 당대뿐만 아니라 오늘날까지 여러 나라의 사법에 가장 큰 영향력을 미친 불후의 명작인 셈이다. 또한 그것은 정치체제 변혁기마다 부활하는 신비한 생명력을 세계시민의 법문화속에 각인시켜 주는 것으로도 유명하다.

흔히 이 소논문은 "라드브루흐공식"으로 법조계와 학계에 널리 알려져 왔다. 즉 실정법의 정의에 대한 위반이 참을 수 없는 정도에 이르렀을 때, 이 정의롭지 못한 내용의 법률은 정의에게 그 자리를 양보해야 한다는 것이다. 일반적인 경우에는 실정 법률이 그 내용에서 정의롭지 못하고 합목적성이 없는 경우라 하더라도 일단 우선권을 갖는다. 그러나 특별한 경우에 실정 법률과 정의의 모순이 참을 수 없는 정도에 이르렀다면 그 부정당한 법률은 정의에 자리를 내주어야 한다는 것이다. 더 나아가 실정 법률이 이 '참을 수 없음'의 기준을 넘어서 '실정법을 제정하면서 정의의 핵심을 이루는 평등을 의식적으로 부정한 경우'에 그 법률은 단순히 '불법'에 그치지 않고, 법의 성질 자체를 갖지 않는다고 하였다.[157] "만일 법률이 정의에 대한 의지를 의식적으로 부정한다면…국민은 그러한 법률에 복종할 의무가 없으며, 법률가 역시 그러한 법률의 법적 성격을 박탈할 용기를 가져야 한다"[158]는 것이다.

이 공식에 미루어 보면 우리의 법 생활에서 종종 만날 수 있는, 정의에 반하는 법률은 세 가지 유형으로 분류될 수 있다. ①정의롭지 못하

---

157 G.Radbruch, Gesetzliches Unrecht und übergesetzliches Unrecht, SJZ 1946, S.107 Sp.1.

158 G.Radbruch, Gesamtausgabe. RechtsphilosophieIII, 1990. S.79.

고 합목적성이 없어서 부당한 법이라고 불러야 할 법률, ②정의에 대한 모순이 "참을 수 없는 정도"에 이르러서 "법률적 불법"에 해당한다고 보아야 할 법률, ③"정의의 핵심을 의식적으로 부정"하기 때문에 더 이상 "법"이라고 부를 수 없는 법률 등이 그것이다. 법률의 준수여부와 관련하여 라드브루흐는 말하기를, 첫 번째 유형의 법률에는 모든 법복종자들이 복종해야 한다는 것이다. 법적 안정성의 가치가 정의라는 가치보다 우선하기 때문이다. 그러나 두 번째 유형의 법률에는 복종할 가치가 없다는 것이다. 그러한 법률들은 "정의에 자리를 내주어야 하기" 때문이다. 마지막으로 세 번째 유형의 법률들 역시 복종할 의무가 없다는 것이다. 그러한 법률들은 본질상 "법 자체"의 성질을 가지고 있지 않기 때문이다.[159]

이 공식은 나치불법국가의 악법질서청산과 관련되어 있을 뿐 아니라 라드브루흐 정의이론의 핵심, 즉 정의와 법적 안정성, 고전적 자연법과 법실증주의 사이의 모순을 해결하려는 그의 새롭고 또 최종적인 결론이기도 하다.[160] 물론 라드브루흐 공식은 독일뿐만 아니라 한국의 판례와 학설이 폭넓게 수용하고 있다. 그러나 이에 대한 비판 또한 만만치 않다.

우선 이 공식은 라드브루흐가 제시한 정의의 관념이 추상적인 평등의 원리에 그치고 있고, 그 결과 판단하는 사람 각자가 서로 다른 의미로 이 정의 관념을 원용할 가능성이 높다는 점이 한계로 지적된다. 그뿐 아니라 정의의 훼손이 극단적인 경우에 해당하는가 여부도 사안마다 기준설정의 어려움을 야기한다는 점도 또한 문제다. 만약 평등(좁은 의미의 정의), 법적 안정성, 합목적성과 같은 이 세 법이념이 독립적으로 인정되고 법이념의 우위에 대한 공식이 보편타당하려면, 예컨대 정의와 법적안정성 간의 대립이 있는 경우, 법적 안정성 때문에 정의이념이 참을 수 없을

---

159 노베르트 회르스터, 전게서, 87면 이하.
160 프랑크 잘리거, 라드브루흐공식과 법치국가, 윤재왕 역, 제2판, 2011, 3면.

정도로 훼손된 경우와 더불어, 정의를 이유로 법적 안정성 이념이 참을 수 없는 정도로 훼손된 경우도 함께 생각해 보아야 한다는 것이다.[161]

여기에서 라드브루흐는 두 번째 유형의 법률과 세 번째 유형의 법률 사이의 경계선을 확정짓는 일이 첫 번째 유형의 법률과 두 번째 유형의 법률을 구별하는 것보다 더 쉽다고 생각했는데, 실증주의자 회르스터는 도저히 납득하기 어려운 관점이라고 비판한다. 어떤 입법자가 "전혀 정의를 추구하지 않았는지 평등을 의식적으로 부정했는지'를 입증하는 일은 실제로 쉬운 일이 아니기 때문이다. 또한 '불법'이라는 단어는 어떤 규범이나 상태에 대한 도덕적 심판을 위해 사용되는 것인데, "나치의 '법'은 법의 성질 자체를 갖고 있지 않으며, 단순히 부정당한 법이 아니라, 아예 법이 아니다"[162]라는 라드브루흐의 테제는 하나의 규범은 법규범이면서 동시에 도덕적 관점에서 불법일 수 있다는 점에서 볼 때 극단에 치우쳤다는 것이다. 나치 법질서 그 자체는 불법체제라고 불러야 할 충분한 이유가 있지만, 불법체제에 속하는 어떠한 규범, 예컨대 도로교통법까지 법규범 또는 법이 아니라는 결론에 이르러서는 안 된다는 것이다. 불법체계라고 해서 불법만을 만들어 내는 것은 아니기 때문이다.[163]

더 나아가 법적 안정성을 해하지 않으면서 실정법에 따라 불법을 청산할 것이냐 아니면 자연법원리에 따른 결단이냐를 택하는 것도 간단하지 않다. 그 사이를 나누는 기준으로 가장 빈번히 인용되는 표지가 이른바 '중대한 인권의 침해'이다. 국제법 가운데 로마협약(1998.7.17.)이 규정한 범죄유형, 즉 집단학살(제6조), 반인도적 범죄(제7조), 전쟁범죄(제8조) 등의 기준을 적용하는 태도가 이에 속한다. 그러나 어떤 행위유형이

---

161   홍영기, 과거사에 대한 법적 처리의 정당성과 가능한 대안, 법철학연구 10권 2호 (2007), 45면 이하.
162   프랑크 잘리거, 전게서, 부록1(법률적 불법과 초법률적 법), 149면.
163   노베르트 회르스터, 전게서, 90-93면 참조.

반인도적 범죄인지를 가려내는 것은 실제로 그다지 쉬운 일은 아니다. 여기서도 최종적으로는 승자와 패자, 강자와 약자 사이에 정치적인 논리가 결과에 대한 평가를 좌우하게 되기 십상이라는 점 때문이다. 언제 어디서나 존엄성을 존중받아야 할 인간의 인격성은 단순히 양으로 평가할 성질의 것이 아니다. 솔제니친의 아키펠 군도에서처럼 고립무원의 감시상태하에 처해 있는 한 사람 한 사람의 자유와 생명과 명예도 다수의 희생자와 비교할 수 없을 만큼 고귀한 가치를 지니기 때문이다.[164]

그러므로 라드브루흐공식은 변질된 국가권력, 즉 국가폭력[165]이 개입된 범죄만을 대상으로 특별히 취급해야 한다는 견해도 있다. 국가 스스로 저지른 범죄에 대해서는 죄형법정주의를 비롯한 자유보장책인 법치국가원칙들을 고스란히 적용할 수 없다는 것이다. 법치국가원칙이 현재 및 과거의 국가권력을 보호하기 위한 것이 아닐 뿐 아니라, 법치국가원칙을 적극적으로 부인한 국가권력이, 나중에 이 원칙을 주장하면서 죄책을 면하려 하는 것은 후안무치한 일이며, 이러한 경우까지도 범죄자에게 법치국가의 원칙을 통해 형벌권을 제한하려 하는 것은 법치국가원칙이 공정하게 이용되는 경우가 아니라, 오히려 국가폭력으로부터 비롯된 범죄에 대해서 그 원칙이 특혜를 주는 것에 지나지 않는다고 한다.[166]

---

164 예컨대 광주민주화운동의 희생자들은 아직 공권력에 저항할 수 있는 의지와 자유 그리고 제한된 범위 내이긴 하지만 공권력의 무력진압작전에 맞설 수 있는 용기와 제한된 범위의 대항력을 갖고 있었기에, 이를테면 한계상황, 즉 자기에 대한 신뢰와 세계에 대한 신뢰가 완전히 무너진 고립무원의 상태에서, 인간의 존엄성 자체가 법적으로나 사실상으로 직접 침해되었다고 할 수 있는 수용소군도의 희생자들과 형편이 다른 것이다. 바로 그런 점 때문에 이들 희생자들을 우리는 '민주화운동의 희생자들'이라 부를 수 있는 것이다.

165 이 개념에 관해 김성돈, 국가폭력과 형법 그리고 헌법, 법조,2018, 11면 이하 참조.

166 W.Naucke. Die strafrechtliche Privilegierung staatsverstärkter Kriminalität, 1996, S.47 이하; 유사한 견해로 허일태, 권위주의시대의 반인륜적 범죄행위와 소급효금지원칙, 동아법학 31, 2002, 108이하; 김선택, 과거청산과 법치국가, 고려법학 제31권, 1995. 125면; Werle, ZStW1997, 826; Welke, KJ1995, 377; Marxen(김성천 역), 소

그러나 이 견해 역시 분명하게 법적 안정성을 압도할 정의의 구체적 기준을 제시하지 못한다. 우선 문제되는 불법행위가 국가권력에 관계있는 것인지, 그렇지 않은 것인지 구별이 명확하지 않을 뿐 아니라, 그것이 청산되어야 할 과거사에 속할 정도로 역사적인 단절이 있었는가 여부도 확인하기 어렵기 때문이다.[167] 더구나 한국의 실례가 보여 주듯, 정치적 과거청산작업에 공소시효배제를 위한 특별법을 도구로 끌어들일 때 상황은 더욱 복잡해진다. 인종청소와 같은 집단학살은 국제법적 규율대상일 정도로 책임이 중한 범죄여서 소급입법과 같은 비상조치도 라드브루흐의 공식을 빌어 정당화할 수 있을 만한 것이다.[168] 그러나 과거 우리나라 군사독재 및 권위주의 국가시절에 행해진 불법상황을 나치 정권하에서 자행된 불법국가의 불법상황과 같은 차원에 나란히 두는 것은 마치 청맹과니에게 복수의 칼을 휘두르도록 쥐어 주는 것처럼 위험스러운 일이다. 변종필 교수가 적절히 지적했듯이 "과거의 불법을 청산해야 한다는 역사적 당위성이 곧바로 그 청산의 법치국가적 정당성으로 이어지는 것은 아니기 때문"이다.[169]

국가체제변동을 불연속 기준으로 삼을 수 없음은 독일현대사에서도 잘 드러난다. 제2차 세계대전에서 독일의 패망으로 인해 나치정권은 지금의 독일연방공화국과 명확히 단절된다는 것은 아무도 가볍게 다툴 수 없는 사실이었다. 이 사실에 바탕을 둔 나치불법청산과 법 갱신(Rechtserneuerung)의 규범적 요청으로부터 '초법률적인 법'이라는 자연법 원리를 통한 '법률적인 불법'에 속하는 실정법 극복이 가능했던 것이다.

급효금지의 근거와 범위, 형사법연구 8, 1995, 203면 등.

167 홍영기, 앞의 논문, 48면 참조.
168 연합국통제위원회 포고령을 근거로 반인도적 범죄에 대한 소급입법은 독일 패망 후 입법권이 그리로 넘어간 후 만들어졌기 때문에 완벽하게 적법하다는 점에 아무 의문이 없었다. 또한 나치의 인종말살정책의 잔혹상은 자연법의 관점에서도 이 소급입법을 묵인하는 것이 상책이라는 암시를 던져 주었던 것이다.
169 변종필, 반인도적, 국가적 범죄와 공소시효, 비교형사법연구 제8권, 2006, 655면.

그러나 동서독 통일 후 동독정권의 불법처리문제에 있어서는 나치정권의 불법처리와 그 사정이 같지 않다. 칸트주의적인 응보형론자인 나우케(Nauke)의 주장처럼 구동독의 권력형범죄에 대한 처리도 법치국가원칙의 보장에서 벗어난 예외적인 사안으로 특별 취급해야 한다고 생각하는 학자는 결코 다수를 점하지 않는다. 오히려 통일을 계기로 서독정권이 동독정권을 향해 '승자의 사법'을 휘두르고 있다는 비판도 이에 못지않은 설득력을 지니는 것으로 평가되고 있다.[170]

사정이 그러한데도 독일통일 후 독일 법조와 학계에 마치 쓰나미처럼 밀려온 동독정권의 체제불법에 대한 법적 과거청산작업의 배후에는 통독의회구성을 위한 첫 총선거를 앞둔 시점에서 구동독체제에 비해 구서독체제의 정치·경제·사회·이념의 우월성을 효과적으로 돋보이게 하려는 정치 공학적 계산이 깔려 있는 것으로 미루어 짐작할 수 있다. 동서독 통일 후 사상처음으로 치러질 새로운 독일의회 구성 및 지방정부 구성을 위한 총선을 앞둔 시점의 정치지형에서, 통일주도권을 잡았던 서독으로서는 동독체제에 비해 도덕적 우월성을 돋보이게 하려는 강한 정치적 의도를 숨길 수 없었다. 동독의 체제불법의 청산이 마치 나치체제의 청산과 같은 내용과 형식, 절차로 진행될 수 있으면 그만큼, 국민교육적 차원에서 기시감을 불러일으킬 수 있는 바람직한 일이 될 터이기 때문이다. 사실 독일 법조에 의한 이 같은 청산작업의 결과로 동독에 기반을 둔 신생정당은 독일 의회에서 실제 소수정당의 지위에 머무를 수밖에 없었고, 옛 동독지역의 지방권력도 과거 서독에 기반을 두었던 기민당(CDU), 사민당(SPD)이 대부분을 분점할 수 있었던 것이다. 이처럼 현실 정치의 힘이 정의의 기치를 앞세우거나 등에 업고서 실제 사법정의까지 조종했다는 것은 의심할 여지없는 역사적 사실이 아닐까 생각한다.

---

170 Schlinke, NJ 1994, S.433f.; Becker, NJ 1998, S.353f.; 사회전반의 이러한 인식에 대해서는 허창운, 독일통일에 있어서 상이한 통일관과 과거청산, 국제지역연구(서울대 국제지역원) 2-1, 1993, 5면 이하(홍영기, 전게논문에서 재인용).

최근 문민화 과정을 거치면서 우리가 체험한 '역사바로세우기', '과거청산', '적폐청산'의 소용돌이에서도 "정의구현"이라는 정치적 구호가 사법정의의 실현과정에서 법적 안정성의 중요성을 소홀하게 다루지 않았는지 되돌아볼 필요를 느낀다. 특히 문민정부 아래서 만들어진 5·18특별법과 공소시효특례법 같은 법률은 정의라는 이름으로 법치국가의 인권보장책들을 손쉽게 내어던진 것은 아닌지 이제는 다시 법치주의 원칙으로 돌아가 실질적 정의(평등)와 법적 안정성을 교량해 볼 때가 되었다고 생각한다. 라드브루흐공식을 일방적으로 자신들의 선입견에 유리하게 끌어들이려는 독일과 우리나라 사법에서 행해지는 편향된 시각에 대해서 나는 먼저 다음과 같은 라드브루흐의 말을 제시하고 싶다. "우리는 정의를 추구하면서 동시에 법적 안정성을 고려해야 한다. 왜냐하면 법적 안정성 자체가 정의의 한 구성부분이기 때문이다. 따라서 우리는 이 두 가지 사상을 최대한으로 충족시키는 법치국가를 건설해야 한다."[171]

정의라는 이름을 핑계 삼아 자연법의 이상을 현행법의 손을 빌려 관철하려는 유혹에 빠져서는 안 된다는 주장의 근거는 언제나 법적 안정성의 필요에 있다. 누가 국가기관에 법적 청구를 하거나 또는 법을 위반하여 쟁송을 당하였을 때, 그는 먼저 자신의 쟁송사안에 관련하여 행위당시 문제된 법이 무엇인지, 그 법상태가 어떠한지를 알 수 있어야 하고, 그 결과를 예견할 수 있는 처지에 있어야 한다. 물론 이 세상 어느 곳의 법질서나 흠이 있을 수 있고 불확실성도 있지만, 법치국가라면 그 경향만은 법에 붙어 있는 이 불안전 요소를 가능한 한 줄이거나 삼가는 방향으로 나가야 하고, 윤리나 감정에서 도출된 어떤 자연법 유(類)의 새로운 법원(法源)을 증대시켜서는 안 된다.[172]

---

171 구스타프 라드브루흐, 법률적 불법과 초법률적 법, 프랑크 잘리거, 전게서, 부록1, 153면.
172 E.Riezler, Der totgesagte Positivismus, in: W.Maihofer(Hrsg), Nr od Rp?, 1972, S250f.

법의 최상의 목표는 정의의 실현에 이르는 것이다. 그러나 법질서를 불안정하게 만들면서 정의를 실현한다는 것은 언어도단이다. 법의 원칙에 반하는 법규범, 법적 성격이 불분명한 법규범에 얽매어서는 안 된다는 것이 정의의 요구인 것이다. 어느 누구도 현재 허용된 행위 또는 부작위 때문에 사후에 소급적인 법률을 근거로 책임을 지게 된다면, 그것은 단지 법적 안정성의 요구에 반하는 것이 아니라 정의의 요구에도 반하는 것이다.[173] 자신의 후기법철학에서 법적 안정성 그 자체가 정의의 일부임을 밝힌 라드브루흐의 견해를 여기에서 다시 거론하지 않더라도, 법적 안정성과 정의(평등) 두 원칙은 서로 대립되는 것이 아니라 선한 법, 좋은 법으로서 '사랑의 법'을 이루어 가는 데 서로 보완적인 자리에 있음을 알아야 할 것이다.

극단적인 경우라 하더라도 정의를 법적 안정성보다 우위에 두거나 자연법을 실정법에 원칙적으로 우위에 두는 것으로는 법 내부의 충돌을 해소할 수 없다.[174] 특히 소급입법의 정당성을 자연법적으로 근거지음으로써 문제를 해결하려는 시도는 온당해 보이지 않는다. 혹자는 소급효를 근거짓는 주장으로 자연법적 관념에 따를 때, 벌써 어떤 불법은 법률이 그것을 범죄화하기 전부터 이미 중대한 불법이었고 또 불법으로 인식되었으므로, 그 후의 소급입법은 근본적으로 새로운 것이 아니고, 자연법적으로 근거지어진 법 상태를 고려한 것이라고 말한다.[175] 그러나 여기에서 간과하고 있는 것은 소급입법 자체가 가벌성을 창설하기 위한 하나의 법 상태를 사후에 비로소 만든 것이고, 범죄와 형벌의 소급효는 자연법적 관점에서 봐서도 무엇인가 부자연스럽고 형평하지 못한 것으로 간주된다는 점이다.

---

173 Ebd., S. 251f.
174 사면 같은 제도를 활용하든가 법적 해결보다 정치적, 역사적 해결방도가 더 현명할 수 있다.
175 프랑크 잘리거, 전게서, 171면 이하 참조.

더군다나 법치국가에서 자연법적 정의를 내세워 소급입법을 한다면 혹자는 불법국가에서 실정법적 권력을 내세워 소급입법을 한 것과 실제 다를 게 무엇인가 의문시할 수 있을 것이다. 현대사회에서 자연법적 정의란 추상적인 이성법적 정의가 아니라 바로 구체적·현실적인 인간의 존엄성 보장과 인권과 기본권을 법적으로 절차적으로 보장하는 데 집약되어 있다고 보기 때문이다. 그러므로 이 문제는 정의의 이름으로 어느 행위가 도덕적으로 승인될 수 없는 행위인가 하는 문제로 제기되어서는 안 되며, 오히려 그 행위가 현행법과 충돌하고 있는가의 문제로 제기되어야 옳다. 왜냐하면 소급효금지문제는 해당 행위가 당벌성(Strafwürdigkeit)을 갖고 있느냐의 문제가 아니라 도리어 가벌성(Strafbarkeit)이 있느냐의 문제이기 때문이다.[176]

형법상 소급입법과 소급적용 금지의 원칙은 오늘날 모든 문명국가의 보편적인 법원칙의 하나이요 또 헌법적인 원리로까지 승인된 것으로서, 국민의 자유와 안전을 지킬 선한 국가·선한 정부에 대한 예견가능성과 신뢰의 원칙에 근거하고 있는 것이다. 이 신뢰를 실추시키는 권력작용은 어떤 형태든지 간에 인권 내지 국민의 기본권보호에 대한 예견불가능성을 초래할 위험신호로 간주할 수밖에 없다. 현대적 의미의 정의는 법질서의 불변성을 요구하지는 않지만, 적어도 법질서의 예견 가능한 현재 상태는 신뢰할 수 있기를 요구한다.

(3) 법치이념의 외연확대: 법치국가와 사회정의

1) 법치이념과 사회정의[177]

법질서는 사회의 규범질서이다. 법은 인간 상호 간의 관계와 사회에 대한 개인의 관계에서 지켜야 할 중요한 행동양식을 규율한다. 사회

---

176 E.Riezler, a.a.O., S.248.
177 아래 서술부분은 김일수, 법질서에서 정의, 전게서, 26-29면을 옮긴 것이다.

는 법질서를 창설하고 법의 실행을 위한 기관을 둠으로써 법공동체(Rechtsgemeinschaft)가 된다. 법공동체의 삶에서 법은 그 구성원 각자에게 「너는 너의 삶을 영위해야 한다. 너는 질서 가운데서 그 삶을 영위해야 한다. 너는 법 속에서 그 삶을 영위해야 한다.」는 '실천적 삼단논법'에 따른 명령을 내린다.[178] 인간의 삶은 환경과의 관계를 포함한 모든 사회적 관계의 그물, 인간의 삶에서 조우하는 과거와 미래 그리고 인간의 내적 삶과 외적 삶의 전 영역을 포함한다. 삶의 영위는 이런 영역 안에서 이루어진다.

인간은 이러한 모든 관계의 그물 안에서 타인의 자유를 고려하여 그것이 침해되지 않는 범위 안에서 자기 자신의 자유를 누릴 수 있는 것이다. 인간이 그의 삶을 질서 가운데서 영위해야 할 필요성의 근거가 바로 여기에서 발견된다. 질서는 한편으로 새로운 결정과 그 실천을 가능하게 해 줌으로써 결정의 확실성을 보호하며, 다른 한편으로 신뢰 가운데서 이런 결정을 수행하고 기획하도록 만들어 준다. 다양한 삶의 형태와 직업, 수많은 사회적 관계, 여러 가지 질서의 결합 형태인 사회에서는 하나의 질서가 다른 삶의 질서, 즉 통용되고 지배적인 삶의 질서와 충돌해서는 안 된다. 여기에서 통용되고 지배적인 삶의 질서가 바로 법에 해당한다. 인간의 자유영역의 매개 및 안정의 틀은 언제나 하나의 법질서를 요구한다. 매개하고 안정시키는 기능을 가진 사회적 사건진행의 예측가능성과 면책 등을 의미하는 질서 잡힌 삶의 형성은 바로 법에 의존한다. 그러므로 법이란 공동체 삶에서 당위적인 요구를 실행하는 가능성의 조건에 해당한다.

법은 그 자체 자기존재목적을 갖는 것이 아니라 인간의 질서 잡힌 삶을 목적으로 삼고, 그것을 실현하기 위한 수단에 불과하다. 그러기 위해 법은 또한 정의의 요청을 실현시켜야 할 과제를 안고 있다. 모든 법

---

178 노베르트 브리스코른, 법철학, 김일수 역, 1996, 19-22면.

실현의 영역, 즉 입법자의 법규범창조활동, 법원의 재판활동, 정부와 행정의 정책수립과 각종 조치까지도 정의로워야 할 당위성의 요청을 안고 있다. 더욱이 정치, 경제, 사회, 문화 모든 분야의 질서형성에서 법은 이 정의의 요청에 따라야 할 임무가 있다. 이것이 법과 사회정의의 본질적 결합관계이다.

사회정의는 법질서와의 관계에서 개별적인 법 규율 활동을 지원하거나 통제하는 이념적 지표이다. 사회적으로 정당한 이념으로서의 사회정의는 모든 입법정책의 방향타로서 이것을 향도히기 위해 구체적인 입법 활동 앞에 서 있다. 더 나아가 사회정의의 이념은 법질서를 확립하는 내재적 힘으로도 작용한다. 법의 실정화와 실정화된 법의 구체적인 실현에서 사회정의는 그 내용의 정당성을 담보하여 법의 적용 아래 있는 모든 사람들의 신뢰를 이끌어 내는 구성적 요소가 된다. 물론 역사적인 상황 속에서 사회적으로 정당한 이념과 가치에 관한 일반인의 의식과 태도가 변할 수 있다. 이 변화된 인식에 상응하여 실정법과 그 구체적인 적용도 새롭게 변화하고 수정·개선되어야 한다. 사회정의이념의 역사적으로 구체화된 내용으로부터 법은 현재의 사회공동체 질서와 장래의 보다 나은 사회질서에로의 개혁을 위한 기초적인 준거점을 획득한다.

결국 법체계 내에서 사회정의는 법의 내용적 정당성과 법에 대한 신뢰를 낳게 하는 의미와 기능을 갖는다. 가장 넓은 의미에서 보면 사회정의도 하나의 법원칙 또는 하나의 법규범으로서의 의미를 지닌다. 어떤 법 규정이 법적용자의 눈에 사회정의에 반하는 것으로 비쳐지면 그 정당성 여부를 검증하기 위해 헌법재판소의 문을 두드리게 되고, 경우에 따라서는 그 구속력의 전부 또는 일부를 배제할 수 있는 결과에 이른다.

깨어 있는 법의식을 지닌 법의 주체들은 항상 시민사회의 법체계 속에 산재해 있는 실정법규정들과 행정조치들이 현재 우리의 기본권을 보장해 주는 헌법에 합치하는지를 눈여겨봐야 한다. 만약 의문이 생길 때면 헌법소원을 제기하기도 하고, 시민연대활동의 힘으로써 입법개정이나 폐지 또는 새로운 입법을 위한 청원을 의회에 제출하고, 풀뿌리 로비를 통해 이를 관철시키기도 한다. 때로는 오래된 대법원판례의 효력을 깨트리기 위해 변화된 사회구조와 관행을 법관들에게 주지시키고, 법문의 의미를 현실의 변화에 맞추어 새롭게 해석할 수 있게끔 고도의 전문적 지식을 가지고 판례를 비평함으로써, 판례변경을 이끌어 내기도 한다.

물론 이러한 작업은 법률전문가들의 일이기도 하지만, 그들만의 고유한 작업일 수 없다. 새로운 사회질서는 시민들의 법적인 아우성 속에서 창출된다(social reform from legal noise). 참을 수 없는 의분으로 약자들을 대신해서 또는 '작은 권리 찾기'의 신념과 열정으로 법정투쟁을 벌이는 일은 민초와 같은 건강한 법의식 주체들의 보람 있는 일거리이기도 하다. 일찍이 Rudolf von Jhering이 「권리를 위한 투쟁」에서 주장했던 것처럼 이들은 투쟁 속에서 권리를 실현하는 법의 주체, 법의 주인인 셈이다.

다만 사회정의도 공동선을 지향하고 있다는 점을 잊어서는 안 된다. 자칫 사회정의가 한 사람의 권리와 다른 사람의 권리가 충돌하는 상황에서 어느 한편의 사회적 신분이나 지위만 보고 또는 편향된 이해관계에 따라 한편만 두둔하는 데 이르지 않도록 경계해야 할 필요가 있기 때문이다. 만약 사회정의가 합리적 가치교량 없이 한편만을 손들어 주는 논거로 전락한다면, 그 사회정의조차 정당한 법이념이 아닌 법의 이데올로기로 변질될 수 있다. 이 이데올로기화의 위험을 항상 경계·방어해야 한다.

2) 사회정의실현의 기본형식과 과제[179]

19C 후반에 접어들면서 전통적인 정의개념(주관적·객관적 정의 ; 배

---

179 아래 서술부분은 김일수, 법질서에서 정의, 전게서, 23-26면을 옮긴 것이다.

분적 · 평균적 · 법적 정의 3분론)은 다양한 사회집단, 사회계층의 등장과 그들 사이에 존재하는 이익갈등을 해결하는 데 한계가 드러났다. 사회적 취약계층이나 사회적 약자들의 구체적인 생존조건과 관련하여 사회정의는 기회적 정의라는 이름 아래 ① 소극적으로 모든 법적 · 사회적 차별대우를 철폐하라는 요청과 ② 적극적으로 사회적 약자를 사회적 강자와 균형있게 하기 위해 일정한 사회적 원조를 주라는 요청을, 그리고 필요적 정의라는 이름 아래 모든 사람이 각자 그들의 인간다운 삶에 필요한 일정한 물질적 · 정신적 재화를 기본적으로 갖추어야 할 동등한 요구를 할 수 있음을 천명했다.

법을 통한 사회정의의 실현에는 몇 가지 기본형식이 전제되어 있다. 그것은 공동체 내에서 인간관계의 중층구조에 기초한다. 즉 개인 상호 간의 법 관계, 개인의 공동체에 대한 법 관계, 그리고 공동체의 개인에 대한 법 관계에 맞추어 세 가지 양태의 정의가 구별된다. 개인 상호 간의 법 관계는 산술적 정의(iustitia commutativa)의 양태를 띤다. 개인의 공동체에 대한 법 관계는 배분적 정의(iustitia distributiva)에 의해 실현된다. 공동체의 개인에 대한 법 관계는 법률적 정의(iustitia legalis)에 의해 실현된다.[180]

여기서 산술적 정의, 배분적 정의, 법률적 정의라는 세 가지 정의의 양태는 각각 고립된 것이 아니라 사회질서 전체를 토대로 또한 그 한계 내에서 서로 유기적인 관련을 갖고 실현된다. 예컨대 서로 계약상 의무를 부담하고 있는 사람들은 각자 공동체 전체에 적용되는 계약법의 범위 내에서 자기가 짊어진 계약의무를 이행할 때 정의롭게 행동한 셈이 된다. 배분적 정의에 따라 임무를 수행해야 할 의무가 있는 국가는 입법, 행정, 사법에서 개별 사례마다 국가적인 부담과 시혜를 적절히 분배

---

[180] Aristoteles 이래 정의를 산술적 정의와 배분적 정의로 2분하는 사고가 지배적이었으나, 중세 스콜라철학의 대가였던 Thomans von Aquino에 의해 법률적 정의가 추가된 이래 정의를 3분하는 사고는 오늘날 가톨릭 사회이론에서도 그대로 수용하고 있다.

해야 정의롭게 행한 셈이 된다. 법률적 정의를 실현해야 할 책임 있는 자는 자신이 적용해야 할 법률에 복종할 때 그 책임을 다하는 일이 된다.

물론 이 세 가지 정의의 양태는 사회생활의 제한된 영역과 점진적인 상황 속에서 실현된다. 하지만 이 모두는 사회정의의 주요관심사이며, 그것들은 사회 전체의 구조가 정당하게 형성될 때에만 실제적으로 정의롭게 실현될 수 있다. 그러므로 사회정의의 과제는 이들 세 가지 특별한 정의의 양태에 대해 그 토대를 형성하고 그 방향을 제시하는 계획안, 즉 사회질서의 종합적인 틀을 만드는 것이다. 여기에서 이 종합적인 틀을 공동선(bonum commune)이라고 한다. 그렇다면 사회정의는 공동선의 실현을 지향하는 사회질서의 설계도라고 말해도 좋을 것이다. 그러나 단편적인 정의행동에 의해서가 아니라 전체의 올바른 질서를 형성하여 구체적인 역사적 상황에 맞는 사회전체의 구조를 확립하는 데 역점을 둔다. 다시 말해서 사회정의는 정의의 세 가지 양태와 동일한 단계에 나란히 서 있는 것이 아니라 이것들이 공동선을 향해 나아가도록 이끌어 주는 내면적인 동력으로 작용한다.

사회정의는 정치질서건 경제질서건 사회의 올바른 구조를 확립하려 하지만, 사회체계 내의 개별적인 행동에 대해 시대를 초월하여 항상 타당하게 적용될 수 있는 정의의 준칙을 제공할 수는 없다. 사회 자체가 경직된 기구가 아니라 살아 움직이는 하나의 유기체와 같기 때문이다. 심지어 법규범과 법제도조차도 시대변화로부터 벗어나 독립된 상수로 존재할 수 없다. 노예제도, 소유권제도, 토지제도, 결혼과 가족제도까지도 시대의 변화에서 벗어난 불변의 제도가 아님을 고려할 때, 사회정의와 공동선의 내용까지도 시대의 흐름 속에서 새로운 내용으로 채워질 수 있는 것이다. 이것이 진정한 의미에서 사물의 역사성(Geschichtlichkeit)이다.

이 관점에서 볼 때 사회정의는 공동체적 삶의 필요를 해결하고 보다 나은 미래의 지평을 열어가기 위해 현존하는 사회질서의 흠결과 장애를 극복하여 되도록 완성에 이르도록 최선의 노력을 기울여야 할 하나의 법적 의무(Rechtspflicht)로서의 의미도 지닌다. 사회정의는 사회질서형성에 책임 있는 자들이 깨어서 기존의 사회질서를 비판적으로 성찰하고, 보다 나은 미래의 지평을 내다보면서 새로운 사회질서를 창조적으로 형성해 나가도록 하는 역동적인 원리이기도 하다.

법질서와 사회질서 속에는 물론 보수적인 요소들이 많다. 하지만 사회정의는 이러한 사회발전의 역동성으로써 보수성을 지닌 법규범이나 법제도가 응고하여 사회발전의 자연스러운 흐름을 가로막거나 남용되는 것을 감시하고 저항한다. 사회정의는 자연법원리의 무조건적인 사수를 요구하는 것이 아니라, 그것이 역사적인 발전의 요구에 맞게 사회질서와 실정법률, 법제도, 법률관계를 재구축하고자 하는 것이다. 이렇게 보면 사회정의는 결코 특정한 법률질서를 보호하거나 또는 이를 위해 실정법에 의한 제재수단까지 강구하는 고정된 정의 관념이 아니라 자연법의 요구에서 도출되는 공동생활의 평화로운 질서를 실현하기 위한 역동적인 정의 관념이다.

그러므로 사회정의는 갖지 못한 자와 소외된 자 등 사회적 약자들의 기대와 필요를 인식하고 그것을 만족시켜 줄 수 있는 새로운 법을 만드는 데 주저하지 말아야 한다는 것이다. 새로운 시대를 여는 법을 제정하고 새로운 법제도를 확립하는 데 획기적인 조치를 취할 수 있는 용기도 필요로 한다. 기득권자들의 특권과 가진 자들의 이기심에 대항하며, 약자와 버려진 자, 갇힌 자와 억눌린 자들을 일으켜 세우기 위해 일어서야 한다. 그러기 위해 정부와 의회의 입법자들에게 민주주의 절차에 따라 제도개선에 착수하도록 이성적이고 합법적인 압력을 가하며, 국가의 손이 짧아 미치지 못하는 영역을 시민적 연대의 손을 빌려 메꾸어 가야 한다는 것이다. 기회균등과 실질적인 평등이 이루어지도록 사회의 정치질서와 경제질서 등을 변화시켜 나가야 한다. 이렇게 할 때 비로소 공동선이 명하는 새로운 사회질서를 구축하기 위한 최종적인 책임을 다하는 일이 될 것이다.

사회정의(iustitia socialis) 개념이 19세기 중반 자유자본주의의 혼란기에 태동했고 20세기 양차세계대전의 폐허 위에서 발전해 온 역사적 맥락을 살펴보면 이와 같은 역동성의 요구는 더욱 분명해진다. 그것은 오늘날에도 사회문제와 사회갈등 해결을 위한 열쇠로서의 의미를 지니고 있다.

6. 법치와 정치권력

　서구와 같은 여론민주주의가 작동하기 위해서는 몇 가지 이념적·제도적 기초가 필요하다는 점을 천착한 탁월한 연구자인 하버마스(J.Habermas)에게 여러 면에서 이 주제도 신세를 지고 있다. 그 기초로 손꼽히는 것은 첫째, 이념적인 차원에서 자유주의 원리가 확고하게 성립해야 한다는 점이다. 물론 자유주의는 근본적으로 개인주의, 즉 개인의 가치가 집단의 가치에 우선한다는 관념을 토대로 한다. 개인이 집단과 공동체에 종속된 존재가 아니라 고유한 취향과 의지를 지닌 독립적이고 자율적인 존재라는 인식의 정립은 여론의 광장인 공론장의 토론주체인 공중의 탄생에 필수적인 조건이다. 둘째, 공론장은 개인이 자립적인 존재가 되기 위한 전제조건인 법률적 기본권의 보장 위에서만 실현될 수 있다. 이것 역시 자유주의의 근본요소라고 할 수 있다. 셋째, 제도적 기초로서 시민들이 자유롭게 모일 수 있는 집단적 토론의 공간이 구축되어 있어야 한다. 특히 오늘날의 기준으로는 여론형성의 매개체인 언론의 공정성과 독립성확보가 중요하다.

　개인주의를 신봉하고 법률적인 기본권을 향유하는 개인들이 미디어가 중개하는 공론장으로 들어와 합리적 토론을 통해 공중으로 전환되고 그러한 절차를 통해 여론을 주조한다. 그 여론은 정치권력을 포함해 모든 것들을 정당성의 시험대 위에 올리고자 한다. 이것을 통과함으로써 정치권력의 정당성이 확보된다. 하버마스는 부르주아 정치과정에서 이 여론이 입법의 궁극적 토대로 작용해 왔다고 말한다. 이러한 맥락에서 여론이 정초하는 규범적 체계를 따라 정치와 국가의 활동이 수행될 때 법치주의와 법치국가를 말할 수 있다고 그는 말한다.[181]

한 정치사회에서 자유주의 원리와 이념이 작동하는가가 민주주의 형성과 발전을 위한 필요조건이라는 점에서 하버마스의 공론장 모델을 적용하여 한국사회에서 민주주의의 토대가 어느 정도 확립되어 있는지를 인식할 수 있는 가능성은 충분하다는 데 필자도 공감하는 바이다.[182]

해방 후 오랫동안 한국사회는 서유럽 부르주아사회가 향유한 자유주의와 근본적으로 다른 길을 걸어왔다. 한국사회는 압축성장을 통해 자본주의 근대화를 이룩해 나갔으면서도 사회문화적 차원에서 개인주의 가치를 온전히 형성해 내지 못했다. 전통적 사유체계와 문화체계에 기원을 둔 집단주의와 공동체 우선주의가 그동안 한국사회의 강력한 이념과 가치가 되어 왔다. 개인은 언제나 자신이 속한 집단, 공동체, 국가를 위한 의무를 수행할 것을 의식의 내면에 다져 두기를 요구받아 왔다. 한국헌법은 국민의 기본권 보장을 명확하게 규정해 놓고 있지만(특히 헌법 제10조), 실제 정치권력의 이해관계 속에서 기본권의 심각한 침해와 유린이 자행되어 왔다. 독재 권력의 유지라는 목표를 달성하기 위해 헌법의 자의적 개정이 무수히 반복되어 왔다. 말하자면 입헌주의 자체가 존중되지 않는 상황에서 기본권보장은 장식에 불과할 뿐이었다. 개인의 존엄과 가치를 실현하기 위해 요구되는 기본권조항들은 그저 법률적 형식에 불과한 것이었다, 공론장 형성에 절대 필요한 권리인 표현의 자유, 언론의 자유 또한 동일한 운명에 처해 있었다. 이러한 반자유적 상황 속에서 한국사회는 자유롭게 발언하고 토론할 장소들이 없거나 너무나 협소했다. 공권력의 조밀한 통제와 감시로 인해 정치적 발언과 토론을 활발하게 진행할 가능성이 원천적으로 봉쇄되어 왔기 때문이었다.[183]

---

181 하상복, 하버마스의 『공론장의 구조변동』 읽기. 2016, 166면 이하
182 앞의 책, 168면.
183 앞의 책, 169면 이하 참조.

공론장의 부재와 더불어 언론환경의 왜곡문제 또한 심각하다. 미군정 초기 잠시 동안 자유주의 언론정책을 시도했던 기간과 4·19혁명으로 수립된 제2공화국이 자유주의 언론정책을 실시한 기간을 제외하면, 해방 이후 한국 언론은 전적으로 권위주의 권력에 종속된 언론이었다. 반권력적 언론활동을 감시하고 통제하기 위한 사전적·사후적 검열이 만연했고 언론취재와 보도의 상당부분이 권력의 지침에서 벗어날 수 없었다. 1980년대 제5공화국 전두환 정권이 언론 통제를 위해 활용한 '보도지침'을 대표적 실례로 들 수 있다.

이 같은 일련의 상황들은 권위주의 정치권력이 정치적 정당성을 토론민주주의, 여론민주주의의 원리 위에 놓는 것을 받아들이지 않았음을 의미한다. 이것은 곧 법치주의에 대한 거부를 뜻한다. 거꾸로 권력의 정당성을 공중들의 비판적 토론이라는 시험대 위에 세우는 민주주의적 시도들은 불법적인 일로, 공동체의 안정을 해치는 일로, 이적행위로 간주하고 사법처리의 대상으로 삼았다.[184]

1987년 민주화운동은 한국의 법치주의와 민주주의에서 매우 중요한 전기를 가져왔다. 1987년 민주화 운동의 결과 권위주의 지배체제가 물러가고, 자유민주주의, 법치주의의 새로운 지평이 열리게 된 것이다. 체제의 변혁이나 제도의 변화에 얼마나 많은 시간과 피와 눈물과 땀이 필요한지 우리는 실제 삶으로 체험했다. 하지만 이보다 더 어려운 과제는 기존제도에 익숙해져 타성에 찌든 사람들의 관행이 돼버린 하부문화(subculture)와 함께 구시대적인 의식과 행동과 삶의 방식을 법치의 방법과 절차에 따라 바꾸어 나가는 일일 것이다.

오늘날 인간의 삶의 다양한 국면, 즉 정치·경제·사회·문화의 모든 측면은 법을 필요로 한다. 그럼에도 불구하고 법은 이러한 삶의 지평과 동일시해서는 안 된다. 법은 정치제도가 그 제도에 위임된 사회의 질

---

184 앞의 책, 171면 이하.

서과제를 충족시킬 수 있도록 도와야 하고, 권력이 한곳에 집중되지 않도록 도와야 한다. 법은 정치가 간과하고 있는 부분을 보충할 수 있지만, 그것을 대체할 수는 없다. 법과 정치는 결합할 수 있지만, 결합을 통해 법이 강화되는 것은 아니다. 법을 강화해야 할 당장의 필요 때문에 법이 정치권력에 몸을 맡긴다면, 법이 권력의 시녀로 전락하는 데서 나타나듯, 법을 더욱 타락시킬 수 있다. 법이 강화되고 약화되는 것은 합리적인 법 정책에 달려 있는 것이다.[185]

법의 정치화는 이처럼 법의 체질을 변질시킨다. 오히려 정치가 법에 봉사해야 하며 법적 평화와 질서안정을 위해 견제와 균형, 민주적 절차형성과 국민적인 참여와 승인이 필요하다. 결코 법은 특정한 정치권력에 봉사하는 도구가 되어서는 안 되며, 모든 사람이 법 앞에서 평등하게 대우받도록 해야 한다. 물론 정치를 법적으로 확정함으로써 정치가 보장되거나 강화될 수 있으며, 법이 정치를 속박하여 그 활동성을 견제할 수도 있다. 법이 국가기관으로 하여금 개인이나 사회를 보호하도록 의무를 규정하는 곳에서는 다양한 활동가능성 가운데서 상황에 부합되는 하나의 이익이 우선하도록 법원이나 헌법재판소의 결정이 내려질 수 있고, 국가기관은 그에 따라야 한다.[186]

다만 법질서는 인간의 자유로운 질서원형에 상응하는 질서라고 하는 점에서 스스로 만능화하거나 단순히 절대화해서는 안 되고 겸손히 정당한 인간질서에 봉사하는 수단이라는 의미의 한계 안에 머물러야 한다. 국가기구들도 법의 이러한 자기겸손성을 위해 함께 노력해야 할 책무가 있다. 입법부는 내용적으로 정당한 바른 법을 가다듬어야 하고, 효율적으로 반드시 필요한 최소한의 법률을 제정해야 한다. 행정부는 그

---

185 이상돈, 법의 깊이, 2018, 455면; 노베르트 브리스코른, 앞의 책, 224면 이하.
186 이상돈, 법의 깊이, 2018, 450면 이하; 자연법적 측면에서 정치와 법의 긴밀한 관계에 관하여는 A.Süsterhenn, a.a.O., S.23 참조: 자연법이념에 정향된 정치인은 개인의 자유, 인간의 존엄, 개인의 사생활 영역보호를 정치, 경제, 문화생활을 위한 법정책의 중심에 둔다.

법률의 집행에 있어 평등성과 비례성과 보충성을 염두에 두어야 한다. 사법부는 법률에의 자기구속성의 원칙에 따라 법과 법률에 합치하도록 판단해야 한다.[187]

이 같은 법의 의미와 질서기능은 자명해 보이지만, 특히 정치적 · 사회적인 전환기에는 법과 현실의 괴리, 법의 왜곡현상이 두드러지게 나타나기 십상이다. 또한 오늘날과 같은 후기현대사회의 파편화된 개인주의하에서는 법의 갈등과 혼동상황이 도처에서 벌어지고 있다. 문제는 이러한 상황의 일상화가 가져오는 학습효과 때문에, 법의 주체들이 거기에 무비판적으로 길들여질 뿐만 아니라 매몰된다는 점이다. 필자가 생각하기로는 그와 같은 일상화의 위험으로부터의 탈출이 법치선진화의 정신적 출발점이라는 것이다.

우려스러운 점은 정권이 바뀔 때마다 검찰을 비롯한 준사법기관과 법원 등 사법기관의 정치적 편향성과 같은 적폐가 드러나 사법 불신이 위험수위를 넘나든다는 점이다. 법치의 중요한 축을 맡고 있는 이들 기관들이 기관이익을 추구하는 차원에서 정치권력에 기대는 의존성이 차츰 높아져, 자신도 모르게 정치도구가 되는 것이 큰 문제다. 이처럼 수사기관과 사법기관이 정치화할 때 법과 정의도 일부의 편익을 위해 팔고 살 수 있는 물건처럼 상품화할 수 있다는 인상을 남긴다. 만약 법과 정의가 상품화한다면 법규범이 국민전체를 위한 공공선의 범주에서 벗어나 특정개인과 각계각층 등의 부분적인 편익을 도모하는 데 이용되는 손쉬운 수단쯤으로 전락할 수 있다.

내부적으로 잘 결속된 이익집단들의 "광기에 찬 자기표현"[188]이나 막무가내식의 자기주장이 법인지 정치인지 분간할 수 없는 흐리멍덩한 상황으로 정치를 끌고 가고 사법을 협박하는 비정상이 일상화하면 법치도 정치도 자기정체성을 잃고 만다. 그렇게 되면 장기적으로 국민의 법

---

187 노베르트 브리스코른, 앞의 책, 226면 이하 참조.
188 쿠르트 젤만, 법철학, 윤재왕 역, 제2판, 2010, 295면.

의식과 사회기강은 뿌리에서 좀먹히고 법을 통한 질서안정도 흔들려, 허울 좋은 민주정치라는 틀 속에서 결국 일인독재가 가능해질 수 있다. 이들이 정치적 편향성으로부터 벗어나 객관성·중립성·독립성을 스스로 지켜내지 못한다면 그야말로 민주화의 길목에서도 제왕적 대통령에 의한 문민독재는 얼마든지 기승을 부릴 수 있을 것이다.

그러므로 법치가 바로 서야 정치도 안정되고 정치가 바로 서야 법치도 선진화의 대로로 나아갈 수 있다. 우리나라의 정치부터 먼저 인간화·자유화·합리화돼야 한다.[189] 입법부와 사법부와 행정부는 결코 한시적인 한 정권의 권력의지를 대행하는 기관이어서는 안 된다. 이들이 진정으로 주목해야 할 대상은 권력상층부의 얼굴이 아니라, 일시적인 정권 보다 더 현명한 국민의 얼굴이라는 점을 잊어서는 안 될 것이다.

---

189 김일수, 법치주의 확립을 위한 경찰의 역할, 제8기 경찰위원회 백서, 2014, 243면 이하 참조.

7. 법치와 이데올로기

　　법은 사회 내의 다양한 인간관계 속에서 형성되는 질서를 전제하고, 그 질서의 생성, 유지, 발전, 소멸에 반응하는 틀로서의 의미를 지닌다. 여기에서 법은 이데올로기, 즉 사회적 의식과 두 가지 상이한 방식으로 관계를 맺는다. 한편으로 법은 부정적인 의미에서 이데올로기적인 사실이라는 점이다. 이 경우의 법은 정치권력적인 이해관계에서 이데올로기적인 지배의 도구 외에 아무것도 아니라는 의미이다. 또 다른 한편으로 법은 긍정적인 의미에서 이데올로기 비판적인 심급 자체라는 점이다. 이 경우의 법은 이해관계 이데올로기이든, 세계관 이데올로기이든 어떤 이데올로기가 인간을 몰락과 제약으로 몰고 가는 것을 늘 까부수고 극복하는 것 외에 다름 아니다. 법의 이데올로기적 본질을 해석해 보면, 전자의 법은 지배적이고 허위적인 사회의식(이데올로기)에 의해 규정되는 것인 반면, 후자의 법은 올바른 사회의식(이데올로기)을 위해 원칙적으로 규정하는 법이다.[190]

　　이데올로기적인 사실로서의 법은 강자, 즉 문벌, 신분, 직업, 소유관계에서 다른 사람보다 우월한 개인 또는 계급의 지배도구라는 것이다. 이데올로기 비판적인 심급으로서의 법은 그 본질상 "강자의 법"이 아니라 정치적, 경제적, 사회적 "약자의 법"이라는 것이다. 그러나 이데올로기 비판적인 법은 일방적으로 한쪽을 때려 부수는 것이 아니라, 양

190　W.Maihofer, Ideologie u Recht, ders.(Hrsg). Ideologie u Recht, 1969, S.1.

쪽의 유·불리를 조정하는 중재자적 역할을 하는 것이라고 한다.[191] 약자라고 무조건 두둔하는 것은 긍정적인 이데올로기 비판적 심급으로서의 법이 아니라, 부정적인 이데올로기적 사실로서의 법에 지나지 않는다. 이데올로기 비판적인 법은 "의심스러울 때에는 약자의 이익으로"라는 원칙에 따라 어느 편이 옳은지 판단하기 어려운 경우에만 비로소 약자의 손을 들어주는 쪽을 택한다.

물론 법은 단지 어떤 이데올로기나 유용성을 위한 도구로서만 작동할 수는 없다. 법은 자신의 삶을 형성하고 책임지는 인간의 본질, 인간관계의 질서에 상응해야 한다. 법은 개인으로 하여금 참된 의미의 인간, 인간 사이의 관계적 인간이 되게 하는 데 기여하며, 또 그의 매개, 안정화, 면책 및 정향기능을 통해 자기 자신을 뛰어넘어 사회의 자기이해, 즉 자아의 사회화와 사회의 자기화를 가능하게 해 준다.[192] 법이란 바로 평화공존적인 삶의 근본상황을 유지·회복시키고, 그것이 파괴와 자포자기적인 절망의 한계상황에 빠지지 않도록 보호하는 수단이다. 따라서 법 안에서 이루어지는 삶만이 비로소 인간다운 삶의 현실이 될 수 있는 것이다.

법치와 평등, 법적 안정성, 합목적성도 결과적으로 여기에 봉사하는 이념이다. 문제는 이들 이념도 사랑의 이념을 벗어나 극단적인 증오와 보복에 치우치게 되면 법을 정치적, 경제적, 사회적 이데올로기 실현의 도구로 전락시킬 수 있다는 점이다. 법치주의도 정의이념도 과도하면 이데올로기화의 위험에 빠진다는 사실을 염두에 두어야 하는 이유가 여기에 있다. 이 점은 법실증주의자이건 자연법론자이건 다 같이 경계해야 할 사항이다.

법의 근거설정과 관련하여 행위자의 이익을 기초로 삼는, 이른바 주관주의적 고찰방식을 취하는 현대의 실증주의자들 가운데 이데올로

---

191 Ebd., S.10.
192 Il-Su Kim, a.a.O., S.370; 김일수, 법·인간·인권, 3판, 366면 이하.

기나 특정한 세계관을 동기로 삼는 행위가 행위자의 진정한 이익에 봉사하는 경우는 극히 드물다는 전제에서 출발하여, 행위자가 계몽되고 합리적인 세계이해에 기초하여 행위를 선택할 때에만 행위자의 진정한 이익에도 합치할 수 있다는 주장을 펴는 이도 있다.[193] 인간의 계몽된 이익이 현실에서는 아쉽게도 이데올로기 때문에 관철되기 어렵다는 것이다. 또한 각 개인의 이익을 고려하여 특정한 기본권을 법적으로 제도화해야 한다는 요청은 모든 형태의 이데올로기가 오류에 불과하다는 사실에 대해 충분한 계몽이 이루어진 정신적 분위기가 조성될 때에 그 실현 가능성이 높아진다고 주장한다.[194]

무엇보다도 잘못된 이데올로기면서 결과적으로는 이익을 토대로 한 고찰방식과 얼마든지 합치할 수 있는 결론에 도달하는 형이상학적 이데올로기를 특히 경계해야 한다는 것이다. 하나의 잘못된 교조적 원칙도 올바른 원칙과 마찬가지로 충분한 근거를 갖고 결론에 도달할 수 있다는 사실 때문이다. 예컨대 자연법적 고찰방식 역시 보통 절도를 해서는 안 된다는 규범을 포함하고 있다. 이 경우 그 결론은 타당하지만 그 전제는 잘못되었다고 한다. 결론이 충분히 동의할 만하다는 사실 때문에 이 결론을 지탱하고 있는 원칙까지도 당연히 동의할 가치가 있다고 인정해 버리는 피상적이고 추상적인 고찰의 위험은 어디에나 도사리고 있다는 것이다. 즉, 피상적 고찰로 말미암아 잘못된 원칙의 결론들이 올바른 원칙에서 보면 결코 근거지을 수 없는데도 불구하고 이들을 인정해 버리는 사태가 자주 발생한다는 것이다.[195]

현대자연법학자인 마이호퍼 교수는 이데올로기가 사회의 허위의식이라는 독일의 사회학자 칼 만하임(Karl Mannheim)과 테오도르 가이거(Theodor Geiger)의 이른바 부정적인 의미의 이데올로기 시각에서 전통적

---

193 노베르트 회르스터, 전게서, 112면 참조.
194 앞의 책, 115면.
195 앞의 책, 116면.

인 자연법, 즉 철학적인 본질형이상학과 도덕신학에 기초하여 모든 사람에게 앞서 주어져 있고, 모든 질서와 규율은 그것을 수용하여야 하는 객관적인 가치와 절대적인 규범으로부터 나오는 영원한 자연법사상에 들어 있는 이데올로기의 위험을 폭로한다.[196] 예컨대 결혼의 자연적인, 종교적인 질서관으로부터 가부장제적인 남성위주의 가족질서를 도출하여 남성에게 일방적으로 유리한 질서를 전체적인 진리인 양 고정시키고 절대화하는 것은 나쁜 의미의 허위의식에 속하는 이데올로기라는 것이다. 유대-기독교, 이슬람, 힌두교, 불교, 유교 등 종교적 가르침이나 남성위주의 가족질서 위에 서 있는 각종 풍속들은 오늘날의 양성평등사상에 비춰 볼 때 사물질서(사물의 본성)을 왜곡한 허위위식이라는 것이다.[197] 또한 고대 그리스의 본질철학사상과 중세 스콜라철학전통에서 나온 노예제도의 자연법적 정당화도 당대의 자연적인 질서와 신법에 근거한 것으로서, 세속화·다원화된 현대사회에서 새롭게 등장한 구체적인 실존법인 자연법이나 역사적인 자연법의 이념과 서로 합치하기 어려운 전통 자연법적 이데올로기일 뿐이라는 것이다.[198]

법과 도덕과의 관계에서도 허위의식의 문제는 오래된 낡은 문제가 아니라 오늘날에도 뜨거운 현실적인 문제인 것이다. 예컨대, 양심적 병역거부와 대체복무문제, 선한 사마리아인 법으로도 잘 알려진 구조부작위의 처벌문제, 동성결혼과 성소수자의 차별금지문제, 낙태자유화의 문제, 복제인간제조금지나 유전자조작행위의 제한문제 등등 허다하다. 여기에서도 본질철학이나 도덕신학 같은 본질형이상학에서 오는 절대적 가치기준이나 규범을 문제해결의 잣대로 들이댈 때, 그렇게 만들어진 법은 자칫 이데올로기에 빠질 위험성이 높아진다는 것이다.

---

196 W.Maihofer, Ideologie u Naturrecht, in: ders.(Hrsg), Ideologie u Recht, 1969, S.130f.

197 Ebd., S.132f.

198 Ebd., S.134f.

물론 법은 정신문화적인 차원에서 도덕성을 지녀야 한다. 그것을 통해 법은 윤리적 행위를 가능하게 하지만, 그러나 법규범이 도덕법칙이나 윤리규범과 동일시될 수는 없다. 법은 법공동체 구성원이나 단체, 기관의 행동에 질서 잡힌 범위와 권역을 정해 주고 있지만, 그것이 바로 어떤 가치에의 구속을 의미하지는 않는다. 왜냐하면, 도덕적 가치구조는 법의 매개, 안정, 해방, 정향기능을 만족시켜 줄 수 없고, 특히 오늘날과 같은 가치다원화 사회에서는 다양한 가치관의 병존을 전제해야 하기 때문이다. 그럼에도 불구하고 특정 도덕이나 가치에 법을 얽어매려고 기를 쓰다 보면 법의 이데올로기화의 위험은 높아질 것이다. 그 위험으로부터 어느 정도 자유로워지려면 법은 인간의 자유로운 질서원형에 가급적 상응해야 한다는 점에서 스스로 높아지거나 만능화하거나 무조건적으로 절대화해서는 안 되고, 오히려 겸손히 낮은 자리에서 인간의 정당한 사회질서에 봉사하는 수단이라는 의미의 한계 안에 머물러야 한다.

III

한국법치주의의 위기현상

1. 고통당하는 법

　　법치국가형법의 제한 원리는 죄형법정원칙, 책임원칙, 비례성의 원칙이며, 그 밖에도 최후수단의 원칙, 보충성의 원칙, 최소불가결의 원칙, 적법절차의 원칙 등이 고려될 수 있다. 우리는 이 모든 것을 포괄하는 최상위규범이 인간의 존엄성과 행복추구권(헌법 제10조)임을 누누이 강조해 왔다. 이런 의미에서 형법은 헌법을 구체화하는 규범이다. 형법의 실현단계에 연계된 것이면 그것이 형사실체법이든 형사절차법이든 형사제재집행법이든 가릴 필요 없이 모두 이러한 원칙과 규범에 합치해야 한다. 각종 기본권존중, 인간의 존엄성과 행복추구권 등의 헌법적 가치에 비추어 볼 때, 실체나 절차나 죄형법정원칙을 통해 실현하려는 목적과 방향에서 보면 차별이 있을 수 없는 것이다. 오히려 실체법, 절차법, 집행법의 불가분적인 공동작용에 의해 가벌성의 범위와 형량을 포함하여 법치국가형법이 구체적으로 실현되는 것이다.

　　그런데 이러한 형법에서 구현해야 할 법치원칙은 국가긴급 상황이나 혁명적인 정치상황에서 위기를 만난다. 엄밀한 의미에서 이와 같은 상황이 아니더라도 이와 유사한 역사바로세우기(김영삼 정부시절)니 과거청산(노무현 정부시절)이니 적폐청산(문재인 정부시절)과 같은 정치적 구호 밑에서 오히려 법치주의가 소리도 없이 부드럽게 유린되거나 상처를 입는 경우가 비일비재하다.

　　죄형법정원칙이 형벌권을 실정 법률의 지시에 따르도록 구속함으로써 자의를 금지하는 객관성보장의 원리라고 한다면, 법률을 임의적으로 변경하여 사안을 처리하거나 개별적 사안에 따라 차등을 두어 달리 적용하는 것은 언제나 죄형법정원칙을 짓밟는 것이며 결과적으로 법치주의를 욕보이는 것이다. 예컨대, 특정기간 안에 이루어진 일부의 범죄(5·18 특별법) 또는 특정한 유형의 범죄에 대해서만 (헌정질서파괴범죄 특별법) 소급적으로 공소시효를 정지하거나 폐지하는 것은 정의의 핵심인 평등원칙에 반하는 것이다.[1]

헌법 제13조①은 죄형법정원칙을 천명하고 이에 반하여 '소추되지 아니한다'고 명시한다. 이것은 법적 안정성의 필요로 요청되고 자유주의 이념에 뿌리를 두고 있으므로, 형사처벌을 가능케 하는 일련의 수사, 공소제기, 공소유지 등의 절차적인 활동까지도 포괄하고 있다고 해석할 수 있다.[2] 소급효금지원칙은 국가형벌권의 시간적 한계를 확정하는 죄형법정원칙의 파생원리이다. 그것은 결코 개별사안을 겨냥하여 이루어지는 법 정책을 허용하지 않는다는 점을 유념할 필요가 있다.[3] 과거의 개별사안을 처리하기 위한 법률변경은 곧 보편성을 지닌 '법률'을 마음 내키는 대로 휘두를 수 있는 권력의 도구쯤으로 전락시키는 일이다. 그것은 법률에서 법의 정신을 빼내어 버리고 법률을 순전히 정치의 노리개 감으로 다루는 것이나 실질적으로 다름없기 때문이다. 따라서 그것은 진정한 의미에서 법 정책이 될 수 없는 것이다.

과거사처리의 법률적 근거가 중요하다는 이유에서 헌법을 비롯한 법률을 제정하거나 개정하는 방식으로 문제를 해결하려 든다면 이는 가치합리성과 목적합리성을 근간으로 하는 입법의 본지에서 어긋난다. 장래의 불특정다수의 사안을 고려대상으로 삼지 않고, 과거의 특정사안만을 대상으로 삼는 한, 그러한 법률은 법이 없이 자의적으로 문제를 해결

---

1   Lüderssen, JZ 1979, S.457F.; Klein, ZRP 1979, S.149f.; 홍영기, 앞의 논문, 38면.
2   동지: 김영환, 공소시효와 형벌불소급의 원칙, 형사판례연구 5, 1997, 24면 이하; 홍영기, 앞의 논문, 42면.
3   김성천, 형법에 의한 체제불법청산, 형사법연구 14, 2000, 274면 이하.

하려는 방법과 구별되지 않는다. 법률은 햇빛처럼, 모든 사람에게 골고루 비쳐야 한다. 특정인을 홀대하기 위해서 의도적으로 만들어진 조준된 입법은 참새를 잡기 위해 대포를 쏘도록 하는 입법과 마찬가지로 법치원칙에 어긋난다. 그로 인해 고통당하는 것은 홀대받는 당사자들뿐만이 아니라 헌법을 관통하고 있는 법치주의 그 자체인 것이다.[4]

우리사회에서 법치를 위협하는 또 다른 요소는 법의 실현에 종사하는 이들 기관들이 타성에 젖어 입고 있는 권위주의의 옷이다. 장기간의 군사독재체제를 거치면서 비민주적·권위주의적 통치구조는 경찰·검찰과 사법부마저도 비민주적·권위주의적 국가권력으로 변질시켜 버렸다. 이 때 묻은 옷을 벗어던지고 권력의 정당성의 연원이 되는 국민을 주인으로 섬기고, 국민을 위해 봉사하는 권력민주화의 이념과 철학에 다가가는 것이 무엇보다 중요하다.

참여정부 초반 노무현 대통령의 공세적 검찰관은 검찰이 제도 이상의 권력을 갖고 있어 모종의 견제가 필요하다는 발언 등에서 확인된 바 있다. 그 후 검경수사권 조정, 중수부 폐지, 공직부패전담 수사처 신설 및 장기적으로 법조 인력의 편중현상과 일부계층화를 막기 위해 사법시험제도를 폐지하고 로-스쿨제도의 도입 같은 안들이 도출되었다.

그러나 문제의 핵심은 바로 권력을 어떻게 민주적 통제하에 두어, 그 권력에 부착된 권위주의의 색채를 탈색시킬 수 있을 것인가에 함축되어 있다고 본다. 권위주의를 벗어 버리고 권력이 국민의 그리고 국민을 위한 권력으로 거듭나려면 제도상의 미비점을 보완해야 하는 일 외에도 권력에 부착된 우상과 신비의 거품을 제거하는 일이 급선무다.

5공까지의 권위주의 통치가 역사의 뒤안길로 물러난 후, 우리의 법생활은 근본적으로 갱신되었는가? 그동안 문민이든, 국민의 이름이든, 참여든 끊임없이 이어져 온 권위주의적 잔재, 즉 개혁 또는 과거청산, 적

---

4   홍영기, 앞의 논문, 44면 .

폐청산이라는 명분으로 정당한 절차와 법치주의 틀을 벗어난 통치행태, 특정인과 특정세력의 손에 휘둘리는 제왕적 통치의 모습, 반대세력의 추방과 근절을 위한 국세청의 세무조사, 감사원의 사정, 검찰의 과도한 수사권력 남용, 법원행정처의 권력기관화현상 등은 법치주의를 신봉하는 보통사람들의 눈에 우수를 자아내는 전근대적 현상들이었다.

문민정부 이후 수사에서 절차적 정의를 실현하기 위한 제도개선 노력들이 얼마만큼의 성과를 나타낸 것은 부인할 수 없다. 경찰서보호실의 퇴출, 인신보호영장제도의 취지를 살린 체포영장제와 영장실질심사제 도입, 영장집행에서 미란다 룰의 도입, 기소독점주의를 통제하기 위한 헌법소원제도의 활성화와 재정신청제도의 전면 확대, 조서재판주의에서 공판중심주의와 증거재판주의의 강화, 국민참여 재판제도의 도입 등은 민주화에로의 체제전환 이후 법제도와 실무관행 개선노력의 결실에 해당한다.

그럼에도 불구하고 검찰 권력과 사법 권력의 내면에서 꿈틀거리는 폐쇄적인 관방사법적 쓴 뿌리, 이를테면 불법·탈법·편법수사와 사법행정권의 남용을 통한 직·간접의 재판개입 내지 재판의 독립성 저해 같은 전근대적인 잔재들이 아직도 우리나라 법치의 현장에서 완전히 사라졌다고 단언하기 어렵다. 최소한으로 절제된 부드러운 권력만이 현명하게 질서안정을 낳을 수 있다는 명제를 일선의 법률실무가들은 아직 잘 인식하지 못하고 있다. 처벌과 엄벌만이 질서안정을 약속한다는 신화를 입법자들이나 사법기관이나 법집행기관들은 미신처럼 의식 속에 간직하고 있기 때문이다. 권위주의 통치하에서 법치주의는 강벌주의로 오인되어 강경대처, 대량검거, 대량구속 등이 전가의 보도인 양 휘둘러지는 관행이 있었는데, 그 쓴 뿌리가 아직도 일신됐다고 말하기는 어렵다.

새삼스러운 이야기지만 자유민주주의 체제하에서는 어떠한 국가권력과 법률도 인간을 위해 평등하게 봉사하는 수단에 지나지 않는다. 권력과 법률이 단지 통치의 지배도구가 될 때 실로 자유민주주의는 질식

당하고 만다. 민주주의의 위기가 법치주의의 위기에 어떤 직접적인 영향을 미칠지에 관한 라드브루흐의 다음과 같은 경구는 지금 여기에 살고 있는 우리들이 여전히 경청해야 할 말씀이라 생각한다. "민주주의는 분명 찬양해야 마땅할 가치이며, 법치국가는 일상의 양식이나 마실 물과 숨 쉴 공기와 같은 것이다. 민주주의가 갖는 최고의 가치는 바로 민주주의만이 법치국가를 보장할 수 있다는 사실이다."[5]

더 나아가 권력현상의 일탈가능성을 근거로 해서 권력의 자의적인 지배가 아니라 법과 정의의 지배여야 한다는 요청이 또한 법치주의의 요체다. 권력이 정당한 목적의 한계 안에서 법적 절차에 따라 겸허히 행사되도록 하는 것, 인권과 정의의 편에 서 있는 법의 지배가 권력욕에 사로잡힌 사람의 지배의 우위에 서 있게 하는 것, 그것이 바로 법치주의의 이념이다. 실제 이 같은 원칙과 정신을 벗어난 공권력의 행사는 권력의 남용, 도덕성을 잃은 폭력에 불과하다. 상궤를 벗어난 수사 권력이 한 사람의 국민을 고립무원의 한계상황으로 몰아넣고, 존재박탈감과 절망감 속에서 자살의 길로 내몰아 가는 반복되는 수사관행은 우리나라 공권력이 아직도 안고 있는 전근대적인 음습한 유물의 잔재이다.

검찰과 법원이 권위주의를 벗고 진정한 의미의 권위를 덧입는 길은 결국 검사나 판사 한 사람 한 사람이 사법기관성과 객관의무를 지닌 진정한 법률가 신분이라는 직업의식으로부터 새롭게 출발하는 데 있다. 검사는 비록 법관처럼 헌법에서 보장하는 신분과 독립성을 갖지는 못해도 검찰사무를 통해 궁극적으로 법 그 자체를 실현하고 구체화한다는 점에서 인권과 정의실현을 목적으로 삼는 사법사무의 범주를 벗어나지 않는다. 검사는 공익적 지위에서 진실을 추구하여 피의자·피고인의 정당한 이익을 보호해야 하며, 이를 통해 그들에게 유리한 실질적인 변호도 해야 할 의무가 있다는 점, 법원에 앞서 수사종결에 즈음하여 기소여

---

5 구스타프 라드브루흐, 법률적 불법과 초법률적 법, 프랑크 잘리거, 전게서, 부록1, 153면.

부에 관한 법적 판단을 내려야 한다는 점, 그리고 법원에 대하여 법령의 정당한 적용을 청구할 수 있는 권한을 갖고 있다는 점 등은 검사가 법률가로서 법을 구현하는 사법기관성(Organ der Rechtspflege)을 갖고 있음을 뜻한다. 검사가 이러하다면 헌법에 의해 독립성을 보장받고 있는 법관은 진정한 사법기관으로서 법과 정의의 실현을 통해 인간을 위해 어떻게 봉사해야 할 것인지는 여기에서 다시 강조할 필요가 없어 보인다.

다만 여기에 중요한 또 하나의 과제를 덧붙인다면 판사·검사에게 법조인으로서의 직업윤리가 어느 직역보다 강조되어야 한다는 점이다. 법률가가 법률을 기계적으로 조작하거나 레미제라블에 나오는 피도 눈물도 없는 자비에르식 수사기술자 수준에 머물러서는 안 된다. 먼저 윤리와 인간성의 향기를 지닌 품위 있는 인격이어야 한다. 너무 인간적이되어 사적 이해관계에 휘둘린다거나 공사의 구별을 못해 정의의 잣대를 굴절시키는 행태가 결코 인간적이라는 이름으로 정당화될 수는 없다. 그럼에도 중요한 점은 법률가의 직업윤리가 결코 법률을 잘 알고, 법률판단을 매끄럽게 하는 데 있지 않다는 점이다. 오히려 법률가 앞에 존재하는 법의 의미를 성찰하고, 그 법이 말하는 근원적인 소리에 실천이성으로써 응답함으로써 궁극적으로 인간의 존엄과 행복추구에 봉사하는 데 있다는 점을 강조하고 싶을 뿐이다.[6]

---

6   김일수, 「한국검찰 무엇이 문제인가―그 해법과 과제」, 월간중앙, 2009. 8, 66면 이하.

2. 혹사당하는 법

　시민의 자유를 억누르는 권위주의통치에서 불가피하게 반사적으로 늘어나는 현상이 공안소요사태이다. 이에 대한 강벌주의적 형사정책수행에 많은 경찰인력뿐만 아니라 검찰인력도 소용되었으므로 1981년부터 검사 150인을 5년동안 매년 30인씩 증원키로 하고 1980. 12. 18. 법률 제3284호로 검사정원법을 개정하여 1985. 1. 1.까지 검사정원이 587인에 이르도록 대폭 증원하였다. 5개년 증원계획이 끝난 1986. 12. 23. 법률 제3855호로 검사정원법을 다시 개정하여 1987년부터 4년에 걸쳐 검사 200인을 증원키로 하고 첫해인 1987년에 80인, 1988년부터 1990년까지 매해 40인씩 증원토록 했다.[7] 이것은 계속적인 범죄증가율에 터 잡은 것이지만, 권위주의 통치하에서 법치주의의 정신에 입각한 이성적이고 합리적인 형사정책이 발붙일 여지가 없었기 때문이다. 엄단 강벌주의의 기조가 유지되면서 건국대사건 등에서 볼 수 있듯이 대량검거, 대량구속, 대량기소가 일선 검찰의 일상사가 된 적도 있었다. 바로 이 같은 검·경 인력과 조직의 비대화는 사회정책의 최후수단으로서의 형사정책, 형사정책의 최후수단으로서의 형법이라는 von Liszt 이래의 법치국가적 형법이념을 고민해 볼 겨를도 없이, 부지불식간에 검찰공화국이

---

[7]　김일수, 수사체계와 검찰문화의 새 지평, 2010, 112면: 물론 이 기간 검사증원과 비례하여 전국 검찰공무원의 증원도 뒤따라 1980년 2,161명이던 검찰공무원 수가 1986년 12월 말에는 3,647명에 달했다.

라는 오명을 남기는 결과에 이르렀다.[8]

권위주의 통치는 공안업무에 비중을 둘 수밖에 없는 노릇이어서 검·경, 안기부 등 권력기관의 공안기능이 강화될 수밖에 없었다. 1980년대의 주요 공안사건은 크고 작건 간에 국민의 주목을 끌 만한 의미를 지닌 사건들이었다. 1980. 4. 8. 평화시장 노사분규사건, 1980. 4. 17. 강원 사북탄광 폭력사태, 1980. 5. 18. 광주민주화운동, 1981. 9. 8. 전민학련사건, 1981. 10. 5. 전민노련사건, 1982. 3. 18. 부산 미문화원 방화사건, 1982. 11. 9. 광주 미문화원 방화사건, 1983. 9. 22. 대구 미문화원 폭발사건, 1983. 10. 9. 미얀마 아웅산묘지 참사사건, 1983. 11. 14. 대학생 민정당사 점거농성사건, 1984. 5. 25. 대구 택시운전사 집단시위사건, 1984. 9. 17. 서울대 프락치 사건, 1985. 4. 17. 전학련 삼민투위 관련사건, 1985. 5. 23. 서울 미문화원 점거농성사건, 1985. 5. 24. 대우자동차 근로자 농성사건, 1985. 11. 4. 미상공회의소 점거사건, 1985. 11. 18. 민정당 중앙정치연수원 점거방화사건, 1986. 2. 4. 서울대 연합시위사건, 1986. 5. 3. 인천소요사건, 1986. 6. 6. 부천경찰서 성고문사건, 1986. 10. 15. ML당 결성기도사건, 1986. 10. 28. 건국대 점거농성사건 등 외에도 대학생·근로자들의 분신자살사건 등이 모두 공안 통치를 불안하게 만드는 정권안보의 위험요인들이었다.

이에 대응하기 위해 1981. 2. 21. 대통령훈령 제45호로 공안사범 자료 관리규정을 제정하고, 그해 6. 1.부터 시행에 들어가 공안자료의 전산화에 착수, 치안본부 전산소에 설치된 주컴퓨터에 입력하는 등 체계적 관리에 들어갔다. 또한 공안사건의 예방을 위해 검찰관내 동향보고 시스템을 1982. 2. 1.부터 실시하여 서울, 부산, 대구, 수원 검찰청은 대검찰청에 1일 보고, 인천과 재경지역 검찰지청은 수시보고체계를 갖추었다. 1986. 2.부터 학생공안사범 특별순화 교육계획을 실시했다.[9] 그

---

8 김일수, 「도덕성을 잃은 공권력은 폭력이다」, 법·인간·인권, 208면 이하.
9 법무부 검찰국, 검찰국지, 1987, 281면 이하.

들의 그릇된 안보관을 바로잡아 주고 정상적인 사회복귀를 도모하고자 하는 계획의 일환이었지만 사회불안의 근원이 도덕성과 역사성을 잃은 권위주의 통치 그 자체에 있었다는 점을 염두에 둔다면 그와 같은 교육 프로그램은 외식적인 바리새적 정의관의 범주를 벗어날 수 없었을 것으로 짐작된다. 그 밖에도 학원, 언론기관, 중앙정부와 지방정부의 각급 행정기관, 각 사회단체 등에 안기부와 보안사 요원이 상주했고, 주요 대학의 경우에는 상주하는 사복경찰의 수가 대대병력 수준을 상회할 정도였다.[10]

　　1980. 12. 18. 법률 제3282호로 형사소송법을 개정하여 5공 헌법에서 부활한 구속적부심사제도에 관한 절차를 다시 규정했고, 무죄추정규정과 궐석재판규정도 새로 두었다. 1981. 12. 31. 법률 제3490호로 교통사고처리특례법을 제정하여 신호위반, 중앙선침범 등 8가지 예외사유에 해당하지 않는 한, 사고차량이 공제조합 또는 종합보험에 가입한 경우 또는 피해자가 운전자의 처벌을 원하지 않을 경우 공소를 제기하지 못하도록 했다. 이 법률은 당시 자동차산업의 성장단계에서 도로교통 분야의 새로운 활성화를 위한 형사정책을 채택한 것으로 오늘날까지 시행되고 있지만, 개인의 생명 및 건강과 직결된 도로교통에서 피해자 경시의 폐해를 간과한 채 법적 포퓰리즘에 경도된 것이었다는 비판의 목소리도 없지 않다.[11] 그 밖에도 1983. 12. 31. 법률 제3693호로「특정경제범죄 가중처벌 등에 관한 법률」을 제정하였는데, 이는 속칭 이철희·장영자 사건을 비롯한 거액 경제사범이 빈발하여 사회경제적 피해가 막심한 반면, 기존의 처벌기준이 낮아 비등하는 사회적 공분을 유발할 요인이 된다는 점에서 극형에까지 처할 수 있도록 한 대중요법적인 법률의 본보기였다.

　　1980. 12. 18. 법률 제3286호 사회보호법은 우리나라 형사법제상

10　　김호진,「제5공화국의 정권적 성격」, 5공평가 대토론, 1994, 104면.
11　　김일수, 범죄피해자론과 형법정책─어느 실정법의 안락사, 2010, 12면 이하 참조.

최초의 본격적인 보안처분법률이었다. 1980년 봄부터 신군부가 사회기강을 바로잡는다는 명분으로 우범자·범법자를 군부대로 보내 순화교육을 강요했던 이른바 삼청교육대의 해소과정에서 드러난 사회유해성이 높은 부류로 분류된 특정 범죄자군을 법적으로 처리하기 위한 임시방편이 이 법률이었다. 형사 정책적으로 불가피한 제도이지만 합리적인 형사정책이 확립되지 않은 한국의 현실에서 이 법률은 청송감호소와 더불어 반인권적인 제도로 지탄을 받아 오다가 참여정부에 들어와 폐기의 운명을 맞이했다. 일반인들의 뇌리에 5공의 폭력성을 떠올리는 제도라는 점이 아마도 폐기의 주된 동인이었을 것으로 짐작된다.

억압과 물리적 강제력에 기반을 둔 권위주의 통치체제하에서는 법치주의가 발붙일 곳을 찾기란 실로 쉬운 일이 아니다. 인간의 존엄성과 가치를 법과 국가작용에서 최상위의 목표로 삼고, 이를 보호하고 발전시키는 일이 그 정당성과 도덕성을 지닌 법치국가적 이념과 질서라면 권위주의질서는 이를 무시하고 짓밟으며, 인간을 능멸하는 데서 나아가 결국은 법과 국가의 정당한 권위까지도 실추시키는 결과를 낳는다. 후자의 상황에서 정상적인 사법의 정의 관념이나 시민들의 건전한 법 준수의식이 형성될 리 만무하다. 이러한 사정은 일제의 식민통치기를 통해 심화되었고 자유당과 이승만 독재시기를 거치면서 고착되었다가 장기간의 군사독재기에 접어들면서 그 강도를 더해 오다가 1987. 6. 29.를 기점으로 변화의 길로 들어서게 되었다.[12]

유감스럽게도 민주화의 길에 들어선 지 벌써 한 세대를 훌쩍 뛰어넘었지만, 아직도 우리네 의식과 삶의 방식에는 법의 정신과 법치주의 원칙이 깊이 뿌리를 내리지 못하고 있다. 보수와 진보 사이의 정권교체기는 물론, 보수와 보수 사이, 진보와 진보 사이의 정권 교체기에도 국민생활에서 법에 대한 신뢰와 법적 안정성을 뒤흔드는 가시적, 암묵적 행

---

12   김일수, 「5공의 인권과 사법부」, 5공평가 대토론, 1994. 253면.

태들은 여전히 계속 이어지고 있다. 오히려 세속주의와 다원주의 사회에서 시민생활의 중심축이 될 기본적인 가치(자유, 평등, 박애 등)에 대한 의식은 혼탁해지고, 이해관계에 따라 원칙과 예외, 목적과 수단의 가치 전도현상들이 빈발하고 있는 게 현실이다. 권리요구는 커지는 반면, 의무와 책임윤리는 점점 줄어들고 있는 것도 현실이다. 남소남발로 인한 쟁송의 폭주, 범죄율의 증가, 그에 따른 임기응변적인 특별법의 양산과 긴급 상황을 과장한 예외국가현상의 증대는 다 같이 법치의 착근을 위협하는 요인들이라 하겠다. 기능주의가 법을 단순히 목적합리적인 도구로만 바라볼 때, 법은 혹사당하고, 법의 권위는 실추되고 만다,

3. 무시당하는 법

　　장기간의 군사독재체제를 거치면서 비민주적·권위주의적 통치구조는 경찰·검찰과 사법부마저도 비민주적·권위주의적 국가권력으로 변질시켜 버렸다. 물론 이들 법적용·법집행 기관들이 그 본래의 자리에 바로 서서 국민 개개인의 자유와 안전 그리고 인권을 지키는 수호자 역할을 하려면 먼저 정의롭고 정당한 법률만이 제정되어 있어야 한다. 그러나 3공과 유신체제를 거치면서는 말할 것도 없고 5공의 권위주의 통치시기에서도 정당한 절차에 의한 정의로운 법률보다는 국민의 자유와 인권을 과도하게 제약하는 반민주 악법들이 양산되었다. 국회의 입법기능을 박탈하고 국가재건최고회의, 국가보위입법회의와 같은 헌법질서를 무너뜨린 기구들이 정권안보를 위해 편의대로 법률을 양산해 냈다. 예컨대 유신치하의 대통령 긴급조치 9호, 5공출범과 관련된 국가보위입법회의에서 만들어진 국가보안법 개정법률, 사회보호법, 집시법 개정법률, 언론기본법, 정치풍토쇄신법, 안기부법 등은 비록 형식적으로 법률의 형식을 취한 것이었더라도 대부분 ① 입법과정의 절차적 정당성 결여, ② 기본권의 본질적인 내용까지 침해하는 과도한 기본권 제약, ③ 집권세력과 집권추종세력의 기득권 강화, ④ 비판가능성의 봉쇄와 처벌규정의 강화, ⑤ 자의적 법적용과 남용의 가능성 확대 등 집권세력의 유지·강화를 목표로 한 반민주적이고 또한 법치이념에도 반하는 법률에 해당하는 것들이었다.[13]

　　정당한 법적용의 청구자인 검찰이나 법적용자인 사법부가 국민인권의 수호자 내지 최후보루로서 국민에게 봉사하자면 먼저 이러한 실정법적 불법(악법)에 저항하는 양심과 용기를 필요로 하는데, 폭력적인 권력에 이들은 순치된 일종의 도구로서의 성격이 짙었다.[14] 권위주의 통치의 실세그룹과 검찰과 사법부의 엘리트 법률가층이 지연 또는 학연을 매개로 하여 정권안보의 친위대로 친화·결속함으로써 법을 통한 권위주의 통치의 대로가 열렸으며, 검찰과 사법부가 권위주의 통치에 장악된 채 휘둘려지게 되었던 것이다. 그 결과 그들은 법과 양심에 충실하기보다는 불법한 통치권에 충성하는 것을 시대적 요청과 사명으로 알았던 것이다. 그들은 권력의 시녀가 되어 실정법적 불법이 법으로 통용되도록 적용했고, 통치권의 정권안보논리에 맞도록 법률을 편의·편파적으로 왜곡 적용함으로써 법의 이름을 빌린 제도적 폭력을 사법처리란 요식을 통해 합리화·공식화시키는 변질된 역할에 이용되었던 것이다.[15]

실로 권위주의 통치하에서 개혁입법이란 미명 아래 양산된 실정화된 불법(악법)은 실정법의 형식을 빌려 법집행기관인 검찰과 사법부의 긴밀한 공조체제하에서 국민에게 공포를 주고 공동묘지의 고요와 같은 침묵을 강요하는 합법적 독재의 실효성 있는 수단이었다.[16] 이 같은 악법의 부도덕한 힘으로 5공은 그 말기에 이르기까지 실정법위반이란 명목으로 시민의 자유와 권리를 빼앗고, 양심의 부름에 따라 저항하는 용기 있는 시민·학생들을 범법자로 낙인찍어 대량의 양심수를 양산해 냈던 것이다.

마치 나치 12년간의 독재처럼 유신체제와 5공의 권위주의 통치하

---

13 백승헌, 「악법개폐의 제문제」, 대한변호사협회, 1987/1988 인권보고서, 409면 이하 참조.
14 동아일보사, 5공평가 대토론, 1994, 143면 참조.
15 조준희, 「사법부의 개혁」, 대한변호사협회, 인권과 정의(1993. 8), 29면 참조.
16 이 같은 공조체제의 실상은 6공에 들어와서도 불식되지 않았다. 1990. 10. 노태우 정부가 범죄와의 전쟁을 선포한 직후 법무부장관이 대법원장을 방문하여 해당 범죄에 대한 신속한 재판, 중형선고를 요청했고, 대법원장은 즉시 전국 하급법원에 그 요지를 하달했다.

에서도 검찰 및 사법종사자들이 '악법도 법'이라는 그릇된 법실증주의 논리를 답습했다고 말할 수 있다.[17] 제6공에 들어와 헌법재판소가 문을 열기 무섭게 짓눌렸던 인권을 되찾으려는 헌법소원이 줄을 이었고, 사회보호법의 일부조항, 집시법의 일부조항 등이 위헌결정을 받았고, 언론기본법, 정치풍토쇄신을 위한 특별조치법이 폐지된 것은 실정법적 불법의 실체를 보여 준 사례라고 할 것이다.

고문·폭행의 혐의 있는 사건에서 사법부는 피해자들의 고문 등 가혹행위에 대한 주장을 외면하고, 그에 대한 증거보전신청마저도 거절한 채, 고문에 의한 자백을 근거로 유죄판결을 했는가 하면, 성고문 가해자를 무혐의 처리한 검찰의 수사종결처분에 대한 피해자와 166명의 변호인단이 제출한 재정신청에 대해서도 사법부는 가혹한 성고문사실의 대부분을 인정하면서도 이를 기각함으로써 인권옹호의 사명을 스스로 저버렸던 것이다.[18] 또한 1985. 11. 18. 민정당 정치연수원 농성사건에 관하여 검찰이 농성자 191명을 잡아 구속영장을 청구했을 때 법원은 한 명도 빠짐없이 전원에게 영장을 발부했고, 1986. 2. 4. 서울대 직선제개헌 서명운동 추진본부위원회 결성식에 참가한 대학생 189명이 한꺼번에 구속되었으며, 1986. 10. 말경 건국대사건에서 법원이 무려 1,284명에게 구속영장을 발부했으나, 구속자 중 70%가 검찰의 손에 의해 기소단계에서 석방된 사실을 볼 때 사법부가 검찰의 구속남용을 막기 위해 사법적 통제와 감시를 하는 인권수호자가 아니라 검찰의 영장담당부서로 전락했다는 비판을 받기에 충분한 일들이었다.[19]

결국 검찰과 사법부 종사자들의 이 같은 행태는 시민들로부터 법 및 법치에 대한 불신과 재판거부와 같은 양심의 저항을 불러일으켰다. 재판거부와 법정소란의 연속은 법질서의 권위와 재판의 공정성, 법의

---

17   김일수, 「제5공화국이 남긴 법의 과제」, 법·인간·인권, 57면.
18   대한변호사협회, 1986 인권보고서, 21면.
19   김일수, 「5공의 인권과 사법부」, 5공평가 대토론, 266면.

가치인 진정한 정의의 힘을 무너뜨렸다. 그리하여 급기야는 사회적 규범이완과 사회해체현상을 낳고 경찰에 의한 검거와 검찰에 의한 구속기소, 법원에 의한 유죄판결을 받는 것이 오히려 명예스럽고, 석방된다는 것이 오히려 불명예스러운 일처럼 느껴지는 가치허무주의 현상까지 낳았다. 결과적으로는 민생전반에 걸친 안전이 실종되고 범죄가 급증하는 현상에 우리사회가 직면하게 되었다.

4. 법의 무지

『법과 종교의 상호작용』의 저자 버만(H.J.Berman) 교수는 그 책에서 자유민주주의와 법치주의는 서양정신사에서 최초로 확립된 세속종교였다고 말한다. 이 두 가지 이념은 전통기독교와 이혼하면서 동시에 전통기독교로부터 신성의 의미와 몇 가지 신뢰가치를 챙겨 가지고 나온 이념이다. Adam Smith류의 자유주의 경제이념이 최소한의 국가규율과 간섭을 고집한 데는 '보이지 않는 손'에 의한 예정조화라는 세속화된 종교적 신앙이 깔려 있었다. 자유 법치국가 이념이 최소한의 법적 규율만으로도 최대한의 자유와 평화유지를 기대한 것은 인간이성의 자율적 조화에 대한 세속화된 종교적 믿음이 있었기 때문이라는 것이다.[20]

그러나 이성에 대한 그와 같은 믿음은 깨어진 지 벌써 오래되었다. 선택할 것도 없는 곤궁상태에서 국가가 부여한 선택의 자유란 전적으로 무의미한 것이라는 사실을 체험한 지도 꽤 오래되었기 때문이다. 초기 복지국가이념은 국가가 선택의 조건을 창설하고 그 기회를 제공하는 것이지만, 후기복지사회로 나아가면 개인은 계약과 신분에 의해 재산권을 향유하는 것이 아니라 국가의 배려와 사회보장제도에 의해 재산권을 향유하는 폭이 훨씬 넓어진다. 마찬가지로 자유법치국가 이념도 근대 산업화 이후 점점 전통적 인습과 종교적 생활 관념의 퇴색으로 양산된 현대형, 후기현대형 난제의 급증, 도시인구의 집중, 후기현대형 복합범죄

---

20   H.J.Berman, The Interaction of Law and Religion, 1974, pp.49, 77.

의 증가로 인해 최소한의 규율로 최대한의 자유를 보장하려고 했던 세속종교의 카리스마를 잃어버리게 된 것이다.

특히 후기산업화시대의 새로운 위험의 속출은 전통적인 법 사고에 적잖은 충격을 가한다. 위험사회가 안고 있는 새로운 위험은 초기자본주의사회가 체험했던 전통적 위험과 산업·복지국가의 위험 이후에 등장한 후기현대사회의 특수한 위험을 말한다. 전통적 위험은 그 위험결과에 대한 개인적 귀책이 가능했고, 산업·복지 국가적 위험은 비록 대량화했으나 아직 시간적·장소적으로 제한된 위험이었고 비용과 이익의 교량도 가능했다. 그러나 새로운 위험은 지금까지 미처 위험으로 파악하지 못했던 일반적인 생활위험의 복합 형태이다. 비록 자연재해처럼 돌출적이긴 하지만 개인이나 단체기구의 행동이나 결정에 기인하는 점은 부인할 수 없다. 예컨대 환경오염, 산림궤멸, 핵연료사고, 화학공장사고, 유전공학적 모험 등이 이에 속한다. 이들 새로운 위험은 사회계층을 계급, 직업, 성별, 세대별로 구분할 필요도 없이 전체에 미치고, 모든 계층 사람들이 그 위험 앞에 노출되는 특색을 갖는다.[21]

이로 인해 야기되는 불안과 위험을 해소하고 예방하기 위해 법은 점점 더 기능적으로 진화했다. 그 결과 법이 폭발적으로 증가하고 팽창하여, '법의 홍수'라는 현상이 생겨난 것이다. 문제는 법은 대량으로 생산되어 사회 곳곳에 미치지 않는 곳이 없을 정도로 범람하는데, 법의 권위와 효력은 점점 떨어져서 법규범준수의식이 약해지고 법규범위반에 대한 처벌의 두려움도 약화되는 현상이 나타난다는 것이다. 오늘날 이토록 범람하고 확장되는 법의 양과 수위를 조절하여 법에 대한 신뢰와 규범준수효력을 높이려면, 법을 단순히 사회체계나 의사소통적 합리성의 도구로 다루거나 진압과 예방을 통한 규범안정화 전략만 가지고는 부족해 보인다.[22] 법의 기능화는 법의 양산을 부추길 가능성이 많고, 법

---

21   김일수, 법·인간·인권, 1996, 525면.
22   앞의 책, 530면.

복종자들은 법의 홍수에 빠져 길을 잃어버리기 십상이고, 이것이 일상화하면 법에 대한 불감증이 심화하여, 아예 법을 모른다는 편리한 변명의 장치까지 작동하게 된다.

여기서 라깡류의 정신분석학자들은 '법의 무지'란 '법에 대한 (욕망) 주체의 무지'이면서 동시에 '법 자체가 아무것도 모른다'는 복합적 의미를 담고 있다고 한다.[23] 더 심각한 문제는 이 같은 법의 무지가 역설적으로 법의 과잉을 촉진하고, 그에 대한 빌미를 제공한다는 점이다. 법과 주체의 무지가 공모함으로써, 법의 권위를 유지하는 역설적인 현상들을 분석한 정신분석이론의 주장은 그 자체 흥미로운 것이다. 법은 아무것도 모르지만 욕망의 주체도 법을 모르면서 언제나 이 모르는 법과의 긴장 속에 놓이게 된다고 한다. 좀 난해한 표현이긴 하지만, "법에 대한 무지가 법을 위반하기 위한 핑계가 될 수 없는 게 아니라 법의 무지는 법을 따르기 위한 유일한 핑계가 된다."는 것이다. 후기현대사회에서 이러한 법의 무지는 어쩌면 불가피한 현상이고, 그래서 용서가 가능할 수 있지만, 그럼에도 이 무지에 대한 무지는 용서받을 수 없다고도 말한다.[24]

이 막다른 길에서 법과 주체가 무지에서 벗어날 길은 없을까? 법의 근본으로 돌아가는 길밖에 없다고 생각한다. 법의 과잉생산은 현대와 후기현대사회의 복잡성의 반영이다. 법이 마음에 새겨진 법으로서 주체 스스로 법을 존중히 여기고 그를 실현하는 것이 자긍심이 되고 큰 기쁨이 되기 위해서는 무엇보다도 이 복잡성을 단순성으로 해소하는 작업이 필요하다. 이 땅에서의 삶을 위해 우리는 수천, 수만의 법률조항들을 필요로 하지만, 실제 우리는 법에 대해 잘 알지 못한다. "법률의 부지는 변명되지 않는다."는 법언(法諺)처럼, 우리가 저지른 잘못에 대해 법률을 알지 못했음을 핑계 삼아 불법의식이 없었다고 하는 면책주장은 실제 그리 쉽게 받아들여지기 어렵다. 그러나 우리가 수만 가지의 법규범을

---

23 에띠엔느 발리바르 외, 법은 아무것도 모른다, 강수영 역, 2008, 15면.
24 앞의 책, 26면.

잘 알지 못하더라도 법의 근본규범인 "네 이웃을 네 몸과 같이 사랑하라"는 이 하나의 단순한 계명을 마음속에 새기고, 그 계명에 따라 사랑을 실천하며 살아가는 사람이라면, 사도 바울의 말처럼 이미 '법의 완성' 경지에 도달한 것이라 할 수 있다.[25]

제재규범이 주는 수치, 억제, 위협과 같은 두려움은 공권력의 우세한 힘을 바탕으로 하기 때문에 이해타산적인 사회에서 법적 안정성을 제공하는 수단으로 일시 효과적일 수 있다. 위협이 사실상 존재하는 한, 잠재적인 질서교란자들은 질서교란으로 인해 치를 대가가 그로 인해 얻을 수 있는 이익을 훨씬 초과한다는 사실의 이해득실을 계산적으로 알아낼 수 있을 터이기 때문이다. 그러나 타율적인 위협이나 억제는 의도적인 질서교란을 막을 수 있을지 몰라도, 사회적대감을 해소하거나 신뢰관계의 기반을 형성하는 데는 별 도움이 되지 못한다. 증오와 분노, 불신이 팽배한 사회에서 처벌의 예방효과는 내면으로 의식화되어 행동을 바른 데로 이끌기 어렵고, 곧 규범에 대한 무지와 무시, 불감증에 길들여지기 쉽기 때문이다. 그러므로 장기적인 전략으로는 억제(deterrence)를 넘어서 사랑과 신뢰가 기저에 흐르는 긍정적인 관계의 틀을 구축할 필요가 있다. 억제는 법의 목적 그 자체가 아니라 단지 공동체의 평화와 안정을 도모하는 하나의 수단이 될 뿐이다.

반면 대부분의 주체들이 신사적이고 규범 친화적인 성향을 갖고 있다면, 자발적인 규범준수의 비율이 높아지고, 길거리나 광장에서도 질서와 안정이 눈에 띌 정도가 될 것이다. 물론 이렇게 되자면 먼저 법질서 자체가 도덕성과 형평성을 지속적으로 지녀야 한다. 보통사람들의 규범의식 형성에는 법질서 자체의 예측가능성, 적정성, 공정성만큼 효과적인 사회학습 자료가 없기 때문이다. 만일 특정인에 대한 처벌이 그 행위의 사회적 비난가능성에 비해 지나치게 과도하거나 관대한 경우,

---

25   김일수, 형법질서에서 사랑의 의미, 서문vi ; 에띠엔느 발리바르 외, 앞의 책, 165-170면.

그 법은 정의롭지 못하거나 도덕적으로 결함을 지닌 것으로 비쳐지고, 주체들의 법의식은 다시 법의 무지와 무시의 무의식세계로 돌아가기가 십상이다.

또 하나 법의식형성에 중요한 요인으로 사법기관 및 법집행기관(사법부 · 행정부 · 검찰 · 경찰)이 갖는 권위의 정당성을 꼽을 수 있다. 그러려면 이들 기관 종사자들은 청렴하고 진실과 정의를 따라 법질서를 확립하려는 투철한 직업윤리의식의 소지자들이어야 한다. 이들이 정의와 법적 안정성을 위해 일하기보다 권력과 통속적인 세론에 휘둘릴 때, 이들의 권위는 실추할 수밖에 없다. 그리고 그 권위실추가 바로 재판거부, 법정난동, 폭동, 폭력적인 군중집회, 이른바 떼 법과 같은 주체들의 나쁜 태도에 빌미를 제공한다는 점을 마음 깊이 새겨 두어야 할 것이다.[26]

---

26   김일수, 법 · 인간 · 인권, 532면 이하.

IV

한국법치주의의 과거

1. 역사적인 변곡점들[1]

(1) 여명기 근대사법제도의 유입

근대사법제도가 우리 역사 속으로 유입된 것은 1894년 갑오개혁에서 비롯된다. 이미 널리 알려진 바와 같이 갑오개혁은 비록 근대적 제도로의 개혁이긴 하지만 우리의 자생력에 의한 개혁이 아니었다. 근대화의 여명기에 이 땅은 외세의 압력과 특히 일본의 내정간섭에 의해 비로소 전통적인 신분과 사대부지배계급의 봉건성으로부터 결별할 수 있었기 때문이다. 그러므로 근대화로의 개혁은 당대 제국주의 침략세력의 팽창과 지배욕과 맞물려 돌아갔다. 이유야 어쨌든 이렇게 시작된 갑오개혁은 이 땅을 다시 되돌아갈 수 없는 근대화의 도도한 물결 속으로 밀어 넣었던 것이다.

갑오개혁의 일환으로 1895년 3월 25일 법률 제1호로 제정된 재판소구성법이 우리나라에서 근대적 사법제도의 효시가 되었다. 이것은 당시 서구의 개혁된 형사소송 법제를 도입한 일본의 재판소구성법을 본뜬 것으로 1895년 4월 1일부터 시행에 들어갔다. 이 법률은 1899년 5월 30일 전면개정 시까지 우리나라 근대사법의 여명기를 장식했지만, 실제 1876년 체결된 불평등한 병자수호조약에서 명백히 드러난 바와 같이 서

---

1   역사기술에 해당하는 이 장은 김일수, 수사체계와 검찰문화의 새 지평, 2010, 72-126
     면을 요약한 것이다.

구법 개념으로 위장된 법률적 침략도구로서, 조선왕조의 제도와 전통을 해체시키기 위한 전략적인 식민지책략으로서의 성격이 강했다.[2] 행정기구 개편의 실패에서 보듯 당시 파탄 난 국가재정으로 인해 재판소 청사를 세울 재원도 없었고, 새로운 제도에 임할 교육받은 법관도 양성되지 않았고, 형사재판의 전제되는 형사실체법이나 절차법이 제정된 것도 아니었다. 그래서 행정관리가 그의 관아에서 종전대로 재판업무를 계속 관장·처리할 수밖에 없었다.[3] 실제 개설된 재판소는 평리원(고등법원)과 한성지방재판소 두 곳 뿐이었다. 결과적으로 재판소구성법은 과거출신의 관찰사나 부윤, 군수에게 판사라는 새로운 직명을 첨가시킨 데 불과했다.[4]

1895년 재판소구성법의 공포와 함께 칙령 제49호「법관양성소 규정」이 제정·공포되어, 법조인 양성교육이 시작되었으나 제도가 미비한 불안정한 미래전망 때문에 설립된 지 1년 만에 2회 졸업생을 배출하고 문을 닫았다. 그 후 7년이 지난 1903년에 이르러 3개월 속성과정으로 법관양성이 재개되었고, 수업일수도 6개월로 연장되는 등 난맥을 거듭했다. 이것은 아직 전통적 법제와 제도가 실효성을 여전히 지닌 현실에서, 실체법·절차법 등 근대적인 법제 없이, 새로운 사법제도의 틀만 그림의 떡처럼 진설해 놓은 데 불과했기 때문이었을 것으로 짐작된다.

여기에서 우리는 불행하게도 이미 근대법의 여명기, 즉 전통법문화에서 새로운 서구법문화에로의 강제이식기에 법과 현실은 그렇게 어그러져 돌아갈 수밖에 없는 것이라는 나쁜 선례를 당연한 것으로 학습한 셈이다. 현실과 맞지 않은 법체계 및 법제도의 틈새에서 대부분의 사람들은 쉽게 법을 어길 수밖에 없고, 법을 다루는 사람들의 자의와 일탈 그

2   조규창, 서구법수용에 있어서 법학교육의 역사적 의의, 근대서구학문의 수용과 보전, 1986, 144면.
3   박병호, 개화기의 법제, 정범석 박사 화갑기념논문집, 1977, 202면.
4   조규창, 앞의 글, 140면.

리고 편법이 개입할 가능성도 높고, 권력이 폭력으로 둔갑하기도 십상이었다. 그래서 권력은 법을 무기 삼아 언제나 미운 털이 박힌 특정인을 찍어 내릴 수 있으며, 누구나 권력 앞에 서면 눈치를 보거나 알아서 기어가기 마련이었다. 현실에 맞지 않은 법제도 때문에 국민은 예측할 수 없는 법현실과 마주칠세라 두려움과 불안 속에 살아가야만 했다. 적어도 근대법의 여명기에 이 땅의 백성들이 처음 마주할 수밖에 없었던 근대법적 제도의 인상은 정도의 차이는 있었을지라도 이런 유의 것이었으리라 짐작된다. 이것이 한국 법치주의의 근원적인 쓴 뿌리, 나쁜 풍토로서 작용할 수밖에 없었다는 것을 우리는 건국 후 반세기가 넘도록 우리네 법 생활의 이중성, 왜곡, 법 앞에 서기 두려움의 현상을 통해 확인할 수 있으리라.[5]

서구의 자유주의·개인주의적인 법치주의가 왜 이 땅에서는 권위주의적 지배도구로 오도되고, 진정한 의미에서 '인간을 위해 존재하는 법'이라는 관념이 그토록 착근하기 힘든 일이었는지에 관한 단서를 이러한 역사적 맥락으로부터 어렵지 않게 추론해 낼 수 있을 것이다.[6]

(2) 미군정에 의한 과도기

1945년 8월 15일 일제의 패망으로 이 땅에 해방이 찾아왔다. 1945년 9월 9일 조선총독·재조선일본군이 태평양지구 미 육군 총사령관 맥아더 대장을 대리한 미육군 제24군단 사령관 하지 중장 앞에서 항복문서에 조인함으로써 36년에 걸친 일본의 조선통치권은 종식됨과 동시에 미군에게 이양되었다. 그러나 한반도 경영에 관한 정치적 청사진이 준비되지 않았던 미군정은 총독부 통치기구를 그대로 둔 채, 우선 일본인 통치만을 종식시키고자 했다. 1945년 9월 15일 조선총독부 법무국장 와

---

5   허승호, 「머나먼 법집행 선진화」, 동아일보 시론, 2009. 11. 25.
6   김일수, 수사체계와 검찰문화의 새 지평, 2010, 82면 이하.

다(早田)가 해임되고, 동월 28일 군정장관 아놀드 소장은 우들(Woodall) 소령을 군정청 법무국장으로 임명하여 조선총독부 법무국장의 직권을 행사하게 했다. 같은 해 10월 9일 미군정장관은 임명사령 제9호로써 우들 법무국장 밑에 한국인 보좌관들을 임명하거나 임시채용하고, 일본인 직원은 면직할 것을 명령하였다. 이 지시에 따라 같은 해 10월 11일 38선 이남의 모든 일본인 판사 및 검사에 대한 면직발령이 있었다.

법원·검찰을 합한 사법기관의 운영은 일찍 한국인의 손에 넘어왔으나, 입법기관인 남조선과도정부 입법의원이 1946. 12. 12. 개원되었고, 1947. 2. 5. 군정청 한국인 각부처장을 통할하는 민정장관으로 안재홍이 임명됨으로써 미군정하에서도 입법·사법·행정의 통치기구가 한국인 중심으로 그 틀을 형성했다. 1948. 5. 10. 유엔 감시하에 38선 이남에서만 총선거가 실시되었고, 같은 해 5. 30. 제헌의회가 개원하였다. 1948. 5. 4. 법령 제192호 법원조직법이 공포된 후 약 3개월 만에 1948. 8. 2. 법령 제213호 검찰청법이 공포되었다.

미군정의 통치기간은 해방공간의 혼란기를 거치는 짧은 기간이었음에도 불구하고, 군국주의적 식민지통치의 지배도구로 작동해 온 형사법제, 형사재판제도 및 검찰제도 등에 인권이라는 인류 보편적 사상재(思想財)들의 새로운 한 줄기 빛을 비춰 줌으로써 이 땅에 법치주의의 기본정신과 그 방향을 제시해 주었다는 점을 간과해서는 안 될 것이다. 하지만 해방공간의 사법과 검찰 그리고 법집행 등은 총독부통치기구를 그대로 둔 채, 일본인 관료와 법률가를 배제하고 그 자리에 일제통치하에 왜곡된 정의관, 가치관에 길들여진 한국인 관료와 법률가들을 배치하는 데 그침으로 말미암아 자유와 인권, 인간의 존엄성에 기초한 새로운 법질서의 물꼬를 트는 데는 역부족이었다고 말할 수 있다.[7]

---

7 김일수, 앞의 책, 90면.

(3) 정부수립과 제1공화국

대한민국 정부수립은 유엔의 발의와 미군정의 협력, 국민적 참여로 이루어진 합작품이었다. 1947. 11. 14. 유엔총회는 남북한 총선거 안을 채택했고, 이에 따라 1948. 1. 8. 유엔임시한국위원단이 서울에 도착, 활동을 개시했으나 38선 이북에 주둔한 소련군사령관의 방해로 북한에서의 활동은 봉쇄되었다. 1948. 1. 24.부터 3일간 개최된 유엔임시총회는 「한국의 가능한 지역에서 유엔감시하의 선거 실시」를 거듭 결의하고, 1948. 3. 1. 유엔임시한국위원단은 위원단이 들어갈 수 있는 한국의 일부지역에서 늦어도 같은 해 5. 10.까지 선거를 실시한다고 발표함에 따라, 1948. 3. 17. 미군정 법령 제175호 국회의원선거법이 공포되고, 1948. 5. 10. 역사적인 총선거가 실시되었다. 이어서 1948. 5. 31. 제헌국회가 개원되었고, 같은 해 7. 12. 대한민국헌법이 국회를 통과했고, 같은 해 7. 16. 정부조직법이 제정되어, 헌법과 정부조직법이 1948. 7. 17. 공포되었다. 같은 해 7. 20. 국회에서 이승만이 초대대통령으로 선출되고 1948. 8. 15. 대한민국 정부수립이 대내외에 공표되었다. 이에 따라 1948. 8. 16. 정권이양에 관한 한미회담이 시작되었고, 같은 해 9. 13. 대통령령 제3호 남조선과도정부기구의 인수에 관한 건이 공포됨으로써 과도정부 각 부처기구가 신생 대한민국정부 해당 각 부처로 인수되었다.

기본권 보장과 삼권분립에 입각한 통치구조 등 자유민주공화국 체제로 대한민국은 출범했지만, 입법, 사법, 행정 곳곳에 잠재해 있는 구체제하 식민지적 사법·검찰·경찰 관행에 젖어 있던 요원들의 인권의식을 근본적으로 새롭게 하는 데 정책적 한계가 있었다. 우리나라에는 신생국가건설에 즈음하여, 법 정책적으로 법체계와 법질서를 헌법의 기본질서에 맞추어 새롭게 거듭나게 하는 법 갱신운동이 일어나지 못했고, 현실적으로도 준비 없이 맞이한 해방공간에서 이 운동을 주도할 새로운 법률가계층이 전혀 형성되어 있지 않았기 때문이다. 제2차 세계대전 종료 직후 독일은 연합국 관리체제하에서도 나치의 법질서로부터 독일법의 새로운 질서를 창출하기 위한 법 갱신(Rechtserneuerung)운동이 활발했던 데 비하면 그것이 우리나라 법치주의의 한계인 것만은 부인하기 어렵다.

설상가상으로 해방공간에서부터 정부수립을 전후하여 좌익계열의 국가변란 기도들이 가열되면서, 이에 맞서 신생 자유대한민국체제 수호를 위한 국가보안법(1948. 12. 1. 법률 제10호)의 제정과 그 위반범죄 척결을 위한 대공 사찰 → 수사 → 기소 → 재판 → 처벌 등 일련의 과정에서 민주적·인권 우선적 수사체제와 적법절차 이념은 뒷전으로 밀려날 수밖에 없었다. 일종의 반공이데올로기에 이끌린 검·경 수사권 및 사법권은 공동의 적에 대한 공동전선을 구축한 채, 민주적인 견제와 균형을 통해 피의자·피고인의 인권을 배려하는 법의 본래 취지를 돌아볼 틈이 없었다. 일제치하에서 독립운동가나 불령선인들을 가혹하게 폭압하던 불법적 법치의 시각이 신생 자유대한민국의 체계하에서도 공산주의자나 좌경인사들에 대한 사법처리에 고스란히 전수된 실정이었기 때문이다. 이 같은 사정과 이를 묵인하는 일종의 사회분위기 속에서 우리의 입법 그리고 경찰·검찰·사법의 왜곡과 일탈은 특정범죄자들을 사회의 변두리로 추방·고립시키고, 법치의 가면 뒤에서 구체제의 가혹한 식민통치적 수법인 고문과 폭압까지도 되살아나게 만든 셈이다.

사실 3년여에 걸친 한국전쟁과 대량의 실향민 유입 등 인구사회학적 변동은 36년간 일제의 잔혹한 식민통치 하에서도 굳게 간직되어 왔던 우리의 미풍양속, 상부상조와 공동체적 협동정신, 숭례·숭덕의 의식과 문화의 뿌리까지 황폐화시켰다고 해도 과언이 아닐 것이다. 이 같은 대혼란으로부터의 탈출과 안정의 회구가 강력한 정치적 리더십과 안정적인 국가운영을 요구했다. 그 일환으로 2년의 각고 끝에 1953. 9. 18. 새로운 형법이 공포되어 같은 해 10. 1.부터 시행되기 시작했고, 그것은 다분히 국가적 법익과 사회적 법익을 개인적 법익보다 우선시하는 법익질서 관을 암묵리에 내포한 것이기도 했다.

제1공화국에서부터 헌법규범과 헌법현실 사이에 괴리가 생기고 이것이 묵인되는 상황은 하나의 관행처럼 이어졌다. 예컨대 제1공화국헌법이 양원제를 규정하였음에도 불구하고, 전쟁으로 인한 국가변란사태를 핑계 삼아 참의원을 두지 않고 단원제로 국회를 운용하였던 것이다. 강력한 정치적 리더십과 정권안정에 대한 국민적 욕구는 한편으로 12년간에 걸친 이승만 독재와 자유당 폭주를 가능케 하는 측면이 되었으나, 다른 한편으로 정권안보에 장애가 되는 개인과 단체들을 용공좌경세력으로 몰아 가차 없이 처단하는 사법적 공권력과 합작된 공포정치가 그와 같은 독재 권력의 장기화를 가능케 했다.

어쨌거나 이 같은 독재체제가 구축되고 나면, 법과 정의는 왜곡되고 변질될 수밖에 없고, 법 생활의 전 영역에 걸쳐 법과 불법, 정의와 불의의 갈등과 긴장관계가 표출될 수밖에 없었다. 여기에서 법과 질서와 안정을 노래하는 입은 독재권력을 항구화하려는 신민(臣民)들의 노래가 될 수밖에 없었으며, 정의와 인권 등 법 가치들의 전도가 법 생활의 실제에서 일상화될 수밖에 없었다.

독재 권력이 홍수처럼 범람하는 자리는 물길이 혼탁해지고, 아예 길이 보이지 않게 마련이다. 법은 진정성과 내용을 잃고 형해화하거나 단순한 지배 장치로서 도구화하고 만다. 따라서 민중의 법의식도 타락하고, 민중은 아예 법을 경멸하거나 법률가들을 환멸하기 시작한다. 법이 시민생활의 일부가 아니라 시민생활의 경계가 되고, 법률가는 일제총독부의 경험에서처럼 나쁜 이웃으로 시민들의 의식 속에 각인되기 십상이다. 일제의 왜곡된 법문화와 변질된 법치주의로부터 새로운 민주적 법문화와 진정한 법치주의의 초석을 놓아야 할 건국초기의 12년간은 그것을 열어 가기에는 너무나 척박한 풍토였다고 말할 수밖에 없다.

(4) 4·19혁명과 제2공화국까지

1960년 4·19혁명으로 이승만 정권은 무너지고, 허정 과도정부를 지나, 내각책임제로의 개헌과 함께 민주당정권이 수립되었다. 장면 내각은 이승만 독재체제의 사슬을 끊고 일어선 국민의 자유와 민주주의에 대한 열망에 부응하기 위해 새로운 민주질서의 틀을 짜지 않으면 안 될 중대한 과제를 안고 출범했다. 건국 후 이승만 정권은 냉전체제가 만들어 낸 분단상황에서 북한공산세력과의 대치, 6·25동란 등 국가적 위기상황을 뚫고 일어서야 했기에, 무엇보다 대내외적인 안전을 중요시했다. 안전을 우선시하는 만큼 자유는 위축될 수밖에 없었고, 안전위주의 정책은 국가안보의 차원을 넘어 정권안보에 집착하게 되었고, 그것이 자유당 독재와 민주주의를 본질적으로 부끄럽게 만든 3·15 정부통령 선거에서 경찰력과 관권을 동원한 부정선거라는 결과를 낳았다. 청년학생들의 봉기로 시작된 독재타도는 드디어 민주혁명의 승리로 대단원을 이루었다.

학생혁명의 기치는 자유였다. 불의와 압제로부터 해방된 민주광장은 온갖 자유의 구호들로 넘쳐흘렀다. 민주당 정부와 내각은 계파 간 정쟁으로 이같이 넘쳐나는 자유의 홍수를 조절할 만한 안정적 정치권력을 형성하지 못했다. 집권 9개월여 동안 4차에 걸친 개각단행에서 미루어 짐작할 수 있듯이, 우리 헌정사상 최초의 내각책임제는 우선 정치적 불안정으로 인해 밀어닥치는 민주혁명의 이념을 수용하여 발전시켜 나갈 정치적 역량을 상실하고 있었다. 거기다가 자유당 독재 권력의 부정과 불의에 주구노릇을 한 경찰 권력도 이 같은 혼란 속에서 치안질서를 유지할 만한 정당성과 권위를 잃고 있었다.

반공의식은 해이되고, 건국 후 그때까지 금기시되었던 중립통일론, 남북협상론이 난무했고, 혁신정당도 난립했다. 사회적 혼란은 우후죽순처럼 생겨난 언론기관들의 무분별한 정부시책 공격 때문에 가중되었다. 이 같은 혼란을 틈타 밀수·폭력·독직·무허가건축 등 넘쳐나는 불법으로 사회는 아노미상태에 빠져들었다고 해도 과언이 아닐 정도였다.[8] 이 같은 혼란을 수습할 검찰 권력도 전반적으로 공권력의 권위가 약화된 상황에서는 역부족일 수밖에 없었다. 비이성적인 자유의 남용과 과잉으로 인해 피해를 보는 일상생활 속의 민중들은 다시금 안전의 중요성을 떠올리며 안정을 희구하기 시작했다. 이것이 1961. 5. 16. 군사쿠데타의 발발 후 "올 것이 오고야 말았다"는 당대 인구에 회자된 유행어 속에 함축된 시대의 정서적 상황이었던 것이다.

4·19혁명은 민주혁명이었고, 그래서 과도정부의 허정 수반은 "혁명적 정치개혁을 비혁명적 수법으로 단행하겠다."는 공언을 했음에도 불구하고, 구체제의 청산을 위한 혁명입법을 불가피하게 만든 상황은 실제 온건한 사법재판의 결과에서 발발했다. 검찰은 4·19의 노화선이 된 부정선거관계자를 선거법위반으로, 시위 군중에 대한 발포책임자를 형법상 살인죄로 기소하는 등 혁명적 상황의 종료와 법적 안정을 꾀했으나, 법원에서는 내각제로 개정된 헌법에서 근거를 상실한 대통령선거법 등을 적용하여 처단할 수 없다는 이유 등으로 대부분 기소된 관련피고인들에게 경미한 징역형과 집행유예·공소기각·형 면제·무죄 등의 판결을 내렸다. 이에 혁명입법을 요구하는 국민여론이 뜨겁게 달아오르자, 장면 정부와 민의원에서는 특별법 제정근거를 위한 헌법 개정을 서둘러, 부정선거관련자 및 1960. 4. 26. 이전에 특정지위에 있음을 이용하여 현저한 반민주행위를 한 자, 부정축재를 한 자 등을 처벌하거나 공민권을 제한할 수 있도록 하는 법률제정근거를 마련했다.

이에 따라 1960. 10. 13. 법률 제562호로 공포된「민주반역자에 대한 형사사건 임시처리법」, 1960. 12. 31. 법률 제586호로 공포된「부정선거관련자 처벌법」, 1960. 12. 19. 법률 제567호로 공포된「특별재판소 및 특별검찰부 조직법」, 1960. 12. 31. 법률 제587호로 공포된「반민주행위자 공민권제한법」이 시행에 들어갔다.[9] 이 같은 혁명입법들은 다

---

8 1960. 7. 4. 제12회 전국검찰감독관 회의에서 이태희 검찰총장은 "법을 도외시하는 방종의 난무로 사회질서는 마치 8·15해방이나 6·25 직후의 그것과 방불한 실정"이라고 토로하고 있다(대검찰청, 한국검찰사, 1976, 303면에서 재인용).

9 대검찰청, 앞의 책, 306면 이하.

분히 소급입법의 색채가 짙은 것으로서, 정의와 민주의 이름으로 죄형법정원칙 및 적법절차에 의한 범죄인의 인권보장에 대한 신뢰를 깨뜨리는 결과를 낳았다.

결과적으로 너무나도 짧았던 제2공화국은 양원제와 내각책임제 그리고 지방자치제와 경찰의 중립화를 위한 여러 민주주의에 적합한 제도들을 도입했지만 민주주의의 경험이 부족한 상태에서 민주당내각의 정치적 기반은 취약했고, 법치주의의 기반 역시 자유와 안전의 이념 사이에서 흔들렸다. 게다가 신·구 정치세력 간의 타협 모르는 갈등으로 정치적 불안은 점점 가속하여 국가의 장래가 공산화 위험 앞에 불안한 지경까지 갔다. 그 결과 제2공화국의 정치적 실험은 오래가지 못했고, 반공과 민생의 기치를 앞세운 군사쿠데타 세력의 거사에 빌미를 제공하고 말았다.

(5) 5 · 16쿠데타와 제3공화국

1961. 5. 16. 군사혁명위원회는 ① 국가기강과 사회질서 확립, ② 민주주의체제 확립을 위한 법률제도의 정비, ③ 자립경제 재건을 위한 경제계획의 수립, ④ 능률적인 국가행정체제로의 준비 등을 혁명과업의 지표로 삼았다. 1961. 5. 19. 군사혁명위원회를 국가재건최고회의로 개칭하였고, 같은 해 6. 5. 국가재건비상조치법을 공포함으로써 국가재건최고회의가 최고통치기구임을 천명하였고, 이 법률에 저촉되는 헌법의 효력은 정지되었다.

최고회의는 유일한 입법기관이었고, 헌법재판소의 기능은 정지되어 최고회의가 정한 법률은 가히 절대효(絶對効)를 지녔다. 최고회의는 내각에 대한 통제 외에 사법부에 대한 통제권도 확보하여 군사독재의 틀을 잡아 나갔다. 물론 재판은 최고회의의 지시통제에서 제외시켰지만, 법무장관과 검찰총장에 군인을 임명함으로써 법무행정과 검찰업무를 군의 혁명과업수행이라는 관점에서 통할·감독케 하였다.

군사혁명정부는 구정권하에서와 같은 무기력한 검찰기풍을 쇄신하기 위해 혁명 직후 검찰기강을 다잡아 나갔다. 우선 검찰사무를 쇄신하여 검사의 수사사건처리 및 공소권의 적정행사의 기강을 확립하여 사건의 신속처리, 기소중지사건의 누적 방지, 사회질서확립을 위한 종합대책 수립(예컨대 무고사건 단속, 경제사범 엄단, 폭력사범 단속, 기타 풍기단속 및 사회악 일소 등)에 검찰권이 전면에 발 벗고 나서게 함으로써 국정쇄신 및 사회기강확립의 기틀을 잡아 나갔다. 이와 동시에 검찰업무를 합리적으로 개선하기 위해 검찰사무규정의 개정(1963. 11. 2. 공포), 검사근무평정제 실시(1961. 10. 1.부터), 검찰감찰부를 대검찰청에 설치(1962. 2. 9.)하는 외에 대법원과 법무부 공동주관으로 판·검사 특별교육을 실시하여 혁명과업의 방향인식과 새로운 군사 문화적 공복의식을 주입시켰다.

1961. 7. 3. 법률 제644호 인신구속 등에 관한 임시특례법이 공포·실시되어 1963. 9. 30.까지 존속되었는데, ① 특수범죄에 관한 특별법 제4조 내지 제7조의 죄와 ② 국가보안법 및 반공법에 규정된 죄를 범한 자에 대해서는 영장 없이 구속·압수·수색할 수 있고, 구속된 피의자에 대한 접견은 제한되어, 변호인이라도 구속기관의 허가 없이는 이들을 접견할 수 없었다.

더 나아가 정상적인 법치국가의 기본원칙과 충돌하는 특별법이 혁명정부에 의해 양산되었는데, 부정축재처벌법(1961. 6. 14.), 농어촌고리채정리법(1961. 6. 10.), 폭력행위등 처벌에 관한 법률(1961. 6. 20.), 특수범죄처벌에 관한 특별법(1961. 6. 22.), 특정범죄처벌에 관한 임시특례법(1961. 7. 1.), 반공법(1961. 7. 3.), 법률사무취급단속법(1961. 10. 17.), 윤락행위등 방지법(1961. 11. 9.), 부정수표단속법(1961. 7. 3.) 등등이다. 그 밖에도 1961. 6. 10. 법률 제619호 중앙정보부법이 공포되어 국가재건최고회의 직속기관으로 활동하게 되었는데, 수사권에 관하여 특례를 두었다. 즉, 중앙정보부장·지부장 및 수사관은 소관업무에 관련된 범죄에 관하여 수사권을 가지며 검사의 지휘를 받지 아니하고, 경찰관직무집행법 제7조의 규정은 부장이 인가한 수사관에 이를 준용토록 한 것이다.

1963. 12. 17. 신헌법의 발효와 박정희 대통령의 취임과 동시에 제3공화국이 출범했다. 하지만 이 시기에 접어들면서 오히려 권위주의 정권의 기반이 견고해짐에 따라 국가권력 전반에 걸쳐 군사문화화도 서서히 순치단계에 접어들었다고 해도 과언이 아닐 것이다. 검찰과 사법부의 정치편향성은 이미 돌이킬 수 없는 심화단계에 접어들었다. 이승만 독재 치하에서 경찰권이 권력의 시녀노릇을 했던 것처럼, 박정희 독재 체제가 공고해지면서 검찰이 이를 답습하는 데 어떤 저항도 기대하기 어려웠다. 법과 양심, 법과 정의와 같은 가치가 입법, 사법, 행정문화 내부의 저항력과 자정력으로 용출되기를 기대하기에는 군사혁명의 발길이 깊이 휩쓸고 지나간 상황에서는 이미 때가 늦었다는 느낌이 들 뿐이었다. 권력기관의 정치지향성과 군사정치의 적절한 공존관계의 틀이 이미 형성되고 학습된 지 꽤 오랜 시간이 흘렀기 때문이다. 힘의 지배에 의한 법치주의 위기가 굳어지고 있었던 것이다.

일별컨대, 군사쿠데타로 정권을 장악한 군부는 국가긴급사태를 선포하고 비상조치법들을 양산했고, 혁명적 분위기하에서 법치주의의 위기가 깊어졌다. 제3공화국의 등장으로 정치적 자유는 현실적으로 광범위하게 제한되었지만, 힘의 지배에 의한 정치적 안정을 기반으로 산업화와 경제발전이라는 한국식 근대화가 이루어지기 시작한 것은 또한 부인할 수 없는 역사적 사실이다. 제3공화국헌법에도 지방자치제가 명문으로 규정되어 있었으나 그 실시를 위한 구체화 입법을 하지 않음으로써 중앙집권적인 관치행정은 더욱 공고해졌다.

(6) 유신체제선언과 제4공화국

1972. 10. 17. 박정희 대통령의 특별선언으로 10월 유신의 막이 올랐다. 국회는 해산되었고, 헌법도 그 일부조항의 기능이 정지되었다. 유신과업의 효과적인 수행을 위해 비상계엄이 전국에 선포되었다. 같은 해 11. 22. 유신헌법이 국민투표에 의해 확정되고, 새 헌법에 따른 통일

주체국민회의는 임기 6년의 제4공화국 대통령을 선출함으로써 1972. 12. 17. 제4공화국이 등장했다. 10월 유신은 평화통일지향과 이른바 한국적 민주주의제도의 토착화를 양대 지주로 삼았지만, 기실 박정희 독재체제의 영구화를 획책하고 있음은 불문가지의 사실이었다.

군사정부의 종식과 민주주의의 재도약을 꿈꾸던 많은 양심적 지식인·정치인·종교인·청년대학생들의 조직적인 저항이 일어났고, 이를 억압하기 위해 유신정권은 비상조치법을 연속적으로 남발하며, 그 탄압의 도를 높여 갈 수밖에 없었다. 비상조치 제9호에 이르러서는 법의 형식, 즉 법률과 법의 진정한 이념적 가치내용은 괴리되어, 법률은 이제 제2차 세계대전 후 새로운 신생 민주국가들이 가장 혐오해 마지않았던 법률실증주의의 이념도구로 전락하는 운명에 처해 버렸다.

1973. 2. 24 법률 제2549호 형사소송에 관한 특별조치법이 공포되었는데, 이는 특히 형사소송의 지연을 방지함으로써 피고인의 신속한 재판을 받을 권리를 보장함을 목적으로 한다고 되어 있다. 하지만 재판장의 소송지연사유서 제출의무, 검사 또는 변호인의 심리지체 시 법원의 설명요구와 검사의 소속장과 변호사회에 통지하여 필요한 조치를 요구할 수 있는 권한 등은 시국사범이나 양심수 등에 대한 재판지연을 막기 위한 통제수단으로 악용될 소지도 없지 않았다. 신속재판·신속집행의 실익이 어느 쪽에 놓여 있었는지가 바로 인혁당 사건 등의 처리에서 극명하게 드러났기 때문이다.

생각건대 유신기간을 거치면서 사법의 검찰화 경향, 검찰의 경찰화 경향, 경찰의 군사화 경향이 심대하게 드러나기 시작했고, 이 같은 경향은 신군부의 출현과 제5공화국정권 7년 동안 우리사회의 법치주의 대의를 머리부터 훼손하는 데 일조했다고 본다.[10]

유신체제하에서 한국의 법치주의는 최대 위기를 맞았다. 유신헌법

10 　김일수, 법·인간·인권, 박영사, 1996, 212면 참조.

에 의해 국가통치기구와 조직은 권위주의체제와 일인독재체제를 구축하게 되었고, 이를 장기화하기 위해, 비판적인 여론의 공론장의 형성을 억제하는 긴급조치라는 이름의 비상입법이 만발했기 때문이다.

(7) 신군부의 등장과 제5공화국

1979. 10. 26. 박정희 대통령이 시해되고 같은 해 12. 21. 제10대 최규하 대통령이 취임했으나 그동안 쌓였던 민주화요구는 봇물처럼 터져 나와 이른바 1980년 서울의 봄을 지나면서 또다시 사회적 혼란상황이 조성되었다. 1979. 12. 12.로 실질적인 세력을 획득한 신군부는 1980. 5. 17. 비상계엄을 전국으로 확대하고 그달 31일 국가보위비상대책위원회를 설치하였다.

1980. 8. 16. 최규하 대통령이 하야하고, 1980. 9. 1. 제11대 대통령으로 취임한 전두환 대통령은 신헌법제정 작업에 착수하여, 그해 10. 27. 제5공화국 헌법을 확정·공포하였다. 그사이 국내정치상황이 표면적으로 안정을 되찾아 가자 1981. 1. 25.자로 비상계엄도 해제되었다. 그리고 제5공 헌법에 따라 1981. 3. 3. 전두환 대통령이 제12대 대통령으로 취임함으로써 제5공화국이 출범하게 된 것이다.

법적 측면에서 5공이 지니는 상징성은 너무나 뚜렷하다. 권위주의적 군인통치의 심화와 '서울의 봄' 시기에 싹을 틔우던 자유민주주의의 질식 그리고 법치주의 이념의 실종이다.[11] 삼청교육대와 광주민주화운동진압작전, 체육관선거, 그리고 각종 고문과 일상화한 최루탄으로 상징되는 5공이야말로 인권과 기본권규범을 명목상의 껍데기로 만든 뒤, 법의 지배가 아닌 적나라한 사람의 지배를 보여 주었던 권위주의통치기간이었다. 통치권이 그 한계를 알지 못했던 기간, 정치가 법보다 우위를

11　민주사회를 위한 변호사모임, 반민주악법개폐에 관한 의견서, 1989, 11면.

점했던 기간, 고문과 인권탄압 속에서 권력이 폭력으로 전락했던 기간, 반민주적 악법의 양산과 실정법을 통한 공포정치를 연출했던 기간이 5공 7년간이었다.[12]

제5공화국 헌법의 발효와 동시에 구헌법에 의한 국회와 통일주체국민회의는 해산되었다. 새로운 국회가 구성될 때까지 국회권한을 대행할 국가보위입법회의가 1980. 10. 29. 전두환 대통령이 임명한 81명의 위원으로 구성되어 1981. 3. 31.까지 존속하였다. 여기에서 5공의 정치적 성격을 특징 지을만한 각종 정치입법이 양산되었다. 즉, 국민의 정치적 자유를 박탈하거나 제한하고 더 나아가 인신구속을 양산하는 등 열악한 인권상황을 연출하게 된 악법들의 양산이었다. 예컨대, 정치풍토쇄신을 위한 특별조치법, 대통령선거법·정당법·국회의원선거법·국회법 등 정치관계법, 반공법을 흡수한 국가보안법 개정법률, 집시법 개정법률, 사회보호법, 특정범죄가중처벌 등에 관한 법 개정법률, 안기부법, 독점규제 및 공정거래에 관한 법률, 언론기본법, 노사협의회법 등 노동관계법률, 평화통일정책자문회의법 등이 그것이다.

이들은 대부분 개인의 공민권, 재산권, 자유권의 제한과 박탈을 그 내용으로 하고 있어 자유민주주의와 실질적 법치국가이념과 충돌할 뿐만 아니라 법제정권한과 공식적인 법제정절차를 무시한 비상입법에 해당하는 것들이었다. 이른바 개혁입법이라는 미명 아래 구정치인들을 배제시키고 새로운 정치 판도를 짜기 위한 조치들이었다. 신군부의 계획된 정치일정에 따라 경쟁이 될 만한 거목 정치인들을 배제시킨 채 급조된 민정당과 들러리를 위해 만들어진 이른바 제도권야당(민한당, 국민당)으로 구색만 갖춘 정국은 비록 선거를 치렀어도 통치권의 민주적 정당성과 정통성을 얻기에 역부족이었다.[13] 게다가 5·18 광주민주화운동에 대한 과잉진압과 각본재판이었던 김대중 내란음모사건 등이 국민들에

---

12   김일수, 법·인간·인권, 54면.
13   허영, 한국헌법론(제11판), 박영사, 1999, 126면.

게는 폭력으로 비춰졌고, 전두환 정권에 대한 국민적 저항은 정권출범 초기부터 예상된 일이었다.

이처럼 국민적 지지 위에 서지 못한 정권의 열악한 통치기반을 메울 수 있는 당장 손쉬운 방편은 마키아벨리즘에 근접하는 힘의 통치일 수밖에 없었고, 이 같은 폭력적 통치는 그 정도를 더해 갈 수밖에 없었다. 여기에 명목상 자유민주주의의 너울을 쓴 권위주의적 군사통치가 국민 위에 군림하게 되었고, 권력은 집중되어 경찰권·검찰권을 비롯하여 의회·사법부까지도 정권안보를 위한 하수인으로 전락했다. 언론은 통제되고, 대학의 비판세력을 무력화시키기 위한 해직과 징계의 고삐는 강화되었고, 이데올로기 교육과 군사교육이 투입되었다.

그 후 1985. 2. 12. 국회의원 총선을 계기로 우리나라의 인권상황은 새로운 전기를 맞게 되었다. 5·17 이후 정치활동규제에 관한 임시조치법에 의해 수년간 정치활동이 금지되어 왔던 인사들 중 김대중, 김영삼 씨 등 몇 명을 제외한 다수 정치인이 총선 이전 제1차로 해금되었다. 해금자들을 주축으로 결성된 신민당이 대통령직선제 개헌, 광주사태 해명 등의 공약을 내걸고 총선에 임한 결과 도시지역에서 압승을 거두고 제1 야당으로 진출하게 되었고 3개 야당(신한당, 민한당, 국민당)의 득표율(58.10%)이 여당(민정당)의 득표율(32.25%)을 훨씬 능가했을 뿐만 아니라 신민당이 102석을 차지함으로써 146석의 여당을 견제할 수 있는 강력한 힘으로 등장했다.

그 결과 제5공 출범 이후 근 5년간 터부시되어 왔던 광주사태 진상규명 요청, 제5공의 합법성과 정통성 문제, 대통령 직선제 개헌요구 등이 의회와 언론 및 재야민주단체 등을 통해 본격적으로 제기되기 시작했다. 이에 대해 권위주의정권은 국민의 비판을 겸허히 수용하는 자세를 취하다가도 공안통치로 회귀하는 등 일관성을 유지하지 못했다.

각계각층의 집단적 의사표현과 권익주장에 대한 제약의 완화·강화가 수시로 반복되는 가운데 정치권력과 국민들 사이의 긴장은 점차 고조되어 갔고 1985년 하반기부터 해빙분위기는 사라지고 정치권력과 비판세력 간의 강경한 대치와 충돌의 국면이 일상화하기 시작했다. 학원의 자율화는 후퇴했고 대학구내에 경찰력투입과 학원사찰은 강화되었고, 시위학생들에 대한 대량구속은 빈도를 더해 갔다. 출판물에 대한 대량압수·수색, 출판사등록취소, 재야인사들 및 언론에 대한 국가보안법 적용의 증대, 가두검문·검색 강화, 고문·가혹행위의 증대, 노조간부에 대한 투옥·해고와 일부 노동단체의 해산 등 노동운동에 대한 규제강화 등이 나타났던 것이다.[14]

이미 큰 물줄기가 된 국민이 민주화열망은 강압통치수단으로써도 막을 수 없었다. 1987년에 접어들면서 정부는 개헌불가론, 개헌논의 엄단 책, 의원내각제 개헌안, 개헌논의 연기를 위한 4·13 담화 등 개헌저지정책을 밀고 나가 민중을 분노케 했고, 거기다가 박종철 군 고문치사, 권인숙 양 성폭행, 이한열 군 최루탄 치사사건 등 정권의 부도덕성과 폭력성을 극명하게 보여 주는 일련의 사건들이 민중들로 하여금 민주화의 새로운 지평을 향해 봉기하게 만들었다. 1987년 시민의 6월 항쟁은 위기에 처한 전두환 정권으로 하여금 노태우 민정당 대통령 후보의 6·29 선언과 전두환 대통령의 대통령직선제 개헌 및 민주화조치약속을 내용으로 하는 7·1담화를 끌어내었다.[15] 제5공은 시민의 민주항쟁에 굴복하고 이렇게 서서히 역사의 뒤안길로 물러서게 된 것이다.

신군부의 집권과 민주화 요구를 탄압하는 공안 통치는 법치주의의 왜곡을 심화시켰다. 물론 이 시기에 산업화와 경제발전의 결실을 반영하는 사회복지분야의 개혁입법조치들이 있었다는 것까지 부정적으로 평가할 일은 아니다.

---

14   김일수, 「5공의 인권과 사법부」, 동아일보사, 5공평가 대토론, 1994, 256면 이하; 김일수, 「제5공화국이 남긴 법의 과제」, 법·인간·인권, 55면.
15   대한변호사협회, 1985 인권보고서, 8면 이하 참조.

(8) 제6공화국 출범과 노태우 정부

1987년 6월 시민항쟁은 노태우 민정당 대통령후보의 '6·29선언'과 전두환 대통령의 대통령직선제 개헌 및 민주화조치를 약속한 '7·1담화'를 이끌어 내면서 민주화 대장정의 전기를 마련했다. 그 후 여야 8인 정치협상이 급속히 진행되어 1987. 8. 31. 여야합의에 의한 개헌준비를 마치고, 9. 18. 여야공동으로 헌법개정안을 국회에 발의했으며, 9. 21. 개헌안 공고절차를 거쳐 10. 12. 개헌안이 국회를 통과했다. 이 개헌안은 10. 27. 국민투표에 붙여져 압도적인 찬성으로 헌정사상 제9차 헌법개정안이 확정되었고 10. 29. 공포되었다. 이 개정헌법 부칙 규정에 따라 1987. 12. 16. 대통령선거가 실시되었다.

6·29선언의 중심에 서 있었던 노태우 민정당후보가 대통령에 당선되어 1988. 2. 25. 제13대 대통령으로 취임했다. 뒤이어 1988. 4. 26. 제13대 국회의원 총선거가 실시되었는데, 헌정사상 처음으로 여소야대 현상이 나타났다. 그해 5월에 대법원장을 비롯한 대법원 인사개혁이 단행되었고, 9. 1. 헌정사상 의미 있는 헌법기관인 헌법재판소가 문을 열었다.

제9차 헌법개정작업을 주도한 중심세력은 여전히 구헌법상의 국회였고, 민정당 중심의 여당세력이었던 점 등에 비추어, 새 헌법질서를 제6공화국으로 지칭하는 데 대한 이견도 만만치 않지만,[16] 그럼에도 불구하고 제9차 개헌은 전두환 정권의 통치구조와 역사적으로 차별성을 갖고 있을 뿐만 아니라 5공과의 단절, 그리고 그 후에 진행될 체제불법에 대한 역사청산과제 등을 감안하여 의식적으로 제6공화국으로 널리 불리어진 것이 사실이다. 물론 정치적으로 1990. 1. 22. 3당 통합 이후 실제 달라진 정치상황을 고려하여 이때부터 제6공화국으로 불러야 한다는 견

---

16 허영, 한국헌법론(11판), 1999. 126면.

해도 일리가 전혀 없는 것은 아니다.[17]

하지만 3, 4, 5공화국의 군사적 권위주의 통치시대는 경제발전과 안보논리가 민주이념을 압도했던 시기였고, 5공은 민주세력의 장도를 가로막는 마지막 안간힘이었기 때문에 그 성격도 유신보다 더 대량적이고 폭력적이었던 사실을 부인할 수 없다.[18] 따라서 6·29선언으로 물꼬를 튼 새 헌법질서는 6월 민주항쟁의 세례를 받고 홍해를 가로질러 탈권위주의적 엑서더스(exodus)로서의 성격을 내포하고 있다. 그런 의미에서 6월 항쟁으로 이룬 새 헌법질서를 6공화국의 출범으로 볼 것인가에 대한 일부 헌법전문가들의 논쟁은 그 역사적·실천적 의미차원보다 헌법이론학적 차원에서 벌이는 고담준론(高談峻論)으로 보인다.

노태우 정권은 전두환 정권과 그 태생적 뿌리가 같음에도 불구하고, 민주항쟁의 광장을 거쳐 온 국민들의 5공 청산 요구를 외면할 수 없었다. 여소야대 국회에서의 5공 청문회와 전두환 전 대통령의 2년여에 걸친 백담사 칩거는 과격한 5공 청산 요구의 목소리를 진정시키기 위해 자청한 위리안치(圍籬安置)의 성격이 컸다. 이와 같은 분위기 속에서 제13대 국회는 개원 직후 악법개폐특별위원회를 설치하여, 5공에서 양산된 각종 악법들을 폐기·개선하기 위한 노력을 기울이기도 했다. 그럼에도 불구하고 1990. 1. 22. 민정·민주·공화 3당 통합선언이 나오고 2. 15. 새로운 거대여당 민주자유당이 탄생한 직후부터 당내계파 간 정치적 주도권 싸움에 휘말려, 시대적 요청이었던 5공청산과 민주화·자유화 조치를 일관성 있게 추진해 나가는 작업은 흐지부지될 수밖에 없었다.

이 같은 정치적 분위기 속에서 법과 법질서를 법실증주의적 도그마로부터 근본적으로 갱신시켜 자연법적 정의이념과 인간 및 인권이념을 가치핵심으로 삼는 실질적 법치주의를 확립하는 일은 사실상 기대하기

---

17   허영, 앞의 책, 127면.
18   서진영, 동아일보사, 5공평가 대토론, 121면.

어려운 일이 되어 버렸다. 정치·사회적으로 권위주의 풍토의 해체작업은 비교적 신속히 진행되어 갔지만, 법치주의 실현기관 내부에 잔존해 온 권위주의 풍토는 일소되기 무척 어려웠다. 그 첫 번째 이유는 법 왜곡에 대한 책임을 묻고, 법 갱신의 새 지평을 열기 위한 과감한 인적 청산작업이 경찰·검찰·사법부 내에서 전혀 거론조차 되지 않았기 때문이다. 법의 적용·집행기관들의 의식은 자유와 민주화라는 새로운 시대정신으로부터 멀리 뒤처진 채, 과거의 구습처럼 새로운 권력과의 동거·공생관계에 골몰했던 것이다.

상황이 이러하다 보니 권위주의 통치의 유산이던 불법·탈법·편법적인 법운용 관행이 그대로 명맥을 유지할 수 있었다. 불법체포, 불법감금, 고문, 밀실수사, 용공조작, 도청과 검열에 의한 불법감시, 각종 정치공작 등은 장기간 독재체제 유지·강화를 위한 특단의 조치였던 것처럼, 노태우 정권에 들어와서도 정권유지를 위한 특권처럼 인식되기에 이르렀다. 권력의 하수인 역할을 해 왔던 상층부의 쓴 뿌리와 썩은 정신이 청산되지 못한 채 그대로 고여 있었기 때문이다. 주로 공안·시국 사건에서 문제되어 왔던 인권침해와 적법절차 무시가 이제는 형사사법 전반에 걸쳐 타성으로 길들여져 있었던 것이다.

물론 민주화조치 이후 많은 시국사범의 석방과 사면·복권이 있었던 것은 사실이다. 그러나 문익환 목사의 무단 방북사건을 계기로 법률의 근거가 없는 공안합수부가 창설되어 1989. 6. 19. 해체될 때까지 88일간 317명을 구속하는 등 1988. 12. 21.이후 조성된 새로운 공안한파 속에서 시국과 관련하여 구속된 사람은 무려 900여 명에 육박했다.[19] 이 같은 추세는 5공의 범죄인 낙인화과정보다 두 배나 빠른 속도인 셈이다.

'보통사람의 위대한 시대'를 표방했던 노태우 정권 아래서 표면적으로는 민주화가 활발하게 진행되었고, 또한 매스컴을 통해 실황 중계된 5

---

19   김한주, 「안기부법의 문제점과 바람직한 개정방향」, 씨올의 소리, 1989. 7, 48면.

공 청문회 같은 정치적 공론장이 활성화된 것은 주목할 만한 사실이다. 노동운동과 사회개혁도 활기를 띄기 시작했다. 그러나 이러한 괄목할 만한 체제변화에도 불구하고, 헌법규범을 무시하는 헌법현실은 제6공화국에 들어와서도 여전히 답습되고 있었다. 헌법에는 국가원로자문회의를 규정하고 있으나 이를 구성하지 않음으로써 고질화된 헌법무시가 계속되었다. 그러나 새로 출범한 헌법재판소의 헌법소원, 위헌법률 심판제도가 활기를 찾음으로써 법치주의 발전에 새로운 물꼬를 트는 데 크게 기여하게 된 점은 한국법치주의 역사에서 주목할 일이다.

(9) 문민정부(1993.2.25.~1998.2.24.)

3당 통합으로 대권의 발판을 다진 김영삼 민자당대표가 마침내 민자당 대통령후보로 확정되어 1992. 12. 18. 대통령선거에서 총 유효표 42%의 지지를 얻어 대통령에 당선되었다. 김영삼 당선자는 1993. 2. 25. 제14대 대통령에 취임함으로써 6공 제2기 정부가 출범한 셈이다. 실로 헌정사상 32년 만에 진정한 의미에서 새로운 문민정치시대를 연 역사적인 사건이라 할 수 있다. 군사적 권위주의 통치의 잔재를 걷어내고, 밑으로부터의 민주질서를 확립해야 할 과제를 역사적 과업으로 떠안았음을 스스로 인식한 김영삼 정부는 앞선 군사정권들과의 차별성을 강조하기 위하여 스스로를 '문민정부'라 표방하고, 탈권위주의를 통한 문민정치의 지표로 '변화와 개혁'을 내세웠다.

그러나 문민정부의 집권초기에는 박정희 대통령 시해사건 후 신군부가 주도한 일련의 정권쟁탈전 성격을 띤 12·12(1979)와 5·18(1980) 사건 같은 거대한 역사적 사건을 불법의 잣대로 평가할 게 아니라 역사적 심판에 맡기는 게 더 현명할 것 같다는 시각이 암묵적으로 공유됐던 것으로 추론이 가능하다.[20] 그러나 국민여론의 지지에 힘입어 김영삼 대통령은 32년간 누적된 권위주의적 군사독재체제의 유산을 척결하기 위한 과감한 조치에 착수했다. 우선 신군부세력이 저지른 부정과 부패를 척결하기 위해 1993. 8. 12. 긴급재정경제명령을 발동해 금융실명제를 전격 실시했다. 이는 명목상 금융거래의 실명화에 있었으나 지하에 사장되어 흘러 다니는 부정한 자금을 색출·응징하는 데 더 큰 위력을 발휘했다. 그 과정에서 전두환·노태우 두 전직대통령이 관리해 오던 정치자금명목의 천문학적인 부정축재자금이 드러나 다시 한 번 국민의 공분을 불러일으켰다.

이 상황에서 김영삼 정부는 '법적 과거청산'이라는 무거운 주제를 국정의 중심으로 끌어들였다. 그리하여 신군부세력이 저지른 제5공 탄생 초기의 헌정문란에 대한 사법적 단죄를 밀어붙였다. 이 과정에서 군부 내의 사조직인 하나회를 전격 해체시키고 12·12 군사반란 및 5·18 광주학살 사건을 주도한 전두환·노태우 두 전직대통령과 그 추종세력들을 단죄하는 데 법리적인 걸림돌로 작용한 공소시효문제를 특별법제정으로 극복했다. 김영삼 대통령은 1995. 11. 24.에 여당인 자유민주당에 5·18 특별법을 제정하라고 전격 지시했다. 이미 법안을 제출했던 야당과 협력 하에 1995. 12. 21.「5·18 민주화운동 등에 관한 특별법」과「헌정질서 파괴범죄의 공소시효 등에 관한 특례법」이 각각 제정되었다. 그에 따르면 12·12 군사반란에서부터 5·18사건으로 이어진 단계적인 군사쿠데타의 가담자들에 대한 공소시효를 국가의 소추권행사에 장애사유가 존재한 기간 동안(즉 1993. 2. 24. 노태우 대통령의 임기 말까지) 정지한다는 것이다. 이로써 전·노 두 전직대통령과 그 추종자들을 형사 처벌하는 데 법적 장애물은 일단 입법적으로 해결된 셈이다.[21]

---

20   김영삼 대통령은 1993.5.13, 12·12는 하극상에 의한 쿠데타적 사건, 5·18은 광주민주화의거로 규정하면서도, 그에 대한 진상규명과 역사적 평가는 후대에 맡겨야한다는 발언을 한 바 있고, 문민정부 초대 국무총리였던 황인성 총리(1993.2.25.~1993.12.16.)의 1993.5.8. 국회답변도 그와 궤를 같이하는 것이었다. 1994.10.29. 검찰의 12·12사건 주역들에 대한 기소유예결정사유, 1995.7.8. 검찰의 5·18 주역들에 대한 공소권 없음을 이유로 한 불기소처분사유와 이를 인정해 준 헌법재판소 결정(94헌마246)도 같은 선상에 있는 것으로 보여 그러한 추론을 뒷받침한다.

그리하여 1994. 10. 29.에 12·12사건의 주역들에게 기소유예처분을 내리고, 또한 1995. 7. 18.에 5·18사건을 공소권 없음을 이유로 불기소 처분했던 검찰은, 거세게 휘몰아친 '역사바로세우기'의 소용돌이 속에서, 12·12와 5·18 두 사건에 대한 특별수사부를 설치하고 재수사에 착수하여, 1995. 12. 29.에 이들 두 사건의 주역들 전원에 대한 구속영장을 법원에 청구했다. 피의자들은 같은 날 자신들에게 적용된 5·18특별법 제2조가 형벌불소급의 원칙을 규정한 헌법 제13조 1항에 반한다는 이유로 서울지법에 이 조항에 대한 위헌법률심판을 제청해 달라고 신청했다. 이에 동 법원은 1996. 1. 18.자로 12·12사건과 관련한 제청신청을 받아들여 헌재에 위헌법률심판을 제청했다(96헌가2). 그러나 5·18사건과 관련한 신청에 대해서는 내란중요임무종사자 등의 피의사실이 아직 공소시효가 진행중이어서, 그 혐의사실만으로 구속영장을 발부하는 이상 이와 관련한 위헌여부는 재판의 전제가 되지 않는다는 이유로 기각하였다. 이에 청구인들은 헌법재판소법 제68조 2항에 의거, 헌재에 헌법소원심판을 청구했다(96헌바7, 96헌바13). 1996. 2. 16.자 헌재의 합헌결정(96헌가2 전원재판부결정, 96헌바7·13 병합)으로 장애물이 제거되자, 검찰은 1996. 2. 28. 이들에 대한 구속기소를 단행했다. 제1심 서울지방법원은 1966. 8. 26. 전두환 피고인에게 사형, 노태우 피고인에게 징역 22년6월을 선고했다. 그 후 1996. 12. 16. 항소심(서울고등법원)에서 전두환 피고인에게 무기징역과 추징금 2,205억 원, 노태우 피고인에게 징역 17년과 추징금 2,628억여 원으로 감형된 판결을 내려졌고, 1997. 4. 17. 상고심에서 위 형량은 그대로 확정되었다. 대법원 확정판결 후 복역 중이던 이들은 1997. 12. 18. 제15대 대통령선거 직후 김영삼 대통령과 김대중 대통령당선자 간 모종의 의견조율을 거쳐, 1997. 12. 22. 특별사면으로 석방되었다.

---

21   김일수, 「역사 바로 세우기, 어디로 어떻게 가야 하나」, 법은 강물처럼, 2002, 335면 이하.

이 사건의 법적 처리를 위한 특별법제정에서부터 유죄확정을 거쳐 대통령의 특별사면에 이르는 전 과정은 법치주의와 정의 및 법적 안정성 관점에서 중요한 역사적 의미를 지닌 국민적 대과제였음에 틀림없다. 그래서 과거청산과 역사바로세우기 작업은 애초부터 법치주의 원칙 안에서 정당한 법적 절차에 따라 신중하게 이루어져야 했고, 법적 안정성과 정의의 조화관점에서 마무리되었어야 했다. 결코 정치적 이해관계에 따라 졸속 처리되거나 좌지우지될 성질의 것이 아니었다. 하지만 우선 과거청산 작업에 동원된 공소시효특별법 제정과 그에 대한 헌재의 법리적 검토에서부터 대법원의 확정판결 하며, 전·노 두 전직대통령의 사면에 대한 양 김의 합의와 전격적인 특별사면 등은 법적 과거청산의 전 과정 자체가, 법치논리라기보다 정치논리에 휘둘린 정치적 산물이라는 의구심을 불러일으키기에 충분했다. 문민화로써 우리의 법치주의 이념은 어려운 한 문턱을 넘어섰지만, 통치에서 잘 보이지 않는 문민독재의 굴레로부터 크게 벗어나지 못했던 것이다. 기껏 법치라는 것이, 문민이라는 이름에 걸맞지 않게, 일인의 독주체제가 연출하는 정치적 지배논리에 종속되는 외부구조물에 불과한 것이라는 인상을 각인시켜 준 또 하나의 계기가 된 셈이다.[22]

그 밖에도 김영삼 정부는 1995. 6. 27. 지방선거를 통해 지방의회의원과 지방자치단체장을 주민의 직접 선거로 선출케 함으로써 명실공이 지방화 시대의 문을 열었다. 1996. 4. 11. 제15대 국회의원 총선에서는 여당인 신한국당이 원내다수당의 자리를 지켰지만 과반수 의석 획득에는 실패했다. 그래서 총선 후 야당과 무소속의원을 빼 가는 정치적 입양으로 여당의 원내과반수를 사후적으로 확보하는 변칙을 쓰지 않을 수 없었다. 이 과정에서 검찰권의 직접·간접적인 손이 작용했다는 비판을 받았다. 선거법위반혐의나 기타 범죄혐의를 받는 야당·무소속 의원들

---

22   김일수, 「전·노사면 국민이 원하던가」, 법은 강물처럼, 353면 이하.

이 정치적 입양에 응하였던 점을 미루어 볼 때, 검찰의 사정권이 모종의 압력수단으로 작용했으리라는 의구심은 전혀 근거 없는 것으로 보이지는 않는다. 그럼에도 김영삼 정부에 들어와 법조 인력의 정권유착은 불식되지 않았으나 정치권의 탈권위주의에 비례하여 사법·검찰의 탈권위화가 조금씩 진전된 것만은 사실이다.

김영삼 정부는 집권 중반까지 법적 과거청산과 역사바로세우기, 금융실명제, 지방자치 전면실시 등 민주적 치적에도 불구하고, 그 후 일관성 없는 개혁정책, 공정성을 결여한 지연·학연 중심의 인사정책, 대통령 차남을 포함한 측근들의 대형부정·비리 연루사건, 육·해·공에서 연속적으로 발생한 대형 인명사고, IMF 구제금융 사태를 초래한 경제정책 실패 등으로 보수정권이 사상 처음 진보정권으로 넘어가는 결과까지 초래했다.

(10) 국민의 정부(1998.2.25.~2003.2.24.)

1992년 제14대 대통령선거 패배 직후 정계은퇴를 선언했던 김대중 씨는 1995. 6. 27. 지방선거에서 야당이 압승한 데 고무되어 1995년 정계복귀를 선언하고 1995. 9. 11. 추종세력과 함께 새정치국민회의를 창당했다. 1996. 4. 11. 총선에서 원내 제1야당으로 진출한 뒤 원내 제2야당이던 자유민주연합 김종필 총재와 잦은 정책 및 선거공조를 통해 우호적인 관계를 형성해 나갔다. 1997. 12. 18. 대통령선거에서 김대중 후보는 1999년 말까지 의원내각제로 개헌할 약속을 내걸고 자민련 대통령 후보 김종필 씨와 이른바 'DJP연합'을 성사시켜 여당의 이회창 후보를 누르고 대통령에 당선되었다. 1998. 2. 25. 제15대 대통령에 취임하면서 스스로 자신의 정부를 '국민의 정부'라 지칭하고, 발등의 현안이 된 경제위기극복과 민주화 작업의 더 높은 도약수준으로 화해와 용서를 통한 사회통합, 사회적 약자들을 위한 과감한 복지정책, 평화통일을 준비하는 남북협력시대를 표방했다.

하지만 자신의 권력기반인 지역한계를 극복하지 못한 채, 권력의 축은 영남에서 호남으로 급격한 변동을 가져왔고, 검찰, 경찰, 국정원, 사법부 등 권력기관에도 인사편중이 두드러지게 나타났다. 법무부와 검찰인사도 그동안 구축되어 온 영남에서 호남으로의 변화가 뚜렷해졌다. 이 같은 지역연고권에 의한 새로운 인맥구축은 법치주의 정신에서 법을 왜곡한 법률가들을 인적으로 청산할 수 있는 도덕적 대의명분을 애당초 무색케 만들었고, 특유의 지역정서와 친화력으로 인하여 검찰권의 공정한 행사를 처음부터 어렵게 만들었다. 권력의 도덕적인 정당성에 기초하여 김대중 정부는 역대 어느 정권보다 차분히 민주주의와 법치주의의 꽃을 피울 수 있는 지경에 있었으나 지역주의적인 법조인력 기용과 지역적 한계를 뛰어넘지 못하는 정치권력기반의 특성상 그 가능성을 출범 초기부터 상실하고 말았다. 뿌리 깊은 검찰과 사법의 정치권 유착은 여전했을지라도, 정치지도자와 정권의 탈권위주의의 추세에 발맞추어 검찰, 경찰, 국정원 등의 탈권위주의와 문민화는 비록 급격해 보이지는 않았을지라도 점진적인 진보를 거듭해 온 것만은 부인할 수 없다. 그 단적인 실례가 대통령 직속 사법개혁추진위원회, 민주사회를 위한 사법개혁 프로그램이었다. 탈권위주의와 민주화는 이미 우리의 인식에서 돌이킬 수 없는 역사의 흐름이 되었기 때문이었다.

과거의 헌법무시 관행은 이 시기에도 지속되었다. DJP연합으로 탄생한 국민의 정부는 JP의 국무총리인준이 국회에서 여의치 않자, 국무총리의 국회동의제도를 무시하고, 국무총리서리를 임명하는가 하면, 국무총리권한을 약화시켰고, 국회의 일부 권한을 무시하여 제왕적 대통령제로 국정이 운영되는 결과를 낳았다.

김대중 정부의 의문사진상규명위(대통령직속—2000.10~2002.9) 주요 조사활동사항으로는 고 최종길 교수, 고 허원근 일병 등 의문사 규명을 들 수 있다. 또한 그때까지 금기시되었던 제주 4·3 진상규명위(국무총리 소속—2000.8~) 활동 중 희생자 1만 3564명을 조사하여 원혼을 달래는 조치를 취한 것 등이다. 이것은 진실과 정의를 지향하는 법치주의 정신에 부합하는 것으로 평가해야 할 것이다.

(11) 참여정부(2003.2.25.~2008.2.24.)

2002. 12. 18. 대통령선거에서 민주당후보로 나선 노무현 후보가 한나라당 이회창 후보를 누르고 제15대 대통령에 극적으로 당선되었다. 2003. 2. 25. 제15대 대통령에 취임한 노무현 대통령은 자신의 정부를 참여정부로 지칭한 후 과감한 민주화와 권위주의의 잔재 해체, 지역구도 타파, 진실과 화해를 통한 과거사 바로잡기, 권력기관의 의식개혁 등 국민참여와 디지털 정보화시대에 걸맞은 새로운 정치사회질서를 표방했다.

노무현 대통령은 정권 출범 초부터 검찰개혁에 대한 강한 의지를 표명했고, 법무부장관에 판사출신의 강금실 씨를 파격적으로 발탁한 뒤, TV로 중계된 검사와의 대화를 통해 임기제 검찰총장에 대한 노골적인 불신을 표명하고, 검찰조직 내에 잔존해 있는 잘못된 관행을 바로잡겠다는 의지를 거침없이 토로해 검찰조직뿐만 아니라 일반국민들에게도 적지 않은 충격을 주었다.

노무현 정부 출범 초기 검찰개혁을 향한 대통령의 저돌적인 행태를 목격한 최종영 대법원장은 그 화살이 사법부에 돌아올 것을 예감하고, 그를 피하기 위한 전략의 일환으로 YS정권 때부터 추진해 온 Law School 제도 도입에 대하여 자신이 법원행정처장으로 재임하던 시절, 그토록 결사반대했던 자신의 입장을 바꾸기 위해 1주일간의 일본시찰을 마치고 돌아와서 기자회견을 통해 법학전문대학원제 도입추진을 포함한 사법제도 개혁 전반을 청와대와 공동추진하기로 하겠다는 의견을 공표했다. 이에 노무현 정부 들어 대법원과 공조로 Law School 제도 도입, 국민참여 재판제도의 시험실시, 공판중심주의 재판제도 확립과 검찰의 신문조서 증거능력 손보기 등 과감한 조치들이 새롭게 도입되었다. 이는 재판제도에서 피고인의 소송주체로서의 지위를 강화한 측면이 있지만, 형사사법의 주도권을 법원에게 강화해 준 결과에 이르렀다. 이 같은 제도상의 변화 속에서 검찰의 본래적인 자리매김과 새로운 자리 찾기 그리고 검찰의 사명·역할·가치관 등에 관한 논의가 필요한 상황이 되었다. 행정복합도시 추진계획처럼 노무현 정부가 추진해 온 사법개혁안도 정략적 이해관계와 인기영합주의(populism)가 작용한 결과 시행착오의 여지를 충분히 줄이려는 합리적인 노력을 다했는지는 면밀한 재검토가 필요한 대목이다. 특히 법학교육의 근간을 허문 Law School 제도의 변형도입은 법학교육을 통한 법의식 확산과 법문화 발전이라는 관점에서 앞으로 그 정책의 결과에 대한 대차대조표의 면밀한 조사와 평가가 요망되는 부분이다.

그 밖에도 노무현 정부에서 검·경수사권 조정문제가 현안으로 떠올랐다. 이 문제는 2003년 참여정부의 출범과 함께 본격화하기 시작했다. 노무현 대통령의 대선공약 중 하나가 자치경찰제 도입과 민생범죄에 대한 경찰수사권 독립이었고, 그것은 또한 대통령 인수위원회가 채택한 국정의제 중 하나가 되었기 때문이었다. 이를 계기로 경찰은 민생범죄를 표방한 모든 범죄에 대해 원칙적으로 검찰과 동일한 수사주체가 되어야 한다는 주장을 폈다. 이 같은 흐름에 따라 김종빈 검찰총장과 최기문 경찰청장(후에 허준영 경찰청장)은 합리적인 방안을 강구하기 위해 2004. 9. 15. 양 기관 공동으로 「수사권조정협의체」를 발족하여 수사권조정 협의를 시작했고, 그 결과 현행수사권 중 조정 가능한 의제 19건을 합의하고, 조정곤란의제 16건을 확인했다.

이 같은 잠정합의안을 포함한 수사권조정문제를 확정하기 위해 2004년 12월 학계·실무계·언론계·시민단체대표 등 외부위원을 주축으로 한 「검·경수사권조정 자문위원회」가 발족하여 2005년 5월까지 현안검토에 들어갔다. 하지만 경찰의 수사주체성을 인정하는 문제와 검찰의 수사지휘권을 배제하는 문제와 뒤얽혀 있는 형소법 제195조, 제196조의 개정문제에 대한 검·경 간의 견해대립이 첨예했고, 자문위원들 사이에도 친검찰, 친경찰 쪽으로 견해가 양분되어 합리적인 절충점

을 찾지 못한 채, 원점으로 되돌아가 버리고 말았다.[23]

어쨌거나 노무현 정부는 우리 사회의 오랜 권위주의의 신화와 권력의 우상을 과감하게 스스로 깨뜨렸다는 점에서 우리 사회가 탈권위주의의 고점을 지나는 데 일조한 것만은 부인할 수 없다. 인간 노무현의 진솔함과 파격성이 때로는 예상치 못한 정치적 소용돌이와 혼란을 가져올 때도 있었지만, 질서는 위에서부터, 권력으로부터 내려오는 것이 아니라, 더디더라도 밑에서부터, 국민의 참여로부터 창출된다는 중요한 대의를 그의 정치실험기간에 우리들은 어느 정도 학습한 셈이다. 문제는 법의 세계에서 법치질서에까지도 이 같은 대의가 확실히 섰느냐 하는 점이다.

노무현 정부가 역점을 둔 과거사진상조사위원회 활동과 관련하여서는 진실과 정의 지향성 측면에서 괄목할 만한 성과를 냈음에도 불구하고, 법적 안정성과 정의라는 두 축 사이에서 실천적인 정합 내지 사회통합적 차원에서의 합리적인 조화를 제대로 모색했는지는 적지 않은 의문으로 남는다 할 것이다.

노무현 정부의 과거사진상조사위원회의 활동 중 중요한 것은 다음과 같은 것들이다: ①국방부과거사위(국방부장관소속)―2005.5~2007.10, 주요조사활동(5·18, 실미도사건, 12·12 쿠데타사건); ②국정원 과거사위(국정원장 소속)―2005.5~2007.12, 주요조사활동(인혁당사건, 부일장학회 강제헌납사건, 김대중 납치사건, KAL 858기 폭파사건); ③군 의문사 진상규명위(대통령직속)―2006.1~2008.2 주요조사활동(김훈 중위 사망 등 군의문사 600여 건 조사); ④경찰청 과거사위(경찰청장 소속)―2004.11~2007.11, 주요조사활동(민청학련사건, 불법선거개입의혹 등); ⑤진실화해위(독립기구)―2005.12~2008. 주요조사활동(조봉암 사건, 보도연맹사건, 긴급조치위반판결, 강기훈 유서대필 사

---

23 이에 관한 상세한 보고는, 김일수, 독일·오스트리아·스위스의 형사법 개정추이 연구(법무부 용역과제), 법무부, 2005, 17면 이하; 김일수, 수사체계와 검찰문화의 새 지평, 2010, 22-71면.

건 등 진실규명); ⑥친일반민족행위 진상규명위(대통령직속)—2005.5~활동
중, 주요조사활동(친일반민족행위자 106명 결정) 등이다.

그 밖에도 「친일반민족행위자 재산의 국고귀속에 관한 특별법」
(2005.12.29. 법률 제7769호) 제정은 사유재산권보호에 관한 헌법상의 기본
권보호 관점에서 볼 때, 반일 이데올로기적 성격이 강하게 작용한 법률
이 아닌가 하는 의구심이 들게 한다. 더욱이 재산권을 박탈하는 소급입
법의 성격이 없지 않다는 점에서 법치이념과의 충돌을 피하기 어려워
보인다.

2. 의미 있는 사건들

(1) 반민특위와 친일청산작업

　해방 후 1948. 9. 22. 법률 제3호로 「반민족행위처벌법」이 제정되었다. 제2차 세계대전 직후부터 독일에서 시행된 나치청산작업에 비견할 만한 성질의 것이었다. 이 법률에 의해 반민족행위특별조사위원회(약칭 반민특위)가 구성되고 1949. 1. 8. 친일자본가 박흥식, 춘원 이광수 등의 체포로 친일행위자와 반민족행위자에 대한 조사가 이루어졌다. 그러나 이승만 정부는 새로운 대한민국의 건설에 친일지식인들과 일제 시 관료를 지낸 인사들을 대거 기용하였다. 특히 국가안보와 치안을 담당하는 군과 경찰조직엔 일본군, 일본경찰 출신이 대부분을 차지했다. 그러므로 경찰과 군대의 반민특위활동에 대한 조직적인 방해공작이 있었다. 이른바 1949. 6. 6. 친일경력을 가진 경찰에 의한 반민특위 습격사건으로 특위위원들에 대한 불법연행, 감금, 폭행이 있었고, 국회 프락치 사건 등을 통해 반민특위는 힘을 잃고 사실상 와해수준에 들어갔다. 끝내 1949. 10. 4. 법률 제54호로 특위법이 개정되면서 반민특위는 법원과 검찰에 그 권한이 인계되었다. 그 결과 극소수에 대해서만 유죄가 선고되었고, 그마저도 1950. 6. 25. 한국전쟁 발발 전까지 모두 석방되었다. 역사적으로 의미 있는 시기에 중요한 역할을 맡았던 반민특위와 이를 인수한 검찰, 법원 모두 치열한 법리논쟁에 의한 과거청산작업을 이루어내지 못했다.

(2) 장면정부와 자유당독재청산작업

해방 후 정치적 혼란기에 탄생한 신생 대한민국은 자연히 법치보다는 인치에 의존하는 경향이 두드러졌고, 이 같은 인물중심의 통치방식은 자유민주주의에 기초한 헌법적 국가체제를 권위주의 독재체제로 흘러가게 했다. 게다가 3년에 걸친 한국전쟁이라는 긴급 상황은 대통령을 중심으로 한 독재체제를 더욱 가속화시키는 계기가 되었다. 특히 부산 피난지에서 1952. 7. 7.행해진 발췌개헌은 의회의 기능이 무력에 압도당한 상황에서 절차에 맞지 않게 위헌적으로 이루어진 것이었다. 자유당정권은 1954. 11. 29. 대통령중임 제한규정을 철폐한 사사오입개헌까지 자행하여 장기집권의 발판을 마련한 뒤 1960년 대선의 해에 3·15부정선거를 대대적으로 획책해 민의의 들끓는 저항을 촉발시켰다. 드디어 1960년 청년학생들에 의한 4·19의거로 이승만정권은 무너지고, 과도정부가 들어섰다.

과도기의 허정 내각에서는 당초 일반사법절차를 통해 과거를 응징하는 입장을 취했다. 그리하여 최인규 내무장관을 비롯한 3·15부정선거 주모자들을 일반법원에 기소하여 처리했고, 경무대와 서울시내의 발포사건과 관련된 홍진기 내무장관은 징역 9월, 곽영주 경호실장은 징역 3년, 조인구 치안국장은 무죄 등을 선고하고 하급자들에겐 중형을 선고했다. 이러한 가벼운 형량은 혁명적 분위기가 아직 가시지 않은 당시 국민적 분노를 불러일으키기에 충분한 것이었다, 이에 대한 격렬한 비판은 끝내 혁명입법의 일환인 특별법들을 제정하여 처리하게 하는 계기를 만들었다.

그리하여 1960. 11. 29.의 제2공화국을 출범시킨 제4차 개헌에서 3·15부정선거 관련자 및 반민주행위자처벌을 위한 소급입법의 헌법적 근거가 헌법부칙에 마련되고, 이에 따라 부정선거관련자 처벌법, 반민주행위자공민권제한법, 부정축재특별처리법, 특별재판소 및 특별검찰부 조직법이 소급적 특별법으로 제정되었다. 학생의거에 의한 혁명적 상황이었지만, 민의는 엄중한 과거청산작업을 요구했던 것이다. 이에 부응하기 위해 소급입법이 불가피해 보였고, 논란의 소지를 최소화하기 위해 소급입법의 근거를 헌법부칙에 두었다. 그러나 헌법상 법치주의 원칙과의 충돌은 불가피했고, 헌법에 반하는 헌법규정이라는 비판의 소지까지 불식시킬 수는 없는 노릇이었다.

(3) 문민정부의 과거청산과정과 소급입법

1) 검찰의 12 · 12/5 · 18사건 주역에 대한 불기소처분
가) 12 · 12사태에 대한 검찰의 불기소처분

제6공화국 헌법에 따라 노태우 정부가 들어서고 난 지 얼마 안 돼 치러진 1988년 4월 총선에서 여소야대의 제13대 국회가 탄생했다. 당시 야3당이던 평민당, 민주당, 공화당은 국회에서 '제5공화국 정치 권력형 비리조사 특별위원회 구성결의안'과 '5 · 18광주민주화운동 진상조사특별위원회 구성결의안'을 통과시켰다. 1988. 6. 27. 5공 비리특별위원회가 처음으로 구성되어 1988. 7. 29. 여야간사 합의에 따라 전두환 전 대통령 일가의 각종 비리, 부정축재의혹 중 1차 조사 대상 30건을 확정했다. 특위는 1988. 11. 2. 1차 청문회를 열었고, 이 청문회가 진행되면서 5 · 18 광주민주화운동 유혈진압과 제5공권력비리에 대한 진상규명 및 책임자처벌을 요구하는 여론이 높아졌다. 전두환 전 대통령은 1988. 11. 23. 대국민 사죄와 함께 재산헌납을 발표하고 백담사에 들어가 한동안 칩거생활을 했다.

노태우 정부가 끝나고 김영삼 정부가 들어서자 12 · 12/5 · 18사건을 놓고 당시의 피해자들과 다양한 시민단체 등에서 이 사건의 주역인 신군부를 상대로 한 고소, 고발이 한동안 이어졌다. 그중에서도 12 · 12사건의 직접피해자들인 정승화, 장태완 등 32인은 1993. 7. 19.에 전두환, 노태우 등 12 · 12사건 주역 및 가담자 38인에 대해 내란 및 반란죄 등을 이유로 한 고소를 검찰에 제기하였다. 12 · 12사태는 군의 사조직인 하나회를 중심으로 한 정권찬탈 목적의 군사반란이라는 게 그 요지였던 것이다. 1년을 훨씬 넘긴 광범위에 걸친 수사를 끝내고, 1994. 10. 29. 검찰은 12 · 12 고소 · 고발사건에 대한 최종수사결과를 발표하였다.

검찰은 12 · 12사태를 군 형법상 군사반란사건으로 규정했고, 피고소인 · 피고발인 전원에 대해 반란죄를 인정했다. 즉, 소장파 군부세력의 수장격인 전두환 합수본부장이 군권을 탈취하기 위해 치밀한 사전계획 하에 군 최고통수권자인 대통령의 재가, 승인 없이 정승화 육군참모총장을 강제연행하고, 병력을 불법 동원해 군 지휘체계를 무력화시킨 명백한 군사반란 사건이라는 것이다. 하지만 검찰은 피고소인 · 피고발인 38명 중 전두환, 노태우 등 34명에 대해서는 14년간 국가발전에 기여한 점을 평가하고, 법정에 세울 경우 국가적 혼란이 야기될 수 있다는 이유로 '기소유예'를 , 공소시효가 지난 정호영 등 4명에 대해서는 '공소권 없음'이라는 결정을 내렸다. 반면 검찰은 12 · 12가 내란죄 · 내란목적살인죄에는 해당하지 않는다는 입장을 표명했다. 즉, 당시에 대통령 등 헌법기관이 그대로 유지됐기 때문에 정권탈취를 목적으로 한 내란죄는 인정될 수 없다는 것이다. 그러므로 검찰의 결론은 다음과 같이 간명하다. "이제 이 사건에 대한 역사적 평가는 후세에 맡기고, 관련자들에 대한 사법적 판단은 이번 검찰의 결정으로 마무리 짓는 것이 바람직할 것"이라는 입장이었다.[1]

나) 5 · 18사태에 대한 검찰의 불기소처분
12 · 12 고소사건에 대한 수사가 한창일 무렵, 5 · 18 사건 주동자들에 대하여 별개로 된 3건의 고소 · 고발이 검찰에 제기되었다. 5 · 18 광주시위를 주동했던 정동년 등 구속자, 부상자, 사망자가족 등 322명이

---

1   https://blog.naver.com/goldbuy/140010959259.

주축이 되어 1994. 5. 13.에 이르러 전두환, 노태우 등 5·18 당시 대대 장급 이상 신군부 35명을 포함한 관련자들을 내란 및 내란목적살인죄로 서울지검에 고소했다. 또한 김대중 등 내란음모조작사건의 피해자들이 1994. 10. 19.에 전두환 등 10인을 내란, 내란목적살인미수, 반란 등의 혐의로 검찰에 고발했다. 그 밖에도 일단의 사람들이 전두환 등 35인을 내란, 반란 등의 혐의로 검찰에 고소했다.

이 사건을 배당받은 서울지검 공안1부는 1년 2개월에 걸친 수사를 끝마치고 1995. 7. 18. 피고소인·피고발인 58명 전원에 대해, 5·18사 건은 피의자 전두환이 집권에 성공하고 새 헌법질서를 형성한 이상 성 공한 쿠데타에 해당하므로, 사법심사가 배제된다고 보는 게 상당하다며 '공소권 없음'이라는 판단 아래 이들을 불기소 처분했다. 그 이론적 바탕 은 통치행위였다. 그 후로 보통사람들의 입에 유행한 말로는 "성공한 쿠 데타는 처벌할 수 없다"는 것이었다.

5·18 고소사건에 대한 검찰의 불기소처분 사유는 다음과 같다. "그동안 고소인과 피고소인, 참고인 등 모두 269명의 진술과 관련 자료 들을 종합해 본 결과 신군부가 취한 행위들은 10·26으로 야기된 권력 공백기에 12·12를 통해 군을 장악하여 제5공화국이라는 새 정권을 창 출해 내기까지 전형적인 통치행위였기 때문에 내란죄에 해당되는지 여 부를 판단할 사법심사의 대상이 될 수 없다"는 것이다.[2]

2) 헌법재판소의 입장

가) 12·12사건 불기소처분에 대한 헌재의 결정(1995.1.20, 94헌마246)

위에서 본 검찰의 불기소처분에 청구인들은 불복하여 항고 및 재항 고를 하였으나 모두 기각되자, 1994. 11. 24.에 청구인들은 검찰의 불기 소처분에 대한 헌법소원심판을 청구하기에 이르렀다. 헌재는 먼저 헌법

---

2   https://blog.naver.com/goldbuy/140010959285.

제84조와 관련하여, 대통령의 재직기간 동안에 12 · 12 때 행하여진 범죄에 대한 공소시효가 정지되는지 여부를 판단한 다음, 내란죄 등에 관한 형법상의 범죄부분은 공소시효가 완성되었다는 이유로 청구인들의 심판청구를 각하하고, 군사반란죄 등 나머지 군형법상의 범죄부분은 그사이 공소시효가 정지되어 구성요건해당성이 인정되나, 이를 불기소하기로 한 검찰의 처분은 여러 정황을 종합할 때, 자의적이 아니라는 이유로 청구인들의 심판청구를 기각하였다.

 헌법 제84조에 따르면 대통령의 내란의 죄나 외환의 죄는 재직 중이라도 소추가 가능하므로 재직기간 중 공소시효가 정지되지 않으나, 이 두 유형의 죄를 제외한 여타의 죄(여기에는 군사반란 등의 죄도 포함)는 이 헌법규정에 의해 대통령의 재직 중에는 소추가 허용되지 않으므로, 그 공소시효는 재직기간 중 정지된다. 이에 따르면 전 · 노 두 전직대통령에 대한 내란죄 등의 피의사실은 그에 대한 공소시효가 1994. 12. 11.자로 만료되었으므로 그 부분 불기소처분에 대한 헌법소원은 이른바 '권리보호의 이익'이 없어, 헌법소원청구 자체가 부적법하다는 것이다. 이에 비해 군형법상의 반란죄 등에 관한 공소시효는 위에서 언급한 바와 같이 피의자 전두환이 대통령으로 재직한 기간인 7년 5개월 24일간 공소시효의 진행이 정지되어 공소시효가 끝나지 않았으므로 그 부분 불기소처분에 대한 헌법소원은 적법하다는 것이다.

 그렇다면 다음 논점은 이제 피의자들의 군사반란 등의 혐의에 대한 검찰의 기소유예처분이 정의의 이념에 합당한 적법한 조치였는지의 문제이다. 헌재의 다수의견은 이 쟁점과 관련하여 다음과 같은 입장을 취하였다. "피의자들의 행위가 군권의 장악을 목적으로 불법한 병력동원과 무력행사를 통하여 인명을 살상하고 저지른 하극상의 군사반란으로서 국민들로 하여금 좌절감과 굴욕감을 느끼게 하였고 우리 헌정사에는 왜곡과 퇴행의 오점을 남기게 한 범죄행위이며, 피의자들이 범행의 직접적인 피해자인 청구인들에 대하여는 물론이고 궁극적인 피해자인 국민들에 대하여 잘못을 시인하고 용서를 구한 바 없었다는 사실 등은 기소를 뒷받침하는 이유가 된다. 그러나 이 사건 피의자들 중 두 사람은 대통령으로서, 나머지 피의자들은 그 보조자로서 혹은 국회의원 등으로서 십수 년간 국정운영의 중추적 역할을 담당하면서 이 나라를 이끌어왔고 그 기간 동안 형성된 질서는 이미 우리 역사의 일부로서 자리 잡아 크든 작든 그리고 싫든 좋든 오늘날의 정치·경제·사회의 전반에 걸친 기성질서의 근간을 이루고 있음을 부인할 수 없으며, 범행의 핵심적 주역 중의 한 사람인 전두환은 대통령으로서 임기를 마치고 퇴임하였고 노태우는 국민들의 손에 의하여 직접 대통령으로 선출되었을 뿐만 아니라 범행의 처리와 관련되어 국회의 소위 '5공 비리청문회'를 통하여 한차례의 여과과정을 거쳤다는 사실 등은 기소유예를 정당화하는 사실이다. 이와 같이 두 가지 대립하는 사실들을 형량할 때 양자 간의 가치의 우열이 객관적으로 명백하다고 보기 어렵기 때문에 검사의 불기소처분이 자의적이라고 볼 수 없다."[3]

물론 이것이 헌재의 지배적인 공식적 의견이지만, 이에 대하여 두 가지 상반된 시각의 소수의견도 있었다. 이것은 헌법재판소 재판관 9명의 임명절차에 대법원장 추천과 국회추천 및 대통령 추천의 몫이 있고, 특히 국회추천은 여·야 각기 추천하는 통로가 있어 헌법재판의 정치적 색깔을 어느 정도 합법적으로 반영할 수 있는 데서 오는 견해차이일 수 있다. 헌법재판이 단순한 법률적 사법재판이 아니라 때로는 정치, 경제, 사회, 문화 전반에 걸친 정책적인 판단을 내려야 할 경우도 있다는 점을 감안할 때, 이런 현상은 나쁜 의미의 정치적 편향성과 구분하여 긍정적으로 볼 부분도 있는 것이다.

이런 맥락에서 황도연, 김문희 재판관은 헌법 제84조가 공소시효정지에 관한 명문규정이라고 볼 수 없으므로, 대통령 재직 중 그의 범행에 대한 공소시효는 정지되지 아니하며, 따라서 피의자 전두환의 이 사건

---

3 https://blog.naver.com/goldbuy/140010959259.

피의사실에 대하여는 공소시효가 모두 완성되었음이 명백하여, 결국 청구인들의 이사건 심판청구는 권리보호의 이익이 없어 모두 기각되어야 한다는 것이다. 왜냐하면 형사소송법이 정한 공소시효의 정지사유는 공소제기와 이에 준하는 사유로 한정하고 있으며, 헌법 제84조의 사유와 같은 법률상의 장애사유로 말미암아 공소를 제기할 수 없는 경우에 그 기간 동안 시효의 진행이 정지된다는 규정을 하고 있지 않기 때문이다. 따라서 위 헌법조항의 뜻을 바로 공소시효가 정지되는 것으로 무리하게 넓게 해석할 것이 아니라, 형사소송법의 공소시효 정지에 관한 규정을 개정하여 바로잡는 것이 정도(正道)라 믿는다는 것이다.[4] 이에 반해 조승형, 고중석 재판관은 헌재의 다수의견에 대해 검찰이 군형법상의 반란죄 등의 성립을 인정하면서도 기소유예에 처한 것은 검사의 합리적인 재량의 한계를 일탈한 부당한 처분이므로 취소되어야 한다는 취지의 반대의견을 제시했다.[5]

　　검찰이나 헌재의 다수의견은 결과적으로 12·12사태를 하극상에 의한 쿠데타적 사건(군사반란)으로 인정하면서도 그에 대한 역사적 평가는 후대에 맡기자는 김영삼 대통령의 앞선 발언을 충실히 반영한 정치색 짙은 절묘한 법적 기교라고 평가할 수 있을 것이다. 사실 그 죄에 대한 기소유예처분이나 그것을 정당화한 헌재의 결정은 법치이념의 바탕에서 출발하여, 합리적인 논증절차에 의한 정당화로 받아들이기에는 수긍하기 어려운 점이 있어 보인다. 검찰이나 헌재는 제1차적으로 법의 실현기관이자 법의 숭고한 목소리를 대변하는 기관이지, 정치적 입장을 대변해 주는 기관이 아닌 때문이다.

4　헌법 제84조는 대통령의 원활한 직무수행을 위한 제도로서 형법상 인적 처벌조각사유 중 하나로 간주된다. 이런 점에서 다수의견과 견해를 달리하는 소수의견에도 충분히 경청할 점이 있다고 본다.
5　검사의 기소유예처분은 자의적인 재량행위도 기속재량행위도 아니며, 합리적인 논증의 틀 속에서 제한적인 자유재량행위에 속한다는 이 반대의견의 논거에도 공감할 부분이 있다고 생각한다.

나) 5・18사건 불기소처분에 대한 헌재의 결정(1995.12.15, 95헌마 221・233・297병합)

김영삼 정부 출범 이후 5・18사건 관련자들을 처벌해야 한다는 목소리가 정치권과 사회 각층으로부터 쏟아져 나왔던 상황에서 검찰의 불기소처분(성공한 쿠데타는 처벌할 수 없다)은 사회적 반발을 불러일으켰다. 이에 이 사건 고소인, 고발인들은 헌법재판소에 검찰의 불기소처분의 적법성을 묻는 헌법소원심판을 청구하였다.

그러나 12・12사건 경우와는 달리, 5・18사건에 대한 헌재의 결정이 나오기까지는 우여곡절을 겪어야 했다. 12・12사건 불기소처분에 대한 헌재의 결정에 비추어 볼 때, 5・18사건 관련자들에 대한 내란죄의 공소시효도 그 범행종료시를 언제로 보느냐에 따라 이미 완성됐다, 안 됐다는 견해들이 분분했기 때문에, 논쟁의 소지를 없애려면 특별법을 제정해야 한다는 쪽으로 정치권이 돌아가고 있었다. 즉, 제1야당(새정치국민회의)은 광주민주화운동의 탄압 및 권력찬탈과 관련한 범죄에 대해 국가의 소추권행사에 사실상 장애사유가 존재하는 기간 동안(해당범죄의 종료 시부터 1993.2.24.까지) 공소시효진행이 정지된다는 내용의 법안을 제출했고, 제2야당인 자유민주당도 12・12 군사반란과 5・18내란사건을 수사하여 형법상 내란죄 등, 군 형법상 반란죄 등의 범죄에 해당하는 경우에는 형사소송법 및 군사법원소정의 공소시효에 관한 규정의 적용을 배제한다는 내용의 법안을 제출하였다.

헌재가 이 사건의 심리를 마무리해 가던 중, 박계동 의원이 1995. 10. 19. 국회에서 노태우 전 대통령의 거액비자금을 폭로하면서 사정이 급변했다. 이 비자금사건을 수사해 온 검찰은 1995. 11. 16. 노 전직대통령을 구속했다. 이를 계기로 5・18사건관련자 처벌을 위한 특별법 제정요구는 더욱 가열되었다. 헌재의 5・18사건 불기소처분에 대한 결정 선고일은 1995. 11. 30.로 예정되어 있었는데, 위 비자금사건의 파동으로부터 모종의 돌파구를 찾아야 했던 김영삼 대통령은 1995. 11. 24. 담화문을 통해 "역사바로세우기"와 12・12와 5・18사건 주역들에 대한 법적 과거청산을 위한 특별법제정방침을 발표하였다. 대통령의 지시가 내려지자 그 때까지 야당의 특별법 제안에 대해 소급입법이라는 이유로 검찰과 함께 반대편에 섰던 여당(민자당에서 신한국당으로 개명)이 돌연 특별법 제정에 앞장서면서 예상치 못한 변수가 생긴 것이다. 이 와중에서 결정 선고를 앞둔 헌재의 결정문초안이 언론에 누출되는 희대의 스캔들도 발생했다. 즉, 헌재가 이 사건 내란죄의 공소시효의 기산점을 1980. 8. 15.(최규하 대통령의 하야일)로 잡았기 때문에, 두 전직대통령의 내란죄공소시효는 1995. 8. 16.로 이미 완성되었다는 쪽으로 의견이 모아진 반면, 성공한 쿠데타에 대해서도 처벌을 할 수 있다는 쪽으로 평의가 이루어졌다는 보도였던 것이다. 그러자 청구인들은 헌재의 그와 같은 결정이 나올 경우, 정치권이 합의한 특별법이 소급입법이라는 이유로 위헌시비에 휘말릴 것을 우려한 나머지, 선고예정일을 하루 앞둔 1995. 11. 29.에 헌법소원심판의 청구를 전격 취하해 버렸다.

　　의외의 돌발 사태를 만난 헌재는 선고일을 변경하여 1995. 12. 15. 역사적으로 의미 있는 내용들을 소수의견의 부기(附記)에 붙인 채, 절차에 대한 종료를 선언하는 데 그쳤다. 재판관 5인의 다수의견은 청구인들이 그 소원을 취하하였으므로, 헌법재판소법 제40조 규정에 따른 민사소송법 제239조(소의 취하)를 준용하여, 이 사건 심판절차를 종료하여야 한다는 입장을 취하였기 때문이다. 물론 이 다수의견에 반대하여 재판관 신창언, 김진우, 이재화, 조승형은 헌법소원이 취하되었더라도 심판절차를 속행하여 종국결정을 선고할 수 있다는 입장을 취하였다. 신창언 재판관은 "헌법소원제도는 청구인 개인의 주관적 권리구제뿐만이 아니라 객관적인 헌법질서 수호·유지 기능도 함께 갖고 있으므로, 헌법소원사건에 대한 심판이 청구인의 권리구제에 도움이 되지 않더라도 헌법질서의 수호·유지를 위해 중요한 의미가 있는 경우에는 예외적으로 청구인이 심판청구를 취하하여도 심판절차는 종료되지 않는다고 보아야 할 것"이라는 이유를 들어 헌재는 이 경우에 재판부가 평의한 대로 종국결정을 선고하는 것이 옳다는 입장을 취했다.

    김진우, 이재화, 조승형 재판관은 위 반대의견에 공감하면서 "피청구인이 한 이 사건 각 불기소처분 중 집권에 성공한 내란은 처벌할 수 없다는 이유로 한 부분은 청구인들의 평등권과 형사재판절차상의 진술권을 침해하였으므로 이를 취소하고, 나머지 부분에 관한 심판절차는 청구취하로 종료되었음을 선언하여야 할 것"이라는 반대의견을 개진했다. 여기서 한 가지 흥미 있는 대목은 헌법소원심판청구가 취하되기 전에 이루어진 평의에서 집권에 성공한 내란도 처벌할 수 있다는 의견이 헌법재판소법상 인용결정에 필요한 정족수를 넘었다는 사실부분을 위 3인의 소수의견에서 수록하여 공표하는 것을 다수의견을 낸 재판관 5인이 양해함으로써 비록 법적 구속력은 없지만, 세상에 알려지게 되었다.[6]

    이 두 가지 소수의견은 당시로서는 시류에 맞는 것이었다고 평가할 수 있다. 그러나 헌법소원에서 문제되는 청구대상을 개인의 주관적 권리와 객관적인 헌법질서 차원으로 양분하여 선택적으로 다룰 수 있는 사항인지는 의문이다. 헌법소원의 대상이 되는 모종의 권리는 그것이 기본권인 경우는 두말할 것도 없고, 하위법률상 인정된 권리라 할지라도 항상 두 측면을 가지고 있기 때문이다. 어느 쪽의 성격이 더 강한가의 문제는 현실적인 관심의 대상으로서 구별의 기준이 없지 않겠지만, 법적 권리에서 주관적인 권리측면과 객관적인 질서측면의 구별은 사안의 경중에 따라 편의적으로 재단할 수 있는 성질의 것이 아니라고 생각한다.

    또 하나 성공한 반란도 처벌할 수 있다는 논리는 히틀러 같은 반인륜적 범죄를 저지른 일인독재자를 처벌할 경우라면 어느 때나 맞는 말이지만, 권력분립과 보통·무기명·비밀투표에 의한 선거제도가 작동하는 사회시스템 속에서 "국민이 완전히 자유롭게 주권적 의사를 결정할 수 있는 상태"라는 가설적인 기준을 들어 이런 때는 처벌될 수 있고

---

6   https://blog.naver.com/goldbuy/140010959285.

또 저런 때는 처벌받지 않을 수 있다는 논리는 모호하다는 평가 이전에 주권을 행사하는 국민을 경시하는 오만한 시각이라는 비판에 휩싸일 소지가 있다.[7] 법을 통해 실현하는 정의에는 존재의 차원과 함께 시대의 차원을 함께 갖고 있다. 시대의 차원을 고려하지 않고 정의의 준엄성만 추구할 때, 자칫 잘못하면 결국 "힘 가진 자의 정의"라는 순환논법에 빠져서, 그로부터 헤어나기 어려울 것으로 보인다.[8] 응보적인 정의 관념을 우선순위에 두면 국가행위의 최종적인 정당성의 근거인 국민주권도 그에 봉사하는 한 논증도구로밖에 보이지 않고, 처벌할 기회가 도래했을 때는 법문화에서 일반적으로 승인된 소급입법금지 같은 법원칙도 손쉽게 처분할 수 있는 작은 장애물 정도로 보이기 쉽다. 아닌 게 아니라 이 논증은 1995. 12. 21. 공포·시행된 소급입법 성격을 지닌 5·18특별법의 제정에 날개를 달아준 셈이 되었다.

3) 공소시효정지를 위한 특별법제정

가) 두 개의 특별법

헌정질서파괴범죄에 대한 공소시효 등에 관한 특례법(공소시효 적용배제)/5·18민주화운동에 관한 특별법(공소시효정지를 통한 진정소급효의 부진정 소급효로의 변신효과)

12·12와 5·18 사건을 후대의 역사적 심판에 맡길 심산이었던 문민정부는 노태우 전 대통령의 거액 비자금사건으로 인해 가열되기 시작한 학계, 재야운동권, 시민단체, 학생운동권, 종교계 일각의 특별법제정 요청과 비자금사건으로 조성된 정치적 난국을 타개하기 위한 정치적 계

---

7 법정과 재판부는 경우에 따라 당사자보다 더 현명할지 모르나, 모든 국가권력의 정당성의 근거인 국민, 특히 주권적 국민보다 절대로 더 현명할 수 없다는 점을 항상 명심하지 않으면, 이러한 종류의 사법독선 내지 사법독재에 빠질 위험이 상존할 수 있는 법이다.
8 이토록 끝이 안 보이는 순환논법은 국제정치학의 현실주의와 같은 결론에 이를 수 있을 것이다.

산이 맞아떨어져 1995. 12. 21.자로 두 개의 서로 맞물린 법률이 제정·공포되었다. 그중 하나가 「헌정질서 파괴범죄의 공소시효 등에 관한 특례법」(법률 제5028호)이고, 또 다른 하나가 「5·18민주화운동 등에 관한 특별법」(법률 제5029호)이다.

전자의 공소시효특례법 제3조(공소시효의 적용배제)는 "다음 각 호의 범죄에 대하여는 형사소송법 제249조 내지 제253조 및 군사법원법 제291조 내지 제295조에 규정된 공소시효를 적용하지 아니한다. 1. 제2조의 헌정질서파괴범죄(형법 제2편 제1장 내란의 죄, 제2장 외환의 죄와 군형법 제?편 제1장 반란의 죄, 제2장 이적의 죄), 2. 형법 제250조의 죄로서 집단살해죄의 방지와 처벌에 관한 협약에 규정된 집단살해에 해당하는 범죄"라고 규정함으로써 이들 범죄에 대해서는 형사소송법 및 군사법원법상 공소시효를 폐지하는 예외조치를 취한 것이다. 물론 이 특례법은 부칙에 정해진 대로 공포한 날로부터 장래를 향해 효력을 가진다. 이 한계 안에서 이 법률은 법치국가적으로 문제될 것이 전혀 없어 보인다.

후자의 5·18특별법 제2조(공소시효의 정지)는 다음과 같은 내용을 담고 있다. "① 1979년 12월 12일과 1980년 5월 18일을 전후하여 발생한 헌정질서파괴범죄의 공소시효 등에 관한 특례법 제2조의 헌정질서파괴범죄행위에 대하여 국가의 소추권행사에 장애사유가 존재한 기간은 공소시효의 진행이 정지된 것으로 본다. ② 제1항에서 '국가의 소추권행사에 장애사유가 존재한 기간'이라 함은 당해 범죄행위의 종료일부터 1993년 2월 24일까지의 기간을 말한다."

이 조항만 놓고 볼 때, 12·12사건의 경우에 전직 두 대통령을 제외한 다른 관련자들의 공소시효는 이미 완성된 단계이므로, 5·18특별법 제2조 1항은 그들의 입장에서 위헌일 소지가 높다. 왜냐하면 이들에게는 이 법조항이 위헌소지가 있는 진정소급입법이나 마찬가지이기 때문이다. 그러나 5·18사건의 경우, 범행종료일을 어떻게 잡느냐에 따라 관점이 다를 수 있다. 즉, 이 사건 관련범죄의 공소시효기산점을 최규하 대통령의 하야일(1980.8.16.)로 잡으면 공소시효는 1995. 8. 15.에 완성되어, 같은 해 12. 21.에 공포·발효된 이 특별법은 진정소급입법일 가능성이 높다. 하지만 다른 일각에서 주장하듯, 이 사건 관련범죄의 공소시효기산점을 당시 비상계엄령이 해제된 1981. 1. 25.로 보게 되면 공소시효는 1996. 1. 24.일에 완성되므로, 그보다 앞서 제정된 5·18특별법이 소급입법이라는 이유로 위헌시비에 휘말릴 가능성은 훨씬 낮아진다. 국내외 학설과 판례에서 다수견해가 인정하듯 위헌시비가 거의 되지 않는 부진정 소급입법에 해당하기 때문이다.[9]

독일의 경우도 1990년에 통일을 맞은 후 동독정권의 과거불법청산을 위해 1993. 3. 26. 동독(SED)체제의 불법행위에 대한 시효정지법률을 제정했다. 그 정지기간은 동독정권이 수립된 1949. 10. 11.부터 서독에 편입된 1990. 10. 2.까지다. 독일형법 도입법률(EGStGB) 제315a조의 발효 이래, 진정소급효는 시효정지문제를 통해 부진정 소급효로 전환하는 재해석 시도가 여러 번 있었으나, 정치계는 위에서 언급한 바와 같은 특별 법률의 제정을 통해 문제를 해결하는 경향이 점점 강해지고 있다고 한다.[10] 이 같은 입법조치에 대해서는 법치국가적인 관점에서 이의와 염려를 제기하는 목소리가 높은 편이지만,[11] 유력한 학자들과 연방최고법원, 연방헌법재판소 등은 소급효금지의 처벌제한기능을 응보적 정의의 필요성보다 낮게 취급하였다.[12]

---

9 김성돈, 공소시효제도와 소급금지원칙, 경북대 법학논고 제11권, 1995, 34면 참조.

10 Arnold, in:Institut für Kriminalwissenschaften(Hrsg), Vom unmöglichen Zustand des Strafrechts,1995, S. 297.

11 Jakobs, NStZ 1994, 332f.;Lüderssen ZStW 104(1992), 735ff.; Grünwald StV 1992,333ff.; Bottke, in:Lampe(Hrsg), Deutsche Wiedervereinigung, Bd. II, 1993, 203ff.; Eser/Arnold NJ 1993, 245ff., Frisch, Grünwald-FS, 1999, 133ff.;Zielinski, Grünwald-FS, 1999, 811ff; Il-Su Kim, Roxin-FS, 2001, 119ff.

12 Arth,KaufmannNJW1995, 81ff.; Dreier, Mauerschützen, 1993; Saliger, Radbruchsche Formel u Rechtsstaat, 1995; Roxin, Strafrecht AT I, 3.Aufl., !997, §5VII Rn.54; Buchholz-Schuster, Rechts-philosophische Legitimation der Rechtspraxis nach Systemwechseln, 1988; Seidel, Rechts-philosophische Aspekte der "Mauerschützen"-Prozesse, 1999.

자유법치국가의 준칙(準則)에 따르면 형법은 원칙적으로 정치로부터 일정한 거리를 두어야 한다. 법치국가형법에서 소급효금지의 의미는 한 정치권력의 통치기간이 끝난 후, 형법수단을 동원하여 이미 과거가 된 권력의 실세들을 복수하고자 하는 정치에 형법과 형사사법권이 팔려 다니게 해서는 안 된다는 점에 있는 것이다. 이같이 살벌한 정치권력의 행사 앞에 칼날 같은 한계선을 그어 놓아서, 자의적인 사후입법의 유혹에 빠지기 쉬운 탐욕스러운 정치권력으로부터, 현실적으로 정치적·사회적 약자의 지위에 있는 개개시민의 자유와 안전을 보장하는 데 쓰임받는 것이, 다름 아닌 소급효금지의 원칙이다. 그러므로 소급입법금지는 자유를 보장하는 법적 안정성이념의 핵심적인 요체인 것이다.[13] 이것이 평등이라는 정의이념보다 함부로 낮게 평가될 수 없다는 점을 특히 정치후진국에 사는 사람들은 더욱 유념할 필요가 있다.

나) 위헌성여부에 대한 헌법재판소의 입장

5·18특별법이 제정·공포되자 1995. 12. 29. 검찰은 이미 한번 불기소 처분했던 12·12군사반란과 5·18내란사건 피의자들 전원에 대한 형사사건을 재기한 다음, 이들에 대하여 12·12사건과 관련된 반란 중요임무종사 및 5·18사건과 관련한 내란중요임무종사 등의 혐의로 서울지방법원에 구속영장을 청구하였다. 이에 피의자들은 영장청구 당일에 자신들의 혐의에 적용된 5·18특별법 제2조가 공소시효 진행의 정지사유를 규정함으로써 형벌불소급의 원칙을 천명한 헌법 제13조 제1항에 위반한다는 이유를 들어 서울지방법원에 이 법률조항에 대한 위헌법률심판제청을 해 달라고 신청하였다. 이에 법원은 이 제청신청을 받아들여 5·18특별법 제2조에 대하여 헌재에 위헌법률심판을 제청하였으나 (96헌가2), 5·18사건과 관련한 신청에 대하여는 내란중요임무종사 등의

---

13   Il-Su Kim, Der Gesetzlichkeitsgrundsatz im Lichte der Rechtsidee, Roxin-FS, 2001, S.123f.

피의사실이 아직 공소시효가 완성되지 않아 그 혐의사실만으로 구속영장을 발부하는 이상, 그에 대한 위헌여부는 재판의 전제가 되지 않는다는 이유로 이를 기각했다. 이에 청구인들은 헌법재판소법 제68조 제2항에 의거, 헌법재판소에 헌법소원심판을 청구하였다(96헌바7, 96헌바13).

헌법재판소는 먼저 5 · 18특별법 제2조와 관련하여, 위 법률시행당시 아직 공소시효가 완성되지 않았다고 보는 경우에는 헌법에 위반되지 아니한다는 재판관 전원의 일치된 의견을 견지했다. 그러나 공소시효가 이미 완성된 것으로 보는 경우에는 견해가 나뉘었다. 즉, 재판관 김진우, 이재화, 조승형, 정경식 등 4인은 헌법에 위반되지 않는다는 의견이고, 재판관 김용준, 김문희, 황도연, 고중석, 신창언 등 5인은 한정위헌의견이었다. 결국 헌법재판소법 제23조 제2항 제1호에 정한 위헌결정을 위한 정족수에 이르지 못하여 5 · 18특별법 제2조는 합헌으로 결정되었다.

이어서 헌재는 5 · 18특별법이 개별사건법률제정금지의 원칙에 반하는지의 여부를 판단하였다. 이와 관련하여 일단 위 법률조항이 12 · 12사건과 5 · 18사건에만 적용됨을 명백히 밝혀 동법제정 당시 이미 적용의 인적범위가 확정되거나 확정될 수 있는 내용의 것이므로 개별사건법률이라고 할 수 있다는 것이다. 그러나 개별사건법률금지의 원칙은 법률제정에 있어서 입법자가 평등원칙을 준수할 것을 요구하는 것이므로, 특정규범이 개별사건법률에 해당한다 하여 곧바로 위헌이 되는 건 아니라는 것이다. 즉, 개별사건법률이라도 차별적 규율이 합리적인 이유로 정당화되면 합헌일 수 있다는 것이다. 결국 위 특별법에 의한 차별은 집권과정에서 불법적 요소나 올바른 헌정사의 정립을 위한 과거청산의 요청에 비추어 볼 때, 개별사건법률에 내재된 불평등 요소를 정당화할 수 있는 합리적인 이유가 있으므로 헌법에 위반되지 않는다는 것이다.

이 점에 관한 헌재의 입장에 대해서는 법치주의이념으로부터 많은 비판이 가능할 것이다. 즉, 개별사건법률은 차별과 배제를 위한 정치적 목적이 없다면 제정할 필요도 없고, 하지도 않았을 것이다. 그러므로 헌재가 취한 입장은 그 법률에 명백히 드러난 차별, 즉 불평등요소를 정당화하는 합리적 이유가 있으면 된다는 것이다. 그 합리적 이유란 "집권과정에서 불법적 요소, 올바른 헌정사 정립을 위한 과거청산 요청" 같은 것이다. 독일의 나치불법청산이나 동독의 체제불법청산에서 사용된 나치범죄처벌법이나 공소시효산정법, 동독공산정권 불법행위에 대한 시효정지법률 등에서 보듯, 과거 특정사안처결을 조준한 법률제정은 실제 법치에서 말하는 "법과 법률"이 아니라 정치적 결단을 효과적으로 수행하기 위한 수단일 뿐이다.[14] 독일에서는 라드브루흐의 공식에 따라 극단적인 부정의로 인해 참을 수 없었던 법 상태를 갱신하기 위해 이런 개별사건법률의 정당성을 받아들였다. 그러나 한국의 군사쿠데타와 5공의 출범과정 및 그 후 12년여의 집권을 나치나 동독공산정권과 동일선상에 놓고 "참을 수 없음"의 법리를 끌어다 쓰는 것은 '현실에 기반을 둔 규범인 형법'에서 현실베이스 분석에 눈을 감고, 규범만을 바라본 흠결이 있다는 점에서 선뜻 동의하기 어렵다.

과거특정사안을 척결하기 위한 정치적 의도를 감추지 않고 처벌에 장애가 될 소지를 없애고자 공소시효정지규정을 개별사건법률로 제정하는 것은 법치주의 관점에서 정당화할 수 없는 방식인 것이다. 공소시효정지는 원칙적으로 법률상의 소추장애사유가 존재하는 경우에만 인정된다(독일형법 §78b ①). 이렇게 보면 전두환 전 대통령에 대해서는 헌법 제84조의 장애사유로 내란죄 등외 범죄에 대해 공소시효정지사유의 이유가 되나 나머지 피의자들에게 대해서는 이유가 되지 않는다. 왜냐하면 사실상 소추장애사유는 공소시효정지사유로 인정할 수 없기 때문이다.[15] 특히 이 법률의 제정과 그 후 사법처리과정은 대통령의 역사바로세우기 천명 후 예정된 수순처럼 일사천리로 진행되었다는 점에서 마치

---

14   홍영기, 법철학연구 제10권 제2호, 2007, 52면(공소시효관련법인 것처럼 입법되었지만, 실제로는 '해당범죄에 대한 예외적 처벌법')
15   김성돈,「공소시효제도와 소급금지원칙」, 전게서, 21면.

법률실증주의의 이념이 고스란히 나타난 것 같은 인상을 보여 주기에
충분하다. 이 특정사안이 가장 엄중한 사법처리과정(사형에서 무기형으로)
을 거쳐 확정된 지 1년여 만에 특별사면으로 종결되는 희대의 정치적 촌
극에 사법 인력이 총동원된 지 20여 년이 지난 후, 두툼한 법전 속에 주
용도가 폐기된 5·18특별법이 마치 어느 호숫가에 녹슨 폐선처럼 쭈그
리고 앉아 있는 모습을 보면, 이 법률이 법으로서 갖추어야 할 내용과 품위
를 아직도 갖고 있다고 생각하는가? 사정이 이러하다면 12·12와 5·18
사건의 법적 처리는 애당초 개별사건법률 제정방식이 아니라, 실정법의
테두리 안에서 판결을 통한 해결방안에 중점을 두었어야 옳았다. 만일
당시의 법 상태에 정치적 의지의 수준을 채울 수 없는 공백이 있었더라
면, 소급적 성격의 개별사건 실정법을 사후적으로 만지작거릴 게 아니
라 역사적 심판이나 남아공화국의 "진실과 화해위원회"의 예처럼 사회
통합과 화해를 위한 정치적인 해결에 맡기는 것이 더 현명하지 않았을
까 하는 생각이 든다.[16] 이런 점에서 당시의 상황논리에 도리 없이 휘말
려 짜 맞춘 듯이 엉성한 이유로 이 개별사건법률의 정당성에 손을 들어
준 헌법재판소의 결정은 두고두고 헌법재판의 흑역사로 남을 것으로 보
인다.

그다음으로 헌재는 이 특별법이 소급입법인지 여부에 관하여 판단
하였다. 우선 이 법률조항이 실정법 해석에 의하여 당연히 도출되는 사
유를 확인하여 공소시효정지사유의 하나로 규정한 것에 지나지 않는 확
인적 법률인지 또는 사후에 새로운 공소시효의 정지사유를 규정한 이른
바 소급입법에 해당하는 형성적 법률인지가 문제되었다.

---

16 비슷한 견해로 김영환, 「공소시효와 형벌불소급의 원칙」, 자유주의적 법치국가,
2018, 347면 이하; 변종필, 「반인도적, 국가적 범죄와 공소시효」, 비교형사법연구
제8권 제1호, 2006, 655면; 홍영기, 전게논문, 55면 이하; 홍영기, 「법이념관점에서
죄형법정주의」, 김일수교수 화갑기념논문집, 2006, 611면 이하; 홍영기, 「소급효금
지원칙의 확립근거와 구체적 적용」, 안암법학 제22호, 2006, 98면; 김성돈, 앞의 논
문, 전게서, 20면.

재판관 김용준, 정경식, 고중석, 신창언은 공소시효제도는 헌법상의 제도가 아니라 법률상의 제도이기 때문에 법원의 전속적인 사항인 법률해석의 문제이며, 따라서 위 법률조항이 단순한 확인적 법률인지, 아니면 형성적 법률인지는 법원의 판단에 맡겨야 하고, 만일 법원이 위 법률을 형성적 법률이라고 해석하는 경우에는 이 법률조항이 소급입법이 되어 위헌 문제가 제기될 수 있다는 것이다.

재판관 김진우, 이재화, 조승형은 공소시효는 소추기관이 유효하게 공소권을 행사하는데 법적·제도적 장애가 없을 때에만 진행할 수 있는 것이라고 하면서 위 법률조항은 법 및 법집행의 왜곡에 따르는 소추의 장애사유가 존재하여 일정 범위의 헌정질서 파괴행위자들에 대한 검찰의 소추권행사가 불가능하였으므로,[17] 당연히 공소시효의 진행이 정지된 것으로 보아야 한다는 법리를 확인한 법률로서 소급입법에 해당하지 않는다는 입장이었다.

재판관 김문희, 황도연은 위 법률조항에서 공소시효가 정지되는 것으로 규정한 전 기간, 모든 피의자에 대하여 동 조항으로 말미암아 비로소 공소시효가 정지되는 것인 만큼 이 법률조항은 소급적 효력을 가진 형성적 법률이어서 당연히 위헌문제가 제기된다는 입장이었다.[18]

최종적으로 헌재는 위 법률조항의 위헌여부에 관하여 논하기를 소급효에 관한 법원의 판단을 가정하여 그 경우의 수에 따라 판단하였다. 재판관들은 우선 전원 일치된 의견으로 법원이 이 특별법이 처벌하려는 범죄의 공소시효가 아직 완성되지 않았다고 판단하여 동법이 단지 진행 중인 공소시효를 연장하는 법률로서 부진정 소급효만 갖게 되는 경우에

---

17 이 입장에서는 그와 같은 사유가 법률적 소추장애인지 사실상의 소추장애인지 부터 밝혔어야 했다.

18 5·18특별법이 적어도 전두환, 노태우 전직 두 대통령의 내란죄 등 외 범죄에 대해서는 법률상 장애사유로 인해 확인적 법률의 성격을 갖는다는 점을 명확히 하였더라면, 전체적으로 이 입장이 앞의 다수의견들 보다 법치주의관점에 더 잘 어울릴 수 있는 견해라고 생각한다.

는 위 특별법에 의하여 실현하려는 바, 집권과정에서 헌정질서파괴범죄를 범한 자들을 응징하여 정의를 회복하려는 중대한 공익이 공소시효에 의하여 보호될 수 있는 상대적으로 미약한 신뢰보호이익보다 크다고 할 것이므로 위 법률조항은 헌법에 위반되지 않는다고 하였다.

반면 법원이 위 특별법 소정의 헌정질서파괴범죄의 공소시효가 이미 완성되었다고 판단하여 동법이 이미 과거에 완성된 사실이나 법률관계를 규율대상으로 삼아, 사후에 새로운 법 효과를 발생시키는 진정소급효를 갖게 되는 경우, 이 문제를 어떻게 취급할 것인가에 대해서는 재판관들의 의견이 나뉘었다.

재판관 김진우, 이재화, 조승형, 정경식은 진정소급입법은 법치국가원리에 의해 헌법상 허용되지 않는 게 원칙이지만, 특단의 사정이 있는 경우, 즉 기존의 법을 변경하여야 할 공익적 필요는 심히 중한 반면, 그 법적 지위에 대한 개인의 신뢰를 보호하여야 할 필요가 상대적으로 정당화될 수 없는 경우에는 예외적으로 허용될 수 있다고 전제하고, 이 법률조항은 공소시효완성이라는 법률적 이익에 의한 헌정질서파괴범의 신뢰보호보다 현저히 우선하는 중대한 공익을 추구하고 있으므로, 그것이 비록 진정소급입법의 성격을 갖게 된다고 하더라도 헌법적으로 정당화된다고 하면서, 결과적으로 위 법률조항은 합헌이라는 의견을 제시했다.

재판관 김용준, 김문희, 황도연, 고중석, 신창언은 형사실체법의 영역에서 형벌은 바로 신체의 자유와 직결되기 때문에 적어도 범죄구성요건과 형벌에 관한 한, 어떠한 공익상의 이유나 국가적인 이익도 개인의 신뢰보호의 요청과 법적 안정성에 우선할 수 없다고 전제한 다음, 공소시효가 이미 완성되어 소추할 수 없는 상태에 이른 뒤에 뒤늦게 소추가 가능하도록 하는 새로운 법률을 제정하는 것은 결과적으로 형벌을 사후적으로 가능하게 하는 새로운 범죄구성요건을 제정하는 것과 실질에 있어서 마찬가지이므로, 공소시효가 이미 완성된 경우에 그 뒤 다시 소추할 수 있도록 법률로써 규정하는 것은 헌법 제12조 제1항 후단의 적법절차의 원칙과 제13조 제1항의 형벌불소급원칙의 정신에 비추어 헌법적으로 받아들일 수 없는 위헌적인 것이라고 하면서 결과적으로 이 법률조항은 특별법소정의 범죄행위에 대한 공소시효가 이미 완성된 경우에도 적용하는 한 헌법에 위반된다는 한정위헌의견을 밝혔다.[19]

이렇게 하여 5·18특별법은 법치국가적으로 더 설득력이 있어 보이는 헌재의 다수재판관의한정위헌의견에도 불구하고 위헌결정정족수에 미달하여 합헌이라는 요건을 획득할 수 있었다. 그 후 12·12와 5·18 사건 주역들에 대한 사법적 과거청산과정은 정치권에서 기대하는 바대로 일사분란하게 진행되었다. 헌법재판소가 정치권력의 막강한 힘에 맞서 연약한 개인의 인권과 기본권의 최후 보루가 되어주지 못하는 정치후진국에서, 사법이 국민 각자의 자유와 안전의 최후보루이기를 기대하는 것은 마치 나무에서 물고기를 찾는 것과 다름 아닐 것인가?

4) 형사사법을 통한 12·12/5·18 청산작업―대법원의 판결(1997.4.17. 선고 96도3376)

1996. 2. 16. 5·18특별법에 대한 합헌결정이 내려지자 검찰은 1996. 2. 28.에 12·12사건과 5·18사건에 대한 수사를 종결하고 전두환, 노태우 두 전직대통령을 비롯한 주요임무수행자 16명을 서울지방법원에 구속기소했다. 서울지방법원은 1996. 8. 26. 전두환 피고인에게 사형, 노태우 피고인에게 징역 22년 6월 등 극형 내지 중형을 선고했다. 같은 해 12.16. 항소심인 서울고등법원은 전두환 피고인에게 무기징역, 노태우 피고인에게 징역 17년 등 감형을 선고했다. 1997. 4. 17. 대법원의 상고기각으로 원심의 형이 확정되어 복역 중 같은 해 12. 22. 대통령의 특별사면으로 석방되었다.

이 역사적 사건은 1997. 4. 17. 선고된 대법원전원합의체 판결(96도

---

19 https://blog.naver.com/goldbuy/140010959222.

3376)로 대단원의 막을 내린 셈이다. 선고 당시 재판장은 대법원장 윤관이었고, 나머지 대법관 12명은 박만호, 최종영, 천경송, 정귀호(주심), 박준서, 이돈희, 김형선, 지창권, 신성택, 이용훈, 이임수, 송진훈이었다. 판결에서 다수의견에 의해 수렴된 판시사항 중 주목할 점은 〔1〕 군사반란과 내란을 통하여 정권을 장악한 경우의 가벌성 여부(적극), 〔2〕 5·18특별법 제2조가 같은 법 시행 당시 공소시효가 완성된 헌정질서파괴범죄행위에 대해서도 적용되는지 여부(적극), 〔3〕 군형법상 반란죄의 의미 및 군의 지휘권 장악을 위하여 적법한 체포절차를 거치지 아니하고 육군참모총장을 체포한 행위가 반란에 해당하는지 여부(적극), 〔4〕 상관의 위법한 명령에 따른 범죄행위의 위법성 조각여부(소극), 〔5〕 반란에 수반하여 행한 지휘관 계엄지역수소이탈 및 불법진퇴가 반란죄에 흡수되는지 여부(적극), 〔6〕 5·18민주화운동에 대한 폭동적 시위진압 행위가 국헌문란에 해당하는지 여부(적극), 〔7〕 내란죄의 구성요건인 '폭동'의 의미와 정도 및 내란행위자들에 의하여 이루어진 비상계엄 전국 확대조치의 폭동성 여부(적극), 〔8〕 간접정범의 방법에 의한 내란죄의 인정여부(적극), 〔9〕 비상계엄의 선포나 확대행위가 사법심사의 대상이 되는지 여부(한정 적극), 〔10〕 내란죄의 기수시기 및 내란죄가 상태범인지의 여부(적극), 〔11〕 5·18내란행위의 종료시점(1981.1.24. 비상계엄해제 전일) 등이다.

판결요지 중 첫 번째 쟁점은 성공한 군사반란과 내란행위가 처벌의 대상이 되는가이다. 이에 대해 다수의견은 그러한 군사반란과 내란행위가 처벌의 대상이 된다는 것이다. "우리나라는 제헌헌법의 제정을 통하여 국민주권주의, 자유민주주의, 국민의 기본권보장, 법치주의 등을 국가의 근본이념 및 기본원리로 하는 헌법질서를 수립한 이래 여러 차례 헌법 개정이 있었으나, 지금까지 한결같이 위 헌법질서를 그대로 유지하여 오고 있는 터이므로, 군사반란과 내란을 통하여 폭력으로 헌법에 의하여 설치된 국가기관의 권능행사를 사실상 불가능하게 하고 정권을 장악한 후 국민투표를 거쳐 헌법을 개정하고 개정된 헌법에 따라 국가를 통치하여 왔다고 하더라도 그 군사반란과 내란을 통하여 새로운 법질서를 수립한 것이라고 할 수는 없으며, 우리나라의 헌법질서 아래서는 헌법에 정한 민주적 절차에 의하지 아니하고 폭력에 의하여 헌법기관의 권능행사를 불가능하게 하거나 정권을 장악하는 행위는 어떠한 경우에도 용인될 수 없다. 따라서 그 군사반란과 내란행위는 처벌의 대상이 된다."는 것이다.

위 다수의견에 대해 대법관 박만호의 반대의견은 정권을 장악한 후 헌법상 통치체제를 변혁하고 통치권의 중추인 국가권력기관을 새로 구성하거나 선출하는 내용의 헌법개정이 국민투표를 통해 이루어져, 그에 따라 통치권의 담당자가 교체되었다면, 군사반란 및 내란행위는 국가의 헌정질서의 변혁을 가져 온 고도의 정치적 행위라고 할 것인바, 그 당·부는 국가사회 내에서 정치적 과정을 거쳐 해결되어야 할 정치적·도덕적 문제이므로, 본래의 성격상 정치적 책임을 지지 않는 법원이 사법적으로 심사하기에는 부적합하고, 주권자인 국민의 정치적 의사형성과정을 통하여 해결하는 것이 바람직하다는 것이다. 이어서 그는 "군사반란 및 내란행위가 비록 형식적으로는 범죄를 구성한다 하더라도 그 책임문제는 국가사회의 평화와 정의의 실현을 위하여 움직이는 국민의 정치적 통합과정을 통하여 해결되어야 하는 고도의 정치문제로서, 이에 대하여는 이미 이를 수용하는 방향으로 여러 번에 걸친 국민의 정치적 판단과 결정이 형성되어 온 마당에 이제 와서 법원이 새삼 사법심사의 일환으로 그 죄책 여부를 가리기에는 적합하지 않은 문제라 할 것이므로, 법원으로서는 이에 대한 재판권을 행사할 수 없다."고 말한다.

응보적 정의라는 미시적인 관점에서 보면 다수의견은 틀린 말이 아니다. 신군부의 군사반란과 내란행위가 일정기간에 걸쳐 재판과 법정까지 손에 넣었지만, 끝내 국민의 손에 그것이 되돌아간 당시의 상황에서 볼 때 "그들의 불법은 불법이고, 그에 대한 응분의 처벌이 따라야 한다."는 주장은 너무도 자명한 이치로 이해되기 때문이다. 그러나 이 견해에 잠재한 아킬레스건은 그들이 집권하며 정의라고 외쳤던 동안, 사법부

전체도 그 힘의 흐름에 따라 재판하고 벌주고 하면서 함께 작용했다는 사실이다. 김재규를 사형에 처하고, 정승화 계엄사령관을 법의 이름으로 단죄한 일과 김대중 내란음모사건의 주범으로 그에게 사형을 선고한 일은 쿠데타세력이 밀실에서 스스로 한 일이 아니지 않은가. 사법이 체계적으로 조력하지 않았으면 이루어지기 어려운 일이었을 터이다.[20] 그들의 통치행위에 조력했던 사법이 정치적 힘의 축이 바뀌자 그들을 단죄하는 자리에 서서, 응보적인 정의를 주장하는 것은 마치 율법을 문자적으로 엄격히 적용할 줄 알지만, 그 율법의 깊은 뜻, 즉 사랑을 외면한 바리새인들의 정의와 무엇이 다를까 하는 의문이다.

　　법치주의의 이념은 법치가 정치를 조정할 수 있어야지, 정치가 법을 조정하려고 들어서는 안 된다는 대전제에서 출발한다. 그러므로 모름지기 법치가 현실정치의 셈법에 동원되어 정적을 제거하거나 정치적 국면전환용의 도구로 이용되어서는 안 된다는 점을 유의할 일이다. 법치주의의 근본이념에 반하기 때문이다. 법치가 정치화할 고도의 위험 앞에서는 오히려 법치가 정치에 일정 거리를 두고 물러서는 것이 상책이다. 여기에 길을 열어주는 이론이 정치행위(Political Action) 또는 국사행위(Act of State)라는 거시적인 관점이다. 사법이 현실정치가 욕망하는 낡은 살인도구에 쓸 모가지를 뒷바라지해야 한다면, 차라리 사법자제의 길을 선택하고 찾아나서는 것이 훨씬 용기 있는 일이 아닐까? 사랑과 정의의 법은 불의를 극복하기 위해 정의의 검을 항상 들고 있지만, 사랑을 위하여 그 검의 사용을 자제할 때를 또한 안다는 사실이다. 이 점에서 필자는 박만호 대법관의 반대의견을 더 크게 주목한다. 필자의 '사랑의 형법이념'과 또 '법에서 시간적 정의'라는 관점에서 더 연구해 볼 소재가 거기 있음을 발견했기 때문이다.

　　판결요지 중 두 번째 쟁점은 5·18특별법 제2조 제1항의 적용대상에

20　　김일수, 「5공의 인권과 사법부」, 개혁과 민주주의, 1996, 396면 이하; 「제5공화국이 남긴 법의 과제」, 법·인간·인권, 3판, 1996, 53면 이하.

관한 것이다. 이에 대해 다수의견은 위 법률조항이 적용대상을 "1979. 12. 12.와 1980. 5. 18.을 전후하여 발생한 헌정질서파괴범죄의 공소시효 등에 관한 특례법 제2조의 헌정질서파괴 범죄행위"라고 특정하고 있으므로, 문자적으로 그에 해당하는 범죄는 5 · 18특별법 시행 당시 이미 형사소송법 제249조에 의한 공소시효가 완성되었는지 여부에 관계없이 모두 그 적용대상이 된다는 것이다. 더군다나 헌재가 이미 1996. 2. 16.에 선고한 96헌가2, 96헌마7,13 사건에서, 위 법률조항이 헌법에 위반하지 않는다고 하여 합헌결정을 한 바 있으므로, 위 법률조항의 적용범위에 속하는 범죄에 대하여는 이를 그대로 적용할 수밖에 없다는 것이다.

위 다수의견에 대해 대법관 박만호, 신성택의 반대의견은 5 · 18특별법 제2조는 그 시행당시 공소시효가 완성되지 않은 범죄에 대해서만 한정하여 적용되고, 이미 공소시효가 완성된 범죄에 대하여까지 적용되는 것은 아니라고 해석하는 것이 옳다는 입장이다. 왜냐하면 "공소시효가 이미 완성한 다음에 소급적으로 공소시효를 정지시키는 이른바 진정소급효를 갖는 법률규정은 형사소추권이 소멸함으로써 이미 법적 · 사회적 안정성을 부여받아 국가의 형벌권 행사로부터 자유로워진 범죄혐의자에 대하여 실체적인 죄형의 규정을 소급적으로 신설하여 처벌하는 것과 실질적으로 동일한 결과를 초래하게 되어, 행위 시의 법률에 의하지 아니하고는 처벌받지 아니한다는 헌법상의 원칙에 위배"되기 때문이라는 것이다.

또한 다수의견과 달리 이 반대의견은 앞에서 본 헌재의 합헌결정 (공소시효가 이미 완성된 경우에도 5 · 18특별법 제2조는 합헌)의 판단내용에 법원이 기속되지 않는다는 입장이다. 법령의 해석 · 적용권한은 전적으로 대법원을 최고법원으로 하는 법원에 전속하는 것이기 때문이라는 것이다. 단, 어떤 법률조항을 해석 · 적용함에 있어 한 해석방법에 따르면 헌법에 위배되는 결과가 되고, 다른 해석방법에 따르면 헌법에 합치하는 것으로 볼 수 있는 경우에는 위헌적인 해석을 피하고, 헌법에 합치하는 해석방법을 택해야 한다는 것이다.

또 다른 반대의견은 재판관 박준서에 의해 개진되었다. 그는 5·18 특별법 제2조는 그 시행당시 공소시효가 아직 완성되지 아니한 자에 대해서만 적용되어야 헌법합치적 해석이 된다는 점에서 앞의 박만호, 신성택 대법관의 반대의견과 견해를 같이한다. 다만 어떤 법률의 위헌여부가 재판의 전제가 되어 위헌법률 심판이 제청된 경우(헌법 제107조 제1항)에, 헌재의 결정과 관련하여 헌법재판소법 제47조에 의하여 위헌결정은 법원을 기속하나, 합헌결정은 단지 그 법률을 재판에 적용할 수 있다는 의미일 뿐, 그 법률의 적용에 즈음하여 합헌적으로 해석해야 할 책무는 여전히 법원에 남아 있다는 점을 부연 설명한 것이다.

이 쟁점과 관련해서도, 박만호, 신성택. 박준서 대법관의 반대의견이 법치주의 이념에 합당할 뿐 아니라, 헌법에 합치하는 해석이라는 점은 두말할 필요가 없어 보인다. 제2차 세계대전 직후에 독일 뉘른베르크에서 열린 전범재판은 법적 안정성의 원칙과 소급입법금지의 원칙이 언제나 절대적 효력을 갖는 것은 아니라는 데서 출발했다. 그때의 독일은 패전국으로서 전승 4개 연합국의 지배와 통제 아래 있었고, 나치의 엄청난 불법을 반드시 벌해야 한다는 욕구가 처벌받지 않으리라는 행위자의 신뢰보다 훨씬 더 중요할 수 있다는 점에 대해 독일 안팎으로 이론의 여지가 없을 정도였던 것이 사실이다.[21] 이때의 독일은 그야말로 주인 없는 땅(Niemands Land)이었던 것이다.[22] 그 주인 없는 땅에 만개한 것은 자연법이었다. 복수와 처벌도 정의라고 소박하게 생각했기 때문에, 법치국가적인 안전장치도 처벌욕구에 장애가 될 때는 거침없이 폐기처분할 수 있는 분위기였다. 그러나 헌법(Bonn 기본법)이 제정되고, 미·영·불 통제지역이 서독에 넘겨지자, 독일법조계는 차차 법적 안정성의 중요성을 다시 되찾았고, 헌법에 명시된 법치국가원리들을 제자리에 세워 놓

21 라인홀트 치펠리우스, 법의 본질, 이재룡 역, 1999, 115면 이하 참조.
22 Margarete Jehn, Niemands Land, H.Böll(Hrsg), Niemands Land Kindheitser-
    innerungen an die Jahre 1945 bis 1949, 1987, S.19ff.

았던 것이다.

김영삼 정부의 역사바로세우기와 독일에서의 법의 갱신 시대를 정치적 · 사회적 · 정신적 · 문화적 · 법적 상황에서 동일시하거나 유사하게 보아, 근사하게 취급하려는 모든 시도는 잘못된 것이다. 인간의 존엄성을 직접 침해한 반인도적인 나치살상범죄와 12 · 12와 5 · 18의 살상범죄를 동치시키고, 개인의 자유와 안전을 위해 이미 우리헌법상 보장된 법치국가적 보장책을 헌법에 반할 정도로 해치면서까지 특별법을 제정하거나 또 그렇게 법률을 해석 · 적용하려는 모든 시도는 시대착오적이고 비현실적인 것이다.[23]

법을 통한 복수와 응징의 방법으로 5공을 청산해야 한다는 목소리가 각계각층에서 봇물처럼 터져 나오던 상황에서 법치주의정신에 맞지 않는 5 · 18특별법이 제정되었다는 사실을 우리는 아프게 기억해야 할 것이다.[24] 그런 의미에서 이 법률은 정치형법의 역사적 증거물로 평가하기에 손색이 없을 것이다. 또한 그러한 시기에 우리의 헌법재판과 대법원판결은 개인의 인권과 기본권의 최후보루로서 그 사법적 통제기능을 제대로 하지 못했다는 평가에서 벗어날 수 없을 것이다. 그 '질풍노도'의 시대와 마주하면서도 헌법재판과 대법원판결의 다수의견에 각각 반대의견을 표함으로써 자유와 안전을 위한 법치주의와 개인의 인권과 기본권보장을 위한 헌법 정신을 되살리기 위해 안간힘을 다한 소수의 법률

23　흥미 있는 논문으로 김선택, 과거청산과 법치국가, 고려법학 제31권, 1995, 특히 136면; 필자도 한때 양자를 동일하게 반인도적인 살상범죄로 잘못 규정한 적이 있다. 이에 관하여는 「역사바로세우기 어디로 가야 하나」(1995), 김일수, 법은 강물처럼, 2002, 341면.

24　물론 필자도 이런 시류에 편승하여 신중하지 못한 글을 많이 썼다:「역사 바로 세우기, 그 올바른 의미와 방향」(1996), 김일수, 우리시대의 자화상(칼럼집), 2004, 20면; 법치주의의 위기라는 우리시대의 징조를 성찰하고, 기존의 생각에서 반성적으로 돌아서서 새로운 시각으로 쓴 글은 Il-Su Kim, Der Gesetzlichkeitsgrundsatz im Lichte der Rechtsidee(법이념에 비추어 본 죄형법정원칙), C.Roxin교수 고희기념논집, 2001, 119-143면.

가들의 용기와 양심을 감히 당대 우리법문화의 정화(精華)로 평가하고 싶은 것이다.

전체적으로 볼 때 5·18특별법 제2조의 정당성은 다수의견이나 소수의견에서 똑같이 인정하고 있는 바이다. 그 공통적인 논거 또한 법익교량의 방식으로 이루어진 것을 알 수 있다. 즉, 저울의 한편에 공익, 다시 말해서 이 특별법이 적용대상으로 삼은 헌정질서파괴범죄를 처벌해야 할 이익으로 놓고, 다른 한편에 범죄혐의자들의 자유와 안전에 대한 신뢰이익 내지 이들의 신체자유를 보장하기 위한 절차적 기본권리 등을 놓고 경중을 저울질 하는 방식이다. 개인주의와 자유주의에 중점을 두는 사고는 당연히 후자에 비중을 둘 것이다. 반면 단체주의와 공동체주의에 중점을 두는 사고는 의례히 전자에 비중을 둘 것이다.

개인의 자유를 국가형벌권의 자의적인 행사로부터 안전하게 보호하기 위한 죄형법정원칙 가운데서, 특히 소급효금지의 원칙은 국가권력이 아무도 예상치 못할 방식으로 처벌의 구실을 만드는 것을 금지하는 것이다. 이 원칙을 무시하고 국가형벌권의 적정행사에 대한 신뢰를 실추시키는 권력행사는 인권 내지 기본권 침해로 간주된다. 이것은 앞서 언급했듯이 보편적인 법원칙이요[25] 또한 자유법치주의의 산물임은 두말할 것도 없다. 이에 비해 범죄행위에 대한 반작용으로서 처벌의 필요성은 말할 것도 없이 공동사회의 질서와 안전을 위한 공익 내지 공동선에 속한다는 점은 분명한 사실이다. 그러나 이러한 유의 처벌필요성을 칸트(I.Kant)의 정언명령적인 응보형론같이 정상참작도 할 수 없는 필벌사상과 동일시해서는 안 된다. 더군다나 행위 시에 현존하는 법 상태를 행위자에게 불리하게 소급적으로 창출하거나 예측불가능한 정도로 변경하는 것은 공동선을 위한다손 치더라도 정당화될 수 없다. 당벌성이 너무 큰 모종의 불법행위에는 예외적으로 그러한 조치도 정당화될 수 있

25   G.Vassalli, Radbruchsche Formel u Strafrecht(이태리어의 독어역 Vormbaum), 2010, S.279.

다고 믿는 과도한 공익위주의 사고는 자유법치주의의 정신사적 전통과 맞지 않는 국가주의적 사고유형에 속하는 것이다.

그러므로 자유법치주의의 정신은 원칙적으로 처벌위험에 처한 구체적 개인의 자유와 안전을 일반적인 처벌필요성보다 우선시한다. 왜냐하면 헌법질서 내에서 자유법치국가적 형법은 여러 제약의 원리, 즉 보충성의 원칙, 소급효금지의 원칙, 책임성의 원칙, 비례성의 원칙, 최소·최후수단의 원칙에 둘러싸여 있기 때문이다. 이런 의미에서 20세기의 위대한 형사정책 사상가들은 형법을 "범죄인의 마그나 카르타"(Franz von Liszt) 또는 "시민의 자유의 대헌장"(Werner Maihofer)이라고 불렀던 것이다.[26]

물론 소급효금지가 문제되는 사안에는 갈등하고 대립하는 다양한 이익들이 있는 게 사실이다. 이를테면 ① 법적 안정성과 실체적 정의의 요구, ② 범죄혐의자의 사법절차상의 권리와 국가의 사법정의확립의무, ③ 범죄인에 대한 엄벌요구와 사회통합적인 관점에서의 포용·화합, ④ 실체적 진실발견과 피의자·피고인의 적법절차상의 공정성요구, ⑤ 범죄인과 범죄피해자 사이의 이익충돌 등과 같은 갈등들을 생각할 수 있을 것이다.[27] 이런 갈등해결의 한 방법으로 라드브루흐(G.Radbruch)는 평등으로서의 정의와 법적 안정성 사이의 충돌을 "참을 수 없을 정도"의 공식으로써 해결을 시도한 바 있고, 그 공식은 이미 잘 알려진 바와 같이 사법처리에 의한 나치불법의 극복과 동독 불법체계의 청산작업에서 독일판례에 길잡이역할도 하였다.

그러나 처벌과 관련된 소급효 법률의 정당성여부의 판단이, 이 사안에서 우리 대법원이 보여 준 것처럼, 단지 개인의 신뢰이익과 사회공동체의 처벌이익을 대비시켜 비교형량 할 만큼 간단한 문제인지는 의문이다. 적어도 국가의 처벌필요라는 공익과 범죄혐의자의 일반적 인격

---

26 김일수, 한국형법 I, 개정판, 1996, 149면; Il-Su Kim, Roxin-FS, a.a.O., 122면 주 12 참조.
27 Il-Su Kim, Roxin-FS, a.a.O., S.133.

권, 복합적인 형벌목적들, 일반국민에게 돌아갈 적극적·소극적인 일반예방,[28] 그리고 정의의 준엄성을 사랑의 정신으로 누그러뜨릴 수 있는 참작할만한 정상(情狀)사유 등이 비교인자로서 고려되었어야 했다. 이 점만 고려하더라도 우리 대법원이 이 사건 판결에서 내놓은 비교교량방식은 너무 단순해 보인다.

관점에 따라서는 우리대법원의 입장이 라드브루흐공식을 좇아 실은 실체적 정의와 법적안정성 사의의 갈등구조 사이에서 전자를 우선하여 선택하는 사고논리에 유사하다고 말할 수 있을지도 모른다. 만일 그렇다고 한다면, 성질이 유사하지 않은 사태에 사고논리를 잘못 유추했다는 비판을 벗어나기 어려울 것이다. 라드브루흐공식은 나치불법을 청산하기 위해 반인도적 범죄의 처벌이라는 소급입법의 정당성을 문제 삼는 사태라면, 5·18특별법의 정당성 문제는 이미 실정법 속에 산재해 있는 이른바 헌정질서파괴범의 척결을 위해, 일부 혐의자들에게는 이미 경과한 공소시효를 사후에 정지시키고, 실질적으로 진정소급입법을 만든 것이 적절하냐의 문제인 것이다. 전자의 실체적 정의는 당벌성(Strafwürdigkeit), 즉 마땅히 형사적으로 처벌해야 할 만큼 사회적으로 해로운 행위인가의 문제인 반면, 후자의 실체적 정의는 가벌성(Strafbarkeit)의 한 조건, 즉 형사적으로 처벌이 가능하냐의 문제로서, 양자는 그 성질을 달리하는 것이다. 따라서 양자의 정당성논리는 같은 차원에서 단순히 취급할 문제가 아니다. 특히 진정소급효를 지닌 법률에 의해 공소시효를 손질하는 문제를 포함하여, 모든 사후입법형식에 의한 처벌관련 형사법은 무엇보다 개인의 자유와 안전을 위한 보장 장치인 헌법 원리와 법치국가적 형법원리가 제한하는 범위 안에 엄격히 머물러야 한다. 또한 그러한 조건하에서만 모든 처벌법규는 비로소 정당화될 수 있음을 세심하게 유의하지 않으면 안 될 것이다.[29]

---

28   O.Lagodny, Strafrecht vor den Schranken der Grundrechte, 1996, S.277ff.
29   이에 관해서는 Il-Su Kim, Die Bedeutung der Menschenwürde im Strafrecht,

아무리 여론에서 압도적다수의 지지를 받고 있고, 또한 국회의원 전원의 일치된 의견이 있다하더라도, 과거 국가권력의 비호아래 저질러진 고문기술자들을 응징해야 할 필요 때문에, 잠시 예외적으로 그들에게 같은 종류의 고문을 특별한 형으로 되갚는 특례법을 사법판단으로써 정당화 할 수는 없을 것이다. 설령 사법판단이 정당성을 부여했다손 치더라도, 그 법률은 인간의 존엄성과 인권보장의 절대 포기할 수 없는 규범을 침해한 악법이기 때문이다. 그런 악법이 현실에서 통하는 사회는 이미 자유 법치주의와 명시적 또는 무시저으로 결별을 선언한 '어둠이 지배하는 사회'일 것이다. 민주주의는 민주주의를 파괴한 적에게 관용을 베푸는 대신 투쟁으로 대할 수 있고, 또 그래야 하지만,[30] 법치주의는 법치주의를 짓밟은 독재자에게도, 그가 역사와 정의의 정신에 의해 쫓겨나 끝내 국민의 법정에 서야할 처지가 되었다면, 의연히 법치주의의 원칙에 따라 대하여야 한다는 점이다. 왜냐하면 법체계에서 법/불법의 코드는 참을 수 없는 불법을 청산하기 위해서일 때라도 스스로 불법으로 나아가 거기에 머물러서는 안 되기 때문이다.[31] 더 나아가 법치주의를 추구하는 사랑의 법정신도, 그 독재자가 왕년에 천하를 호령하던 권력자였다 하더라도, 청산의 대상으로 내몰린 현재의 처지에 있는 그를 정치적 · 사회적 약자로 보고, 대하려 한다는 점이다.

---

insbes. für Rechtfertigung u Begrenzung der staatlichen Strafe, 1983, S.275ff.; LaFave/Scott, Criminal Law, 8th reprint, 1985, p.127이하에서는 형법에 대한 헌법상의 제한으로 ① 권력분립원칙에 의한 제한, ② 평등권보장에 의한 제한, ③ 실체적인 적법절차에 의한 제한, ④ 기본적인 자유권에 의한 제한 등을 열거한다.

30 이를 전후 독일 헌법학자들은 전투적 민주주의(Streitbare Demokratie)라고 부른다.
31 결론에 동의할 수 없지만, 사실을 중시하는 사회학자의 관점에서 이른바 '비극적 선택'의 불가피성을 주장하면서 모든 판단과 결정의 최종근거는 어떤 원칙에 있지 않고, 도리어 어떤 파라독스에 있다는 포스트 모던적 시론(試論)에 관하여는 Niklas Luhmann, Gibt es in unserer Gesellschaft noch unverzichtbare Normen? 1993, S.3f. 참조.

V

한국법치주의의 남아 있는 문제와
미래의 과제

1. 한국법치주의의 현황

(1) 남아 있는 취약점들

지금까지 필자가 일관되게 주장해 온 바대로 법이 다스리는 나라, 법치주의는 변덕스러운 사람의 생각과 뜻대로 다스릴 때 필연적으로 오는 종잡을 수 없는 불안전성을 배격하고 생활 속에서 예측가능성과 안전성을 확보하자는 요망에서 비롯된 것이다. 법이 시민들의 약속과 동의에 기초한 규범이라면 그 법은 권력의 정상에도 미쳐야 한다. 군사독재가 극복된 지 벌써 한 세대가 지나갔지만, 우리는 여전히 문민독재체제의 반복되는 억압과 공포에 시달리고 있는 것이다. 이런 체제하에서는 자율적인 이성능력을 지닌 시민들이 자율적인 법문화를 형성해 나가기 어렵다. 문민독재의 본을 보여 준 김영삼 전 대통령은 오랜 군사독재 밑에서 민주화투쟁의 동지요 정치적인 경쟁자였던 후임 김대중 정부를 향해 문민독재라는 독설적인 비판을 가했었다.

그 후 참여정부와 이명박 정부, 헌정사상 처음 탄핵으로 물러난 박근혜 정부, 그리고 세월호와 소위 촛불혁명에 의해 정권을 창출한 문재인 정부 또한 앞선 저들보다 더하면 더 했지 못하지 않아 보인다.[1] 국가

---

1   http://sichdb1.chosun.com/pdf/i_service/pdf_ReadBody.jsp?ID=2019011500105;
http://www.munhwa.com/news/73011000001view.html?no=20190110010;
http://news.donga.com/3/all/201902113/94087263/1

와 민족의 명운이 걸린 문제, 예컨대 탈원전정책, 북한 비핵화와 천문학적인 대북경제지원, 전 정부에서 건설한 4대강 보의 해체를 포함하여 교육, 국방, 안보, 환경, 법무, 사법정책 등과 관련된 국가중대사를 국회라는 정치적 공론장에서, 열린 공론화의 과정을 거의 거치지 않은 채, 스스로 고도의 정치적 행위라는 명목으로, 고작 편향된 사고를 지닌 인사들로 구성된 위원회 형식을 빌리거나 아니면 아예 독단적으로 밀어붙이고 있는 실정이다.[2] 게다가 5공 때나 있음 직했던 음성적인 언론통제가 이제는 도를 넘어서 대부분의 공중파 TV와 라디오가 정부선전매체인가 착각할 정도로 가시화하고 있다. 법치주의의 관점에서 염려스러운 것은 검찰과 경찰 권력을 정권에 유리한 정치적 방향으로 유도하거나 조정하는 조짐이 두드러지고 있다는 점이다.[3]

더욱 우려되는 점은 헌법재판관을 포함한 사법부인사를 이념적인 성향의 사람들로 조정한 뒤, 사법부 전체를 적폐청산이란 미명 아래 정신이 혼란스러울 정도로 뒤흔든다는 사실이다.[4] 사법부 안팎으로 적폐청산이란 미명 아래 이념적인 광풍이 불어닥치면서, 사법부의 독립은 안팎으로부터 위협을 받고 있다. 법관회의라는 이름 아래 일부 의식 있는 법관들이 모여, 외부로부터 불어오는 사법모욕에는 귀를 틀어막고, 대신 동료법관들을 적폐세력으로 몰아 국회에 탄핵을 요청하는 해괴한 비극을 우리는 지금 우려 섞인 눈으로 바라보고 있다. 사법의 독립을 뒤흔들기를 식은 죽 먹듯 하는 일부 정치인들의 행태에서는 국민의 자유와 안전을 위한 권력분립 원리의 가슴 저미게 하는 무거움을 조금도 느낄 수 없다. 이토록 언론과 사법부와 헌법재판소를 손아귀에 넣고 조종할 수 있는 시스템이 피부에 와 닿을 정도로 감지될 수 있는 상황이라면

---

2 http://www.munhwa.com/news/view.html?no=2019010901033711000001;
   http://www.munhwa.com/news/view.html?no=2018071601073111000005
3 http://news.kmib.co.kr/article/view.asp?arcid=0923926964&code=11171316&cp
   =du
4 http://www.munhwa.com/news/view.html?no=2018113001073911000005

이미 문민이라는 이름의 독재는 뿌리가 깊어진 것이라고 해도 지나침이 없을 것이다.

왜 법치여야 하고, 법치가 아니면 안 되는가? 타락한 인간의 죄악에 물든 탐욕스러운 본성 때문이다. 마르크스가 공산혁명의 완성단계에 이르면 법도 국가도 불필요해져 결국 고사하리라고 말했던 것은 바로 사회주의 인격으로 거듭난 새사람을 상정했기 때문이었다. 그러나 지난 20세기 공산혁명의 실험은 실패로 끝나고 말았다. 인간을 오로지 신성시하는 것과 인간을 오로지 악마화하는 것은 둘 다 진리에서 벗어난 관점이다. 인간은 조건과 상황에 따라 타인에게 천사와 같은 존재가 될 수 있는가 하면 악마 같은 존재도 될 수 있다. 그러므로 우리는 현실세계에서 인간의 본성에 깃들어 있는 선악의 두 측면을 동시에 고려해야 할 것이다. 이 관점은 인간의 본성에 관해 다소 비관적인 낙관론의 입장이다.

바로 이 비관론적인 측면 때문에 인간의 세계에는 법이 반드시 필요하다. 인간의 악마적인 단면인 부패와 파괴적인 본성의 뿌리는 깊어서 온갖 제도와 개인의 수양으로도 인간은 스스로 천사의 경지에 이를 수가 없기 때문이다. 안타깝지만 이것이 인간실존의 한계요 비극의 원천인 것이다. 대통령도 한 인간인 한, 언제나 도덕군자일 수는 없다. 폭정과 독재의 위험은 항상 권력의 핵심 속에서 마그마처럼 끓고 있는 것이다. 그러므로 인간을 신뢰하기보다는 의심하면서, 대신 인간의 안전을 위해 맡겨 놓은 통치 권력을 인간의 자유와 평등과 행복을 위해 미리 정해 놓은 법과 제도의 울타리 안에서 사용하도록 이끌고 촉구하는 것이 법치주의 이념인 것이다.

1988년 서울올림픽이 열리던 해에 5공의 2인자였던 노태우 정부가 들어섰다. 5공의 청산은 국민의 기대에 못 미칠 정도로 지지부진했지만 민주주의와 법치주의로 향하는 길은 별다른 저항 없이 소걸음일지라도 한 걸음씩 앞으로 꾸준히 나아가고 있었다. 그러나 그 때의 사회상은 폭력이 난무하고 인신을 해하는 범죄가 급증했다. 심지어 세계인이 주목하는 가운데 올림픽 복싱경기장 안에서 우리나라 대표단은 심판판정에 불만을 품고 폭력을 행사하는 일까지 주저하지 않았던 것이다. 그 후 노태우 대통령이 '범죄와의 전쟁'을 선포할 만큼 무법이 판을 치던 당시상황을 우리는 아직도 기억하고 있다.[5]

문민정부의 출범 후부터 보수와 진보진영이 교대로 정권을 장악하면서 표심을 얻기 위해 도덕적 선명성을 경쟁하다 보니, 마치 혁명적인 구호를 연상케 하는 개혁이니 사정(司正)이니, 역사바로세우기니. 과거청산이니 적폐청산이니 하는 정치적 구호들이 끊임없이 관료사회를 들볶고 경제인들과 국민들의 삶을 피곤하게 만들어 왔던 것이다. 현 정부 들어와서는 참여정부시절에 했던 것과 엇비슷하게 다시 부처마다 민간인들로 구성된 적폐청산위원회를 새로 만들고, 전임정부 주요정책들을 샅샅이 뒤지고, 소위 블랙리스트를 만들어 감사와 수사수법을 동원해가면서 관료들을 솎아내고 민간영역까지 손을 뻗고 있다. 의혹 있는 관료들을 불러들여서 불법적·습관적으로 휴대전화를 압수하고 감찰하는 청와대 민정수석실의 행태는 신권위주의의 등장을 보여 주는 듯하다.

이러한 통치방식은 공평무사한 기준을 잃을 염려가 있고 시민들에게 신뢰감을 주기 어렵다. 사정에는 선별적인 접근이 불가피한데, 이념적인 잣대로 이편사람, 저편사람을 나누다 보면, 결국 그 대상의 선정 자체가 통치자의 의중에 좌우되기 쉽고, 그러면 결국 사정의 형평성이 문제돼, 부정과 불법을 저지르고 처벌받아야 마땅한 사람조차 마땅히 죗값을 받는다고 생각하기보다 표적으로 찍혀서 보복을 당한다고 생각하여, 자신의 모습을 정권의 미움을 산 억울한 피해자와 동일시하기 십상이다. 이것이 우리가 경험해 왔고, 또 현재도 경험하는 인치(人治)의 모습이다. 개혁과 사정에 화끈한 맛을 본 정권은 법적 절차에 따른 완만한 제도개혁보다는 신속하고 극적인 인치에 역점을 두는 경향이 있음을 우리는 보아 왔다. 그러나 인치는 자의에 흐를 위험이 많고, 문민시대라

---

5   김일수,「범죄와의 전쟁과 인권위기」, 사랑과 희망의 법, 1992, 28면 이하.

하더라도 조용한 독재화의 위험도 높다. 거기에는 개인적인 판단과 결정의 오류를 통제할 수 있는 메커니즘이 없거나 있다손 치더라도 제대로 작동하기가 어렵다는 약점도 있다. 카리스마 넘치는 지도자일수록 인치를 선호하고, 법이란 권력쟁탈전의 승자로서 자신이 처분할 수 있는 전유물이거나 정권유지에 효과적인 전리품 정도로 생각하기 쉽다.

그러므로 한국사회는 이제 인치에 대한 신뢰를 접고, 대신 법치의 원칙을 중요하게 인식하고 다시 마음을 합하여 법치의 길로 나아가야 한다. 법치는 국가의 통치권과 국민 사이에 법을 매개로 한 기준이 있음을 전제한다. 명시적으로는 헌법이요, 또 헌법을 구체적으로 실현하는 하위의 법률과 명령, 조례들이다. 그리고 권리의 주체인 각 사람과 그것을 법적 구제를 통해 법질서로 엮어 내는 헌법재판소와 사법부, 더 나아가 국가인권위원회, 국민권익위원회, 검찰, 경찰, 변호사단체, 그밖에 NGO 같은 인권실현에 관심을 갖고 있는 기관과 단체들이 이에 관여하고 있다. 제왕적 대통령이 인치에 빠지지 말고 법치로 나아가도록 깨어 아우성칠 수 있는 시민이 되어야 한다.

이제 통치권은 미리 정해진 법적 기준과 원칙, 절차에 따라서 행사되어야 한다. 만약 통치하는 자가 자칫 잘못하여 독존의식에 사로잡혀 국민을 우습게 보고 법을 무시하고 자기생각에 좋을 대로 행한다면 그것이 바로 큰 불법이다. 국가권력이 어느 때 변질되어 법을 제쳐 놓거나 법을 마음 내키는 대로 휘둘러 국민의 자유를 탄압하게 될 때 그 상황이 바로 '실정법적인 불법'인 것이다. 법치국가적인 헌법질서하에서 국민이 그와 같은 적나라한 폭력에 복종해야 할 의무가 있다고 말한다면 그것은 자기모순일 뿐만 아니라 법치주의에 대한 부정일 것이다. 왜냐하면 법치에서 뜻하는 법은 결코 국민을 위압하기 위한 도구가 아니라 제1차적으로 국가공권력을 포함한 통치자의 권한남용을 막기 위한 통제수단이기 때문이다. 법은 국민을 얽어매고 괴롭히고, 국민을 죽이기 위해 있는 게 아니라, 국가권력을 얽어매고 괴롭힘으로써 국민의 자유와 안전을 확보해 주고, 국민을 살리기 위해 있는 것이다. 사실상 무력해 보이는 개개 국민들이 모든 국가권력의 연원이요 주인이며, 국가권력은 암묵적인 사회계약에 따라 국민을 지키고 섬기는 공복이라는 사실이 법치주의의 토대를 형성하기 때문이다.

　과거청산도 적폐청산도 법과 법적 절차에 따라 투명하고 공정하게 행해질 때, 과거 비밀경찰이 활보하던 권위주의시대에나 볼 수 있던 공포를 몰아내고 은밀하게 당하는 억울한 희생자를 막을 수 있다. 법은 객관적인 기준으로 존재하기 때문에 법 아래 그리고 법 안에서 사는 사람은 누구나 자신의 행위와 그에 대한 책임을 예측할 수 있는 것이다. 또한 법의 빛을 따라 공공의 대로로 다니는 사람은 어느 누구의 눈치를 볼 필요 없이 법 앞에 당당히 걸어갈 수 있는 것이다. 이것도 또 하나 법치주의의 장점이다.

　법치는 무엇보다 공정한 절차를 중요시한다. 그렇기 때문에 법적안정성뿐만 아니라 정의 이념을 구현하는 데도 인치보다 나은 것이다. 절차에 따른 신중성과 변명의 기회제공, 결론에 대한 성찰적 재검토의 가능성, 절차과정에의 참여기회 부여, 객관적인 이유와 기준에 따른 판단 등은 비록 절차과정을 통해 불이익을 입는 경우라 할지라도 이해당사자에게 그 결과에 대한 승복가능성을 높일 수 있기 때문이다. 이처럼 철차에 따른 법적 처리는 장기적으로 시민의 규범의식과 질서의식을 높이고, 평화로운 사회질서를 안정시키고, 문제해결가능성이 높은 법공동체라는 데 대한 신뢰를 구축하는 데 기여하기도 한다. 그리고 이러한 신뢰를 바탕으로 한 질서안정이야말로 장기적인 관점에서 사회통합의 밑바탕이 될 수 있는 것이다.

(2) 소위 촛불혁명과 법치주의의 남은 과제

　민주적인 절차에 따라 세워진 한 정권을 온갖 선동과 지어내고 부풀린 소문으로 몰아낼 수 있음을 보여 준 것이 우리가 목도한 광장의 정치요 촛불혁명이라는 사태다. 촛불군중의 불이 꺼질세라 동분서주하던

한 야권의 정치지도자가 헌법재판소의 탄핵심판이 한창이던 시기에 헌법재판소를 향해 만약 탄핵결정이 기각된다면 혁명이 일어날 것이라는 험한 말을 거듭 내뱉는 것을 보았을 때, 혁명의 유령이 지배하던 당시의 촛불분위기에 불길한 예감을 떨쳐버릴 수 없었던 점을 기억한다.[6] 그리고 지금 필자는 권좌에 앉은 그가 2019년 3·1절을 앞두고 백범기념관에서 국무회의를 주재하면서 현명한 국민 앞에서 "친일청산하고 독립운동가 예우하는 것이 정의로운 나라로 나아가는 출발"이라는 말을 했다는 소리를 접했을 때 부분적으로 김일성전집 어디에서 본 듯한 말과 겹친다는 생각이 들어 마음이 편하지 못하다.

37년간 한국에 체류하며 주한외신기자클럽회장을 지냈던 마이클 브린이 최근에 펴낸 「한국, 한국인」(실레북스)이란 책에서 이런 말을 했다. "공화국(republic)이란 제도에 의한 통치를 뜻하는데, 한국식 사고에서는 민중이 통치자다. '민심'이라는 아이디어는 굉장히 위험하다." 그는 촛불혁명이 몰아낸 박근혜 전 대통령의 형량을 언급하면서 또한 말하기를 "스위스은행에 수십억 달러가 있거나, 청와대에 시체가 숨겨져 있다면 30년 넘게 감옥에 가는 게 가능하겠지만, 나는 박 전 대통령이 뭘 잘못했는지 모르겠다." "내가 볼 때 박 전 대통령에 대한 혐의 중 증명된 것은 아무것도 없다."[7]

언론인 유근일 선생도 이미 우리 삶의 현장 곳곳에서 만연하고 만성화한 우중(愚衆)의 폭거를 우수가 깃든 눈빛으로 바라보고 있다. "법치가 묵살당하면 나라는 이미 나라다운 나라가 아니다." "우선 지도층부터가 법치주의를 우습게 여긴다." "법치경시는 대중차원에서도 심각한 정도에 이르렀다. 2015.4.30. 광주지법 102호 법정에서는 피고인 4명이 유죄선고를 받았다. 그러자 방청객 한 사람이 재판장을 향해 '죽여 버릴 거

---

6 http://www.seoul.co.kr/news/newsView.php?id=20170220031018&wlog_tag3=daum
7 http://sichdb1.chosun.com/pdf/i_service/pdf_ReadBody.jsp?ID=2019011500105.

야, 찔러 버릴 거야'라며 소란을 피웠다. 이제 그런 일이 다반사처럼 일어나고 있다." "왜 이렇게 됐나? 왼쪽으로 기운 정권들도 그렇지 않다고 하는 정권들도 '민중민주주의'적이고 무정부주의적인 폭민(暴民)현상을 제거하기는커녕 오히려 그걸 부추기고 영합하고 방치하고 두려워했기 때문이다. 그로 인해 법치주의가 능멸당하고 중우(衆愚)의 폭거가 만성화되었다."[8]

필자도 민중과 민심에 매달리는 정치를 경멸한다. 민중과 민심은 흐리멍덩한 늪과 같이 음침해서 그 속에서 도무지 진실과 진리를 찾을 수 없기 때문이다. 거기는 증오와 반역과 죽임의 음모 같은 것이 기숙하기에는 매우 적절하지만, 진리를 찾아가는 담론이나 생명의 언어가 발붙일 곳이 못 된다. 그러므로 필자는 광장을 가득 메운 촛불행진이 진리의 참을 수 없는 용솟음이요 생명 살리는 역사성의 발로라고 생각하지 않는다. 그것을 혁명으로 명명하는 것 자체가 비틀린 시각이라고 생각한다. 왜냐하면 어떤 혁명은 사람 살리는 의로운 혁명일수 있지만, 어떤 혁명은 사람 죽이는 악한 혁명일수도 있기 때문이다.

영국의 저명한 신학자 존 스토트(John Stott) 목사는 그의 역작 『그리스도의 십자가』에서 기독교 관점에서 국가의 권위가 무엇이고, 그 권위에 우리가 왜 함부로 거역하지 말아야 하고, 복종해야 하는지를 잘 풀어 설명해 주고 있다.[9] 초기 기독교에 기틀을 놓았던 사도들의 가르침에 따르면 국가는 신적인 제도로서 존중되어야 하지만, 국가에 대해 맹목적이고 무조건적인 충성을 바치는 일은 우상숭배가 될 것이라는 점도 빼놓지 않았다는 것이다. 신이 국가에 권위를 주신 목적은 선을 보상하여 이를 증진하고, 악을 처벌하여 이를 억제하기 위한 것이다. 물론 현대에 이를수록 국가들은 선을 증진시키는 역할보다 가차 없이 악을 응징하는

---

8 유근일, 누가 '나라다움'을 깨고 있는가?(https://www.konas.net/article/article.asp?idx=41396)

9 존 스토트, 그리스도의 십자가, 황영철/정옥배 역, 1988, 379면 이하.

역할에 더 쏠리는 경향이 있는 게 사실이지만 말이다.

어쨌거나 국가의 기능에서 범죄에 대한 처벌과 선행에 대한 보상은 병존한다. 그럼에도 불구하고 국가의 이 이중적 기능은 선한 것만이 보상을 받고 악한 것만이 처벌을 받는 분별력을 필요로 한다는 사실이다. 무죄한 자들이 실제는 저자거리에 왜 모였는지도 모르는 군중의 함성에 휘말려들어 피를 흘리는 일이 있어서는 안 된다. 의로운 혁명 상황이라 하더라도 혁명의 법정은 위협적인 군중재판으로 기울어져서는 안 된다. 필수적으로 분별의 원리가 지배해야 한다. 더 나아가 국가의 목적을 실현하는 데 사용되는 수단인 강제력은 법에 의해 통제되어야 하고, 그 힘은 스스로 절제되고 또 원리에 입각하여 사용되어야 한다는 것이다. 그렇지 않으면 거짓을 말하도록 사주 받은 백성(군중)을 동원하여, 무죄한 나봇을 죽여 그의 포도원을 빼앗은 사악한 사마리아 왕 아합과 왕후 이세벨의 꼴을 보게 될 것이기 때문이다.[10]

국가의 권위는 우선 존중받아 마땅하다. 그 권위는 악을 응징하고 선을 장려하도록 위로부터 주어진 것이기 때문이다. 만일 국가권력이 그 위에 있는 권위를 존중할 때에는 국민들은 분별력 있는 복종을 하면서 국가권력의 담당자들을 존중해야 마땅하다. 그러나 그것은 결코 무제한한 것이 아니다. 만일 국가권력을 행사하는 통치자와 관리들이 국가에게 권위를 부여한 위에 있는 권세를 무시하고 자신이 신인 것처럼 변질할 때엔 거기에 굴복해야 할 이유가 없기 때문이다. 도리어 시민들은 이 권위주의적 통치를 비판하고 저항하며, 심지어 극한상황에서는 법률을 어기면서까지 불복종할 의무를 진다.

오늘날 세속화된 세계의 민주적 헌법질서에서 '위에 있는 권세'는 성경의 진리대로 하나님이라고 고백되지 않을 수도 있지만, 그 원리는 그대로 남아 있다. 하나님은 숨어 계시는 대신 국민이 그 자리에서 모든

---

10 구약 열왕기상 21:1-16.

국가권력의 정당성의 근거가 되고 있는 것이다(우리헌법 제1조 제2항). 따라서 국민은 백성과의 사회(위임)계약을 위반한 레비아탄을 폐기하고 사회계약의 본지에 충실한 새로운 레비아탄을 세우기 위해 서로 어깨를 걸고 나가 불복종을 선포할 수도 있고, 극단적인 경우에는 반란이나 혁명을 기획할 수도 있는 것이다. 그러나 그 극단적인 상황을 정당화하는 힘은 많은 사례에서 현실적인 힘의 논리에 귀착하는 경우가 흔하다. 심지어 부정부패를 몰아내기 위해 또는 무능을 이유로 들고 일어선 쿠데타도 일단 성공하면 외부로부터 우방의 승인을 얻어내고, 내부적인 묵인을 통해 점차 안정으로 나가는 경우가 허다하다.

물론 '의로운 전쟁'이론에서와 같이 '의로운 혁명'의 조건들이 전혀 없지는 않다. 즉 ① 명백하게 악한 압제를 뒤엎을 필요성으로서 필요적 정의, ② 다른 모든 수단을 다 강구하고 난 후에 오직 최후수단으로서 보충성, ③ 혁명에 수반되는 폭력의 사용에 있어서 분별과 통제, ④ 그로 인해 야기된 고통이 그냥 참고 견딜 때보다 반드시 적어야 하는 비례적 정의, ⑤ 성공과 승인에 대한 합리적인 기대와 확신 등이 그것이다.[11] 이 같은 조건들을 진지하게 숙고한다면 혁명이라는 비상수단은 법치국가에서 매우 드물고, 매우 이례적인 선택이 될 것이다. 혁명의 불꽃은 법치국가질서 안에서라면 국가권력의 무능·정부의 실책 또는 단순한 불법이나 부정·비위 같은 스캔들 때문에 일어나서는 곤란하다. 법적인 절차를 따라 시정이 가능하거나 탄핵과 같은 헌법적 조치가 가능한 경우에도 방정맞게 우리는 함부로 혁명이란 구호를 입에 올려서는 안 된다.

최후수단으로 의로운 혁명의 길로 나갈 경우에도 우리는 희생을 감수해야 할 용기를 지녀야 할 것이다. 그 희생은 때로는 장기간에 걸쳐 막대한 피 흘림을 필요로 할 경우도 있을 것이다. 그 희생의 분량이 차

---

11   존 스토트, 전게서, 384면.

고 역사의 때가 도래하여 혁명이 구체제를 무너뜨리고 새 시대를 열게 됐을 때, 우리는 지체 없이 법치주의의 원리로 원대복귀해야 한다. 원수 갚는 일과 피의 보복 같은 분노의 감정을 응보의 정의로 가장하려는 유혹에 빠지지 않도록 경계해야 한다. 정의의 새벽나팔소리 없이 혁명의 불꽃은 타오르지 않는다. 하지만 혁명이 기대와 확신대로 이루어졌을 때, 정의는 법적 안정성과 질서에 자리를 내주고 물러서야 한다. 마찬가지로 환희의 감정과 흥분은 차가운 이성과 절제에 자리를 내주고 뒤로 물러서야 한다. 끝으로 증오와 복수심에서 우러나오는 보복과 파괴와 배제(exclusion)의 충동은 사랑과 용서와 포용(inclusion)에게 자리를 내주고 물러나야 한다. 그것이 바로 의로운 혁명의 아름다운 뒷모습이다.

필자는 이른바 촛불혁명의 시종과 그 뒷모습을 유심히 관찰하면서 그것이 인간의 존엄과 자유 그리고 인간다운 삶의 행복과 평등의 현실 및 이상을 변증론적으로 합일시키는 사회통합의 경지에 못 미친 정치적 수사(修辭)에 불과하다는 인식 아래 진정한 의미의 혁명이라는 이름을 부여하기를 거부한다.[12] 혁명에서는 진정한 의미의 법정도 재판관도 없는 법이다. 혁명을 선포함으로써 혁명세력은 스스로 설치한 재판자리에 앉아 규문재판관 역할을 하는 때문이다. 그러나 잊지 말아야 할 한 가지 진리는 그 활동무대가 잠시 잠깐일 뿐이라는 점이다. 역사와 정의의 살아 있는 정신은 그 혁명세력을 병실침대에 던져 놓고, 잠정적으로 빼앗겼던 재판자리를 그들의 손에서 기어이 탈환하여, 법의 기치(旗幟) 아래 정의로운 사랑과 사랑스러운 정의를 선포할 국민의 재판관을 그 자리에 대신 세우고야 만다는 점이다.[13]

스스로 절제할 힘이 없는 혁명, 어떤 파괴적 혁명의 이데올로기가

---

12 http://www.seoul.co.kr/news/newView.php?id=20161107031012&wlog_tag3=daum
13 그리스도의 십자가 위에 새겨진 사랑의 법은 그의 십자가에서 인간의 죄와 악은 하나님의 정의에 의해 처벌되고 하나님의 사랑에 삼켜짐으로써, 하나님의 자비와 정의가 모두 만족하게 됨으로써 완성된 것이다.

충동질하는 지평의 혼돈 속에 빠진 어리석은 군중들은 때때로 무모한 피바람을 불러일으키기 쉽고, 법치주의를 망가뜨리기 쉬우며, 역사를 뒷걸음질치도록 만들기 쉽다는 점을 명심해야 할 것이다. 1870년에 펴낸 르봉의『군중심리학』에 나오는 다음과 같은 말도 아직 촛불낭만에서 헤어나지 못한 무리에게 던져 주는 시사점이 크다 하겠다. "개인이 군중의 한 구성부분에 지나지 않는 차원으로 전락했을 때 그는 그 한 가지 사실만으로도 문명 아래로 많은 계단을 걸어 내려온 셈이다. 개체는 따로 떨어져 있을 때 문명화된 개인이 되고, 본능적인 집단의 형태를 취할 때 결과적으로 야만인이 되는 것이다."

2. 법의 갱신과 실질적 법치주의

　　근대 법치국가이념이 시민과 국가와의 관계를 고찰대상으로 삼고, 법을 권력의 척도로 삼았다면, 현대 법치국가이념은 이에서 한 걸음 더 나아가 인간과 국가와의 관계를 고려대상으로 삼고, 인간 내지 인간의 존엄성을 법의 척도로 삼는다는 점에서 구별된다. 전통적인 법치국가에서는 법이 모든 국가의 효력, 국가 내의 모든 권력 작용에 척도와 규격을 제공한다. 여기에서 척도는 정의와 인권과 같은 추상적인 가치들이요, 규격은 그와 같은 내용을 담는 형식성과 정형성(定型性)을 뜻한다. 우리나라에서 진화한 법치주의는 단계별로 다음과 같이 말할 수 있을 것이다. 즉, 법치주의1.0은 주관적인 덕치 내지 인치에서 객관적인 법치로, 법치주의2.0은 공식화 되고 완비된 법률의 지배를, 법치주의3.0은 질서 안정성을 추구하는 엄격한 법치주의를, 법치주의 4.0은 사랑의 법에 의한 공정하고 따뜻한 법치주의를 지향한다고. 물론 단계와 단계 사이사이를 0.5의 세분화된 중간단계를 설정하는 것은 충분히 가능하고 또 바람직해 보인다.

　　선진 법치사회란 전통적인 법치이념에서 중요시되었던 국가권력행사의 요식성, 즉 법률의 지배로부터 탈피하여, '실천적인 사랑의 법'을 '지배하고 조종하는 법률'보다 우위에 두는 새로운 질서 형성을 말한다. 법치주의는 결국 도구화된 법률의 인간지배를 의미하는 것이 아니라, 인간을 사랑하고 존중히 여기며 인간을 위해 봉사하는 법이 권력욕에 의해 일탈하기 쉬운 국가의 입법, 사법, 행정작용에 대한 지배를 뜻한다.[14] 인간을 사랑하고, 인간을 위해 봉사하는 법은 결국 인간실존의 근본상황인 최적의 자유와 최적의 안전이 숨 쉬는 평화로운 공존상황을 보호하고 유지하며, 이 같은 근본상황이 침해되었을 때 다시 이를 회복시키기 위해 힘쓰고 애쓰는 작용을 말하는 것이다.[15] 한마디로 엮자면 인간의 존엄을 최상위의 원칙으로 삼는 법은 다름 아닌 '사랑의 법'이다. 신의 장엄과 인간의 존엄이 만나는 지평 그리고 인간과 인간이 개별적인 고유한 인격주체로서 서로 만남과 소통을 이루는 생활세계가 바로 사랑의 의미가 실현되는 차원이다. 인간의 존엄은 법의 지향성이며, 인간존엄의 실천적 의미는 사랑이다. 그러므로 인간존엄의 법은 바로 사랑의 법과 같다.[16]

다시 시선을 바꾸어 우리의 통속화된 법치주의 관행으로 눈을 돌려보자. 법이라는 내용과 가치의 척도보다는 법률이라는 형식이 우선시되고, 자유보다는 안전, 그것도 개인의 안전보다는 국가안전 내지 정권안전이 우선시 되었던 과거의 관행도 법치라는 이름으로 수행되곤 했었다. 여기에선 실질적 법치국가 이념은 먼 관념의 세계에 머물러 있는 반면, 법의 현실세계에서는 형식적 법치국가 개념이 항상 맹위를 떨쳤다. 법이 권력의 척도가 아니라 권력의 도구로 자주 인식되어 사용되어 왔다. 법 준수는 강조되고 있지만, 무엇을 위한 법 준수인지 그 목적의식이 불분명했다. 그 맹목성의 극치가 '법대로 하면 손해'라든지 '법보다 주먹'이라는 등 법을 해체시키거나 경원하게 만드는 통념이다. 이런 사정

---

14 김일수, 「국가형벌권의 정당화 문제」, 김일수·배종대 편, 법치국가와 형법―심재우 선생의 형법사상에 대한 재조명, 1998, 28면 이하; 배종대, 「보안처분과 비례성원칙」, 앞의 책, 80면 이하.

15 자유국가로서의 법치국가와 안전국가로서의 법치국가의 변증론적 합일에 관한 상세한 논의는 마이호퍼, 법치국가와 인간의 존엄(심재우 역), 삼영사, 1994, 특히 179면 이하 참조.

16 김일수, 「하나님의 통치와 법의 지배」, 개혁과 민주주의, 1996, 215면 이하; 「실천형법학의 좌표」, 앞의 책, 194면 이하.

하에서는 지극히 당연시해야 할 '법대로 한다'는 당국자의 언명이 적나라한 권력의 힘, 곧 위협을 상징하는 의미로 일반인의 뇌리 속에 잘못 박히기 십상이었다. 이 같은 통속성의 헌옷을 벗어던지고 실질적인 법치로 나아가기 위해서는 한국법치주의의 과거와 현재에 대한 냉철한 반성을 기초로 하여, 구습을 깨트리고 새로운 질서의 법으로 나아가는, 이른바 법의 갱신작업이라는 처절한 몸부림의 과정이 있지 않으면 안 될 것이다.[17] 그것은 곧 인간의 존엄과 자유를 보장하고 실현하기 위한 법, 인간이 법과 국가공동체보다 우선하는 헌법질서, 인간의 얼굴을 가진 사람은 누구든, 또 무엇을 저질렀든 법 앞에서 차별대우를 하지 않는 법질서, 각 사람의 인격실현을 위해 봉사하는 법체계를 뜻한다.[18]

그런데 한국의 법문화에서 자유주의 이념은 아직 한 번도 그 절정에 이르러 보지 못한 게 사실이다. 관념으로서의 자유조차 우리는 법질서에서 아직 포만감에 젖어 역겨움을 느낄 정도로 누려 보지 못했다. 500년 왕조시대, 40년 식민지 수탈과 강압적 지배시대, 또 40년 권위주의와 독재시대를 통해 법의 왜곡과 권력국가의 변질을 깊이 체험했을 뿐 자유의 진수를 맛볼 수 있었던 경험은 턱없이 부족했었다. 1987년 6 · 29 선언 후 정치자유화와 민주화가 힘찬 행진을 계속 했음에도 불구하고 자유의 최절정을 향한 발돋움은 아직 음습한 산기슭을 벗어나지 못한 실정이다. 눈에 보이는 레비아탄(Leviathan)은 꼬리를 내렸을지 몰라도, 눈에 보이지 않는 빅 브라더스(Big Brothers)는 국가권력 작용의 베일 속에 어떤 간계를 숨기고 있는지 알 수 없기 때문이다.[19] 이런 현실을 직시

---

17 G.Radbruch, Die Erneuerung des Rechts, in: W.Maihofer(Hrsg.), NR od RP?, 1972, S.8f.

18 Il-Su Kim, Die Bedeutung der Menschenwürde im Strafrecht, 1983, S.154ff.

19 김대중 정부에 이르러서도 국정원의 불법도청이 계속되었음을 알려준 X-파일 파동, 박근혜 정부에서 불거진 국군기무사민간인 사찰파동, 탄핵 후 치러진 대통령선거에서 드루킹의 대선여론조작사건, 문재인정부에 들어와서도 청와대 민정실 감찰반의 민간인사찰 시비는 그에 관한 일 단면에 불과하다.

할 때 법치선진화의 관점에서 우리는 개인의 진정한 자유를 위한 투쟁과 방어에 더욱더 깨어 있지 않으면 안 된다.

특히 수사절차법에서 피의자 개인의 자유와 권리를 보호하기 위한 더 많은 조치들을 추구해야 한다. 소추기관인 검찰의 불기소처분이 정치풍향을 따라 바람개비처럼 가볍게 돌아가서는 안 된다. 예컨대, 전 정권에서 불기소 처리된 사건이 새 정권이 들어서자 적폐청산이니 사법농단이니 하는 법외적인 정치적 셈법에 따라 빈번히 수사재기가 되어 구속기소가 되는 현상들은 법치선진화의 시각에서 볼 때 전근대적인 작폐로 보인다. 왜냐, 공소여부를 결정하는 검사는 사법기관인 법관의 판단에 앞서 법률적으로 그에 준하는 무게를 지닌 준사법기관으로서의 법률판단을 내리는 것이기 때문이다. 더 나아가 구속된 피의자는 이미 피고인과 같은 수준의 법적 지위와 권리를 향유할 수 있어야 한다. 필요적 변호와 국선변호인제도가 여기에 확대 적용되어야 한다. 피의자의 변호인 그리고 피해자 등의 절차 참여권이 더욱 신장되어야 한다.[20]

무죄추정의 원칙, 죄형법정원칙, 책임원칙, 비례성의 원칙과 같이 국가권력의 자의적인 행사를 제한할 이들 헌법적 지위를 지닌 법치국가 원칙들은 정치적인 셈법과 그 영향력으로부터 자유로워야 할 뿐 아니라 항시 우위에 있어야 한다. 개인을 정치적인 희생물로 삼기 위한 정치사법으로부터 벗어나 개인의 인간으로서의 존엄성과 자유와 인권을 형사사법의 최고의 법 가치로 삼는 그런 풍도가 정착될 때 우리는 비로소 따뜻한 법, 사랑의 법이 운행하는 법치를 떳떳하게 입에 담을 수 있을 것이다.

---

20 이 논점을 다룬 헌재의 94헌마246 사건에서 다수의견은 아직 소극적인 데 비해, 소수의견 중엔 실질적 법치주의 관점에서 주목할 만한 견해가 설득력 있게 개진되고 있다.

3. 형사법 정책에서 법치주의 이념

한국의 사회·경제적 구조는 이미 세계화의 틀 속에서 함께 짜여져 가고 있다. 국경과 보호주의 장벽은 점점 철폐되어 가고, 문호는 세계를 향해 점점 더 넓어져 가고 있다. 이미 후기현대형 복합범죄들은 국경을 자유롭게 넘나드는 다국적형 범죄가 되었다. 인신매매, 포르노 등 음란물, 성매매, 마약밀매, 전쟁물자 매매, 경제범죄, 자금세탁, 통화위조, 테러조직, 조직범죄 등은 국경을 넘어 기동화·광역화의 추세를 보이고 있다.[21]

이런 현실과 대결하기 위해 한국법의 지평에서 우리는 국외로부터 개인과 사회의 안전을 지키기 위한 보다 광범위하고 효율적인 범죄투쟁 전선을 구축하고 전략을 구사하지 않으면 안 된다. 무엇보다 국가소추 기관들은 범죄기술의 과학적 진보수준을 훨씬 능가하는 범죄 진압을 위한 과학적 기술들을 확보하지 않으면 안 된다. 이 점과 관련하여 과학적 수사기법, 예컨대 시청각적 공간감시, 전화통화 및 통신 통제, 비밀첩보원의 투입과 미행, 유전자 정보 분석, 전자적 감시 장비의 투입, 전산자료 정보망의 구축 등의 수사과학적 기술들이 점차 소송법적으로 자리를 잡아가고 있는 중이다.

여기에 현대 형사소송법, 특히 수사절차법상의 야누스가 보인다.

---

21   울리히 지버(Ulich Sieber), 전세계적 위험사회에서 복합적 범죄성과 형법, 한국형사
     정책연구원 간, 2011, 특히 153면 이하 참조.

개인의 인권, 기본권보장과 절차참여권의 신장이 강조되는가 하면,[22] 깨어진 유리창이론(broken windows theory)에서 보여 주는 바와 같은 불안한 현대적 공동체의 안전 및 잠재적 피해자 보호를 위한 효율적인 안전망 구축과 권력에 의한 사적 비밀 및 사생활영역에 미치는 통제가 용인되는 현실은, 분명 법치국가적 형사법 정책의 역설이요 모순이라고 할 수밖에 없다.

형사소송법은 애당초 개인이익과 단체이익의 충돌이 극명하게 드러나는 영역이다. 지금까지 자유주의 이념은 양자의 충돌에서 언제나 개인이익에 우선권을 인정해 왔다. 이에 비해 최근 등장한 공동체주의(Kommunitarismus)는 양자의 충돌에서 전체 이익에 우선권을 인정하는 경향도 나타나고 있는 실정이다.[23]

이러한 모순과 역설의 흔적들은 현대법의 감출 수 없는 실상이라 말해도 지나침이 없을 것이다. 전통적인 법 사고는 개념의 완결성과 원칙의 수행가능성 및 법의 정의로움에 대한 신뢰를 전제한다. 전통적 법치국가에서는 법이 일면 강제력을 수반하는 수단인 점을 인정하지만, 타면 시민의 자유를 보장하는 도구라는 인식이 지배적이었다. 법치국가의 이념에 비추어 볼 때 법은 입법자의 자유통행로가 아니라 사회계약에 기초하여, 사회적 갈등을 해소하는 최후수단으로 이해된다.

이에 비해 후기 현대적 법 사고는 최선의 위험방지와 위험예방을 역동적인 기본권보호라고 역설하는가 하면, 인간의 존엄성 보장요구도 국가권력으로부터 개인의 자유·안전에 대한 소극적인 침해금지요구를 넘어, 국가로 하여금 인간의 존엄과 개인의 행복추구권 실현을 위해 적극적으로 개입하여 입법조치를 취해 줄 것을 요구하는 적극적인 수권규범이라고 이해하기도 한다. 국가의 손에 이끌리는 신간섭주의(Neo-Interventionalism) 내지 후견주의(Paternalism)의 논의가 활발해진 것도 이런 배

---

22   Meier, Die Reform des Ermittlungsverfahrens, in : GA(2004/8), S. 457.

23   Reese-Schäfer, Was ist Kommunitarismus?, 2. Aufl., 1995, S. 8f.

경 속에서 등장한 것이다.

　이러한 조류 속에서 대중의 통속적인 관심은 자유보다 안전이고, 진압보다는 예방 쪽으로 쏠리는 경향이 있는 게 사실이다. 국가는 자유를 위협하는 존재라는 가설은 시민들의 흘러가 버린 옛 노래가 되었고, 시민들이 현재 즐겨 부르는 유행음악은 국가가 자유의 보장자라는 믿음이며, 미래음악은 국가가 안전보장자가 되어 달라는 희망이다. 그렇지만 이처럼 예방에 대한 편중된 관심은 전통적인 법치국가에 뿌리를 둔 시민형법(Bürgerstrafrecht)의 패러다임을 이른바 후기현대적인 안전국가의 안전형법, 위험형법 내지 심지어 적대형법(Feindstrafrecht) 같은 이른바 비통상적인 장외(場外)형법으로 전환시키고자 한다. 이것은 형법질서에 대한 도전일 뿐만 아니라 법치국가질서에 대한 도전이기도 하다.[24]

　시민형법은 오래된 법치국가 전통의 헌법규범과 형법규범에서 유래하는바, 인권보장에 의해 제약된 최후수단(ultima ratio)으로서의 형법인 반면, 적대형법은 헌법적 공동체 질서를 근본적으로 위협하는 자들을 동료시민이 아닌 공공의 적으로 간주한다. 위험에 대한 두려움과 위험에 대한 사전적인 통제요구 그리고 그에 대한 예방 이익 때문에 테러범죄, 사이버범죄, 경제범죄, 환경범죄, 원자력범죄 같은 이들 특별한 범죄자 군(群)에 대해서는 시민과 국가의 안전을 위해 법치국가적 자유보장책을 어느 정도까지 포기해도 좋다는 것이다. 이 한에서는 형법이 최우선수단(prima ratio)이 돼도 좋다는 전제에서 출발한다.[25] 시민형법에는 사랑의 통로가 열려 있지만 적대형법에는 적어도 위험천만한 범죄자 군에게 그것이 닫혀 있고, 증오가 작동할 수 있는 여지를 제공한다.

　『감시의 시대』라는 제목의 책, 저자 아르망 마틀라르가 시사했듯

24　김일수, 형법질서에서 사랑의 의미, 전게서, 12면(안전형법), 177면(위험형법), 180면(적대형법) 참조.

25　시민형법과 적대형법의 논의를 여기에 끌어들인 학자는 독일 Bonn 대학의 Jakobs 교수이다 : Jakobs, ZStW97(1985), S. 753 ff.; ders. Staatliche Strafe : Bedeutung und Zweck, 2004, S. 38; ders. Strafrecht AT, 2. Aufl., 1991, 2/25C.

이 "증오는 행동과 공포의 가장 큰 발생동기이며 독재의 출현을 자극하는 비밀스런 원리다." 법치국가 내에서 증오의 극단적 표현은 범죄자들에게 가하는 고문이다. 세계적으로 "2001. 9. 11. 이후 고문을 묘사하는 장면들이 증가"하고 있다. "이전에 고문은 절대적으로 '나쁜 놈들'이 저지르는 일이었지만 오늘날 고문은 영웅에 의해 자행되고 있다." 게릴라와 불법무장단체와 마약밀매단과 내전상황에 처해 있던 남미 여러 나라들에서 선택적인 납치, 구금, 고문행위와 소리 없이 처형당한 피해자의 시체를 은닉하던 이른바 "강제실종"의 기술은 군부가 국가 재정비과정의 일환으로 실시해 오던 전략이었다.[26] 2006년 제61회 UN총회에서 통과된 강제실종으로부터 개인을 보호하기 위한 국제협정은 이 행위를 반인류범죄로 규정하기까지 했지만, 범죄인을 법질서에서 적(敵)으로, 위험원(危險源)으로, 야수(野獸)로 규정하는 악마화의 뿌리는 바로 증오인 것이다. 필자는 후기현대에 들어와 법에서 작폐를 저지르는 이 꿈틀거리는 증오를 이기는 힘은 사랑의 힘이라고 감히 확신한다.

만약 후기 현대적 안전위주의 법사고와 위험형법 내지 적대형법 사고를 일방적으로 추종한다면, 오늘날 법공동체의 법적 평화를 파괴하는 범죄에 효과적으로 대응하기 위해, 범죄혐의자들의 절차적 기본권의 일시 정지 내지 제한, 고문의 제한적 허용과 사형집행의 부활, 경찰의 공룡화도 마다하지 않는 경찰의 독자적인 수사권확립 및 경찰권의 강화를 긍정적으로 받아들이려는 주장도 충분히 성립 가능할 것이다. 그러나 안전이익만을 중요시하여 이렇게 자유의 언덕을 버리고 역방향으로 멀리 벗어난 경찰국가화의 경향은 필시 현대판 레비아탄의 재등장을 용인하는 자기모순에 빠질 위험이 있다는 점을 잠시도 잊어서는 안 될 것이다. 안전에 대한 위험예방의 과도한 요구는 다시 자유에 대한 심대한 침해의 위험을 낳을 우려가 있다는 점도 마찬가지로 조금도 소홀하게

---

26   아르망 마틀라르, 감시의 시대, 전용희 역, 2012, 144, 161면 이하.

다툴 문제가 아니라는 걸 깨어 있는 의식으로 주의해 지켜보아야 할 일이다.

이 주제와 관련하여 문재인 정부 들어와 다시 뜨거운 논쟁거리로 떠오른 검·경수사권 조정문제를 자유주의적 법치국가 시각에서 그냥 지나칠 수 없는 노릇이다. 21세기 들어와 아직까지도 유럽대륙법계의 형사소송법상 수사체계의 재구축 논의에서 경찰의 수사권을 강화하려는 시도는 찾아보기 어렵다. 경찰국가에로의 회귀라는 비난은 현대의 법정책가들이 가장 듣기 싫어하는 소리이기 때문으로 보인다. 이미 근대성의 세례를 받은 현대국가에서 검찰의 통제를 전혀 받지 않는 경찰 수사권을 법적으로 제도화함으로써 경찰권의 강화를 낳게 하는 시도는, 그 동기야 어떠하든 간에, 결과적으로 역사의 시계를 거꾸로 돌려놓는 것과 다를 바 없다.

가장 최근 들어 개정된 스위스 형사소송절차법은 범죄투쟁의 효율성제고를 위한 방편으로 종래보다 한층 더 검찰권을 강화하는 방향으로 나아가는 경향이다. 예심판사의 역할을 검사의 손에 넘겨주고, 예심판사는 역사 속으로 자취를 감춘다. 검찰제도가 갖고 있던 근대성 프로젝트는 유럽대륙의 형사사법체계에서 예심판사의 위력에 막혀, 아직 한 번도 그 꽃을 피워 보지 못했기 때문에 검찰의 수사기능 강화 프로그램을 법제화하는 작업은 자유주의 이념과 공동체주의 이념을 두루 충족시킬 수 있는 공통성을 갖고 있다고 본 때문이다.[27] 검·경 간의 수사협력·공조체계를 구축함과 아울러 수사과정 전반에 대하여 검찰의 총괄책임을 빼놓을 수 없는 것은 바로 법과 정의와 인권의 수호자인 검찰이, 혹여나 합목적적인 사실탐지에 전념하는 경찰수사가 빠질 수 있는 일탈 가능성에 대해, 준사법적 통제의 일환으로 항상 깨어 있어야 한다는 메시지를 담고 있기도 한 때문이다.

---

27 이에 관하여는 김일수, 수사체계와 검찰문화의 새 지평, 2010, 265면 이하 참조.

4. 법치국가에서 국가긴급권·저항권· 시민불복종의 문제

⚖️

(1) 국가긴급권

전쟁, 내란, 경제공황, 체르노빌이나 후쿠시마원전사고 같은 대재앙, 대규모의 자연재해 등 평시의 통치기구로써는 대처할 수 없는 비상사태에 직면하여 국가의 존립과 질서안정을 위하여 특정한 국가기관으로 하여금 예외적으로 긴급조치를 취할 수 있도록 법이 허용한 권한을 국가긴급권이라 한다. 긴급의 정도에 따라 국가긴급권은 ① 입헌주의적 임시조치권, ② 초입헌주의적 비상조치권, ③ 초헌법적 국가긴급권 등으로 분류되기도 한다.[28] 맨 앞에 언급한 것은 평시의 상태를 그대로 유지하면서, 비상사태조치를 임시적으로 취하는 경우이다(긴급명령, 긴급재정처분 등). 그 다음에 언급한 것은 헌법질서보다 더 긴박한 비상사태를 예정하고 입헌주의를 잠정 정지하여 일정조건하에서 독재적인 권력행사를 인정하는 경우이다(비상독재권, 계엄령 발포 등). 이 두 가지 유형의 국가긴급권은 "비극적인 선택"이긴 하지만 법치주의를 송두리째 뿌리 뽑는 상황까지 가는 것은 아니기 때문에 법치국가적으로 정당화되거나 사회적으로 용인될 수 있는 수단이라 할 수 있다. 그러나 마지막에 언급한 것은 극도의 비상사태에 즈음하여 헌법상 인정된 국법질서의 틀이나

---

28   김철수, 헌법학신론, 전게서, 79면 이하.

수권범위를 넘어서까지 취할 수 있는 초헌법적 독재 또는 주권적 독재(C. Schmitt)가 가능한 경우를 말한다. 이런 유의 국가긴급권은 헌정중단이나 파괴에 까지 이를 위험의 소자가 크기 때문에 법치국가적 헌법질서 내에서 정당화되거나 용인되기 어렵다.

　예외상태로서 입헌적 독재와 초입헌적 독재는 다 같이 정상상태에서 작동하는 합리주의적 틀의 통일성과 질서를 흐트러뜨린다. 그중에서도 초입헌적 국가긴급권은 정상국가관점에서 보면 비상한 예외상태에 속하는 것이다. 주권과 법의 본질적 속성이 무엇인지 또 어떠한지 정상상태에서는 감추어져 있어 잘 인식되지 않는 경우가 많지만, 오히려 이 예외상태에서는 햇빛처럼 명징하게 드러난다는 것이다. 주권적 독재를 근거지은 칼 슈미트는 다음과 같이 말한다. "예외상태는 원칙적으로 제한 없는 권한, 즉 모든 현행질서를 효력 정지시키는 권한을 포함한다. 이 상태가 되면 법은 후퇴하는 반면, 국가는 계속 존립한다는 사실이 명백해진다. 예외상태란 그럼에도 무정부상태나 혼란상태와 다른 무엇이기 때문에 법질서가 없어졌다 하더라도 여전히 법학적 의미에서 하나의 질서가 존속한다. 여기에서는 법규범의 유효성보다 국가의 실존이 이론의 여지없이 우월하다. 결정은 모든 규범적 구속으로부터 자유로워지고 고유한 의미에서 절대화된다. 예외사례에서 국가는 이른바 자기보존의 권리에 따라 법률효력을 정지시키는 것이다. '법-질서'라는 개념의 두 요소는 서로 대립, 각각 개념적 독립성을 표명한다. 따라서 정상사례에서 결정의 독립적 계기가 최대한 억제되는 것과 마찬가지로 예외사례에서는 규범이 무가 된다. 그럼에도 규범과 결정이라는 두 요소가 법학의 틀 내에 머물러 있기에 예외사례는 여전히 법학적 인식의 테두리 안에 남아 있다."[29]

　"법질서가 유의미할 수 있기 위해서는 질서가 구축되어야만 한다.

29　칼 슈미트, 정치신학, 김항 역, 2010, 24면.

하나의 정상적 상황이 창출되어야만 하며, 주권자란 바로 이 정상적 상태가 현실을 실제로 지배하고 있느냐 아니냐를 최종적으로 결정하는 자이다. 따라서 모든 법은 '상황에 따른 법'이다. 주권자는 상황을 하나의 전체로서 완전하게 만들어 내고 보장한다. 그는 이 최종적인 결정의 독점자이다. 여기에 국가주권의 본질이 있는데, 그것은 강제나 지배의 독점이 아니라 결정의 독점으로서 정확히 법학적으로 정의될 수 있으며… 그래서 예외사례는 국가의 권위의 본질을 최대한 극명하게 드러내는 것이다. 이제 결정은 법규범으로부터 분리되고 국가의 권위는 법을 만들기 위해 법이 필요 없다는 사실을 증명한다."[30] "예외는 정상사례보다 더 흥미롭다…예외 속에서 실제 삶의 힘은 되풀이됨으로써 굳어 버린 기계장치의 껍데기를 깨부술 수 있다. 예외는 일반적인 것을 설명하고, 자기 자신도 설명한다. 만일 일반적인 것을 올바로 연구하고자 한다면, 오로지 예외에 눈을 돌리기만 하면 된다. 모든 것이 일반적인 것보다 예외 속에서 백일하에 뚜렷이 드러나기 때문이다. 예외를 설명하지 못한다면 일반적인 것 또한 설명할 수 없다."[31]

칼 슈미트의 결정주의 헌법이론이 갖고 있는 도덕적 불랙 박스의 일단을 우리는 여기에서 볼 수 있다. 그의 주권적 결정 이론을 포함한 '정치신학'이 집필된 1920년경은 1차 세계대전에서 패망한 프로이센과 바이마르공화국의 탄생 시점과 겹친다. 짧았던 바이마르공화국의 출범과 종말, 그리고 국가사회주의 제3제국의 등장 등 예외적인 국가상황을 온몸으로 체험한 슈미트가 법보다 국가를 우선하고, 일반적 상황보다 예외상황에 초점을 맞추고 법규범보다 정치적 결정에 우위를 둔 것은 당시의 정치적 현실을 감안하면 결코 난해한 것이 아니다. 그럼에도 불구하고 오늘날의 법치주의의 이념에 비추어 볼 때, 이와 같은 바탕에 선 초헌법적 국가긴급권이 얼마나 법치주의의 대지를 황폐하게 만드는지

---

30 앞의 책, 25면.
31 앞의 책. 27면 이하.

는 더 긴 설명을 필요로 하지 않을 것이다. 효과가 미칠 영역과 시간의 관점에서 그 남용과 악영향의 위험을 나치의 불법체제가 고스란히 우리에게 보여 주고 있기 때문이다.

우리의 헌정사에도 그런 남용의 실례는 얼마든지 있다. 6·25 전쟁 상황하에서 제1공화국의 이승만 대통령은 전쟁수행상 필요한 임시조치들을 위해 국가긴급권을 불가피하게 행사하지 않을 수 없었다, 그러나 부산정치파동을 일으켜 계엄을 선포한 것은 국가긴급권의 일종인 계엄권을 남용한 것이다. 그 후 이승만 정권은 차차 독재의 길로 접어들게 되었던 것이다. 5·16 군사쿠데타로 정권을 장악한 박정희 대통령은 1972. 10. 17.에 10월 유신이라는 초헌법적 비상조치를 단행했다. 국회가 해산되고, 국민의 기본권 일부가 정지되고, 사법의 독립성도 현저한 타격을 입었다. 이것은 우리 헌정사에서 유례를 찾기 어려운 초헌법적·주권적 국가긴급권에 해당하는 사례에 속한다. 12·12와 5·18 사태의 연속선상에서 취해진 비상계엄 전국 확대실시도 절차가 요식에 불과한 점이 있었을지라도 일종의 국가긴급권의 발동이라 할 수 있을 것이다. 김영삼 대통령의 통치기간에 내려진 국가긴급재정명령은 입헌주의적인 임시조치권의 일종에 해당한다.[32]

그러나 우리가 역사적 경험을 통해 알 수 있듯이 '비정상의 정상화'는 마치 자연법칙과도 같은 탄력성(resilience)을 가지고서 막힌 것을 뚫고, 굽은 것을 바르게 펴고, 넘어진 것들을 다시 일으켜 세워, 제자리에 반드시 복원시켜 놓고야 만다는 사실이다. 우리 대법원도 1975년 판결에서 유신헌법 제53조에 근거를 둔 긴급조치는 사법심사의 대상이 아니라고 판단한 바 있었으나, 2010. 12. 16. 재심에서 이 판결들을 폐기하고 당시의 긴급조치들이 헌법에 위배되어 무효라 판결했다.[33] 힘이 정의가 아니라 정의가 힘이기 때문이다.[34] 그리고 이러한 정의는 바로 인간의

---

32   김철수, 헌법학신론, 85면 참조,
33   대법원 전원합의체 판결 2010.12.16.선고, 2010도5986.

존엄성에서 흘러나오는 인권과 기본권의 정신이라는 것을 우리는 역사에서 배운다.[35] 헌법의 정신을 부정하고 법치주의적인 헌법질서를 힘으로 파괴하는 초헌법적인 국가긴급권의 어두운 밤이 깊어 갈수록 새벽을 알리는 국민의 저항권과 시민불복종 같은 초실정적인 권리가 이에 대항하여 나선다는 사실을 우리는 이미 익히 알고 있다.

(2) 저항권

국가권력이 법치국가의 원리에서 벗어나 폭력화하고 불법을 자행할 때 이에 맞서서 대항하고, 끝내는 이를 전복시킬 수 있는 권리가 저항권이다. 국가가 긴급을 요하는 예외상황에 처했을 때, 이에서 벗어나기 위해 정상적인 법치에서 잠정적으로 벗어나 법제도 안에서 또는 극단적인 경우 법제도를 뛰어넘어서까지 국가긴급권을 행사할 수 있듯이, 국민도 헌법제도 안에서 또는 헌법 초월적으로 국가권력의 폭력·불법화라는 가치전도 앞에 저항할 수 있는 것이다.[36] 이렇게 보면 저항권은 아직 법치국가헌법이 마련돼 있지 않은 상황에서 폭군의 폭정에 시달리는 경우에는 그로부터 법치국가헌법을 쟁취하기 위한 투쟁수단이 된다. 반면 이미 법치국가헌법이 완비되어 있는 경우에는 그 변질을 막고 그것을 유지·발전시키기 위한 수단으로 사용될 수 있다.[37]

현대의 법치국가헌법은 인간의 존엄과 고유가치, 인권과 기본권을 보장하는 제도적 장치로 권력분립, 헌법재판, 사법권의 독립, 다수정당, 법률유보, 정치적 자유, 신체의 자유를 위한 각종 보장책을 두고 있다.

---

34   김일수,「법의 이념인 정의와 힘」, 법·인간·인권, 32면 이하.

35   김일수,「법과 인권」, 앞의 책, 19면 이하.

36   1968. 6. 24. 독일 기본법상 국가긴급사태에 관한 헌법 개정에서 국가에 긴급권을 인정해 주면서 국민에게 저항권을 인정하여 양자의 균형을 맞추려고 한 것이 그 좋은 실례이다.

37   심재우, 저항권, 고려대 법학논집 제26집, 1991, 48면,

이와 같은 장치들은 국가권력의 남용과 오용을 방지하기 위해 필요할 때 작동될 수 있는 것이므로, 이런 제도적 장치들을 통틀어 "제도화된 저항권" 또는 "헌법 내적 저항권"이라고 부른다. 그러나 이들 제도가 완비되지 않았거나 종이에는 씌어 있지만 현실적으로 아무 기능을 하지 못할 때 가동될 수 있는 저항권을 "제도화되지 않은 저항권" 또는 "헌법 외적 저항권"이라 한다.[38]

전자의 제도화된 저항권에는 법으로써 국가권력을 제한하는 법치국가원칙 일반과 헌법파괴의 전 단계에서 법치국가헌법을 유지하기 위하여 행사되는 모든 항의, 시위. 비판, 반대행위를 말한다. 그리고 후자의 제도 밖의 저항권에는 헌법파괴의 진행단계에서 법치국가헌법을 수호하기 위하여 행사되는 헌법 수호권과 헌법파괴 후에 법치국가헌법을 회복하기 위하여 행사되는 저항권을 말한다. 진정한 의미의 강력한 저항권은 맨 마지막의 "헌법파괴 후 법치국가헌법을 회복하기 위해 행사되는 저항권"을 뜻한다. 이 저항권의 범주엔 능동적인 행위 양태들이 포함될 수 있고, 극단적인 경우에는 의로운 혁명, 더 나아가 최후수단으로 폭군살해도 포함될 수 있다고 본다.[39]

물론 저항권의 행사는 최종적으로는 정당행위(형법 제20조)에 해당하는 위법성조각사유로서 불법비난으로부터 벗어난다. 하지만 국가도 인간의 자유와 같이 원칙적으로 존중돼야 하므로 저항권의 행사는 국가적 불법을 배제하고 인권과 법질서를 유지, 회복하는 데 필요한 정도에 그쳐야 한다. 비폭력적 저항으로도 충분하다면 폭력적 저항은 비난의 대상이 될 수 있다. 저항권은 인권보호를 위한 최후의 방어수단으로 활용되어야 하는 만큼, 권리자들의 광분과 증오에서 나오는 과도한 파괴를 경계해야 할 필요가 있다. 혁명적 상황에서라도 자제와 신중, 타인에 대한 배려와 사랑의 염을 잃어버려서는 안 된다.[40] 단순한 정치적 혁명

---

38 앞의 논문, 49면.
39 앞의 논문, 50면.

은 국가권력을 장악하기 위한 권력투쟁의 성격이 짙지만, 혁명적 저항권은 불법국가상황을 정상적인 법치국가상황으로 돌려놓으려는 법을 위한 투쟁(Kampf ums Recht)의 성격이 본질을 이루기 때문이다.[41]

본질적으로 저항권의 핵심은 "인권을 보호하기 위한 인권"이라는 데 있다.[42] 이 인권으로서의 저항권은 헌법수호권의 성격을 띤 저항권과 성질을 달리한다. 헌법 수호적인 저항권은 국가의 객관적인 헌법질서에 대한 공격에 대항하는 것이지만, 인권 수호적인 저항권은 인간의 주관적인 실존조건에 해당하는 권리를 방어하는 것이기 때문이다. 원래 인권의 보장책임은 원시사회계약을 원용하지 않더라도 국가에 주어져 있음은 두말할 것도 없다. 만약 국가가 그 위임의 본지를 벗어나 권력을 남용하여 개인의 인권을 침해한다면, 각 사람마다 들고일어나 스스로 인권을 방어하고, 경우에 따라서는 권력의 위탁자를 몰아내고 새롭게 바꿀 수도 있는 것이다.[43]

이러한 저항권행사는 정상적인 법치국가 내에서는 생겨날 여지가 없다, 정상적인 법치국가질서가 작동하는데도 그에 대항하는 것은 인간의 과도한 탐욕으로 인한 쿠데타나 나쁜 동기에서 유발된 파괴적인 혁명일 것이다. 그것은 때가 오면 반역이나 반란으로 단죄되고 말 것이다. 그러므로 인권을 수호하기 위한 저항권은 법치국가와 상반되는 불법국가에서 일어날 수 있는 것이다. 불법국가라는 한계상황을 법치국가라는

---

40   김철수, 앞의 책, 93면.

41   심재우, 「시민불복종과 저항권」, 한국법철학회 편, 법치국가와 시민불복종, 2001, 28면.

42   프랑스 인권선언 제2조: "모든 정치적 결합의 목적은 생래적이고 불가양의 인권을 보호하는데 있다. 그것은 자유권과 소유권과 안전권 그리고 압제에 대한 저항권이다"; 독일 베를린 헌법제23조: "헌법에서 보장된 기본권이 현저하게 침해될 때에는 모든 사람은 저항할 권리를 갖는다";독일 브레멘 주 헌법 제19조: "헌법에 규정된 인권이 공권력에 의해 헌법에 반하여 침해될 때에 저항은 모든 사람의 권리인 동시에 의무이다."

43   심재우, 저항권, 55면 이하.

근본상황으로 바꾸어야 할 열정은 실존법(Existenzrecht)으로서의 자연법의 요청일 뿐만 아니라[44] 또한 사랑의 법이 지향하는바, 사랑의 질서의 요망사항이라는 점은 위에서 누차 언급한 바 있다.[45]

오늘날 실정법적인 악법을 무시하고 이에 의도적으로 위반한 행위들에 대해서 저항권에 의한 정당화가 가능하다는 점은 학설과 사법실무에서조차 이론의 여지없이 받아들여지고 있다. 헌법재판소는 1997. 9. 25. 선고, 97헌가4 노동조합 및 노동관계조정법 등 위헌제청사건에서 입법과정에 하자가 있었다는 이유로 이 법률에 위반한 행위가 불법행위가 아니라 저항권행사라고 주장하는 위헌제청신청 측의 의견을 거부하면서도, "저항권은 국가권력에 의하여 헌법의 기본원리에 대한 중대한 침해가 행하여지고 그 침해가 헌법의 존재가치를 부인하는 것으로서 다른 헌법적인 구제수단으로는 목적을 달성할 수 없을 때에 국민이 자기의 권리·자유를 지키기 위하여 실력으로써 저항하는 권리"라고 정의하였다.[46] 그러나 그 이전 유신치하에 있었던 민청학련사건(대판 1975. 4. 8., 74도3323), 1976. 3. 1.자 3·1 민주구국선언사건, 1979. 10. 26.자 김재규 내란사건(대판 1980. 5. 20, 80도306)에서 우리 대법원판결은 김재규 사건관련 일부 소수의견을 제외하고는 저항권 자체를 부정하였다.

유신체제하에서 긴급조치 9호가 맹위를 떨치던 1976. 3. 1. 명동성당에서 열린 신·구교합동기도회에서 20명의 재야인사들이 서명한 민주구국선언문이 낭독되었다. 그 선언문은 긴급조치를 철폐하고 대한민국의 국시인 민주주의를 회복하라는 내용 이외에 구속된 민주인사·학생들의 석방, 의회정치회복, 사법부의 독립요구를 담았다. 이 사건으로 김대중·문익환·함세웅·이문영 등 11명은 정부전복선동 주동자로 구속 기소되고, 윤보선·정일형·함석헌 등 7명은 불구속 기소되었다. 제

---

44   베르너 마이호퍼, 실존법으로서의 자연법, 윤재왕 역, 2011, 56면 이하 참조.
45   이 글 앞부분 Ⅱ.3.(5). 5) 사랑의 법원칙 참조 바람.
46   헌재판례집 제9권 2집, 338면.

1심 재판에서 피고인들은 현행법체계가 악법이며 현 정부가 악정을 하고 있으므로 민중이 원하지 않는 정부를 타도할 수 있는 권리가 있고, 이에 저항하여 그 법률의 폐지와 그 정부의 퇴진을 요구하는 것은 시민으로서 당연한 권리의 행사여서 비록 처벌법규의 구성요건을 충족한다 하더라도 위법성이 조각된다는 주장을 내놓았다.

제1심판결은 피고인들의 이러한 정당화요구에 대해 다음과 같은 판단을 내렸다. "저항권이론은 근대민주주의헌법이 성립되면서 자연법사상에 기하여 비록 실정법질서에 위배된다고 하더라도 그보다 상위에 있는 신앙이나 양심을 비롯한 법적 또는 법리적 가치판단에 의하여, 위의 실정법적인 제약이 용인될 수 없는 경우에 이에 저항하거나 또는 이를 배제하는 것은 정당한 인간의 권리라는 자연법상의 권리로 논의되어 오다가 오늘날에 이르러서는 민주주의헌법질서에서 보장하고 있는 자연법상의 권리로 파악되는 추세에 있다"고 전제한다. 그럼에도 불구하고 "실정법질서를 초월한 초실정법적인 자연법상의 저항권이론으로 실정법질서에 위배된 행위에 대한 초실정법적인 위법성조각사유에 관한 주장은, 실존하는 헌법질서를 전제로 실정법의 범주 내에서 국가의 법질서유지를 사명으로 하여 사법기능을 담당하는 법원으로서는 초실정법적 위법성조각사유에 관한 판단을 하기에 앞서 그 주장 자체를 받아들일 수 없다고 할 것"이라는 결론에 이르렀다.[47]

이 결론은 항소심을 거쳐 대법원에서도 그대로 유지되었다. 사법부는 권위주의통치시대에 정의의 힘으로 권위주의를 깨뜨리고 이를 극복하려는 양심과 용기를 보여 주기는커녕 아예 실정법적 악법에 얽매여 장기간 초실정법적인 법의 소리를 외면해 왔던 것이다. 법의 생명의 불빛이 꺼진 거리에서 사법부는 죽은 실정법의 암흑 속을 더듬고 있었던 것이다. 오늘날 사법부의 신뢰실추는 이 암흑기를 스스로 빛으로 이겨

---

47   김일수, 「사법부의 인적청산」, 개혁과 민주주의, 1996, 360면 이하 참조.

내려고 안간힘을 다하지 못한 법관 한 사람 한사람의 의지박약에서 비롯되었다고 해도 지나친 말은 아닐 것이다.

필자의 생각엔 3·1독립운동, 일제의 비인도적인 폭압적 식민지 정책에 항거한 독립운동가들과 신앙양심에 따라 차라리 순교의 길을 택한 순교자들과 옥중 성도들, 4·19학생의거, 3·1명동민주구국선언, 6·8 시민항쟁과 같은 독립운동 내지 민주화투쟁은 저항권행사의 범주로 간주하는 데 의문의 여지가 없어 보인다. 사후에 법적으로 재평가된 6·3 사태도 저항권 행사의 예라 할 수 있을 것이다. 시야를 넓혀 본다면 히틀러치하에서 벌어진 뮌헨대학 학생들의 지하저항운동인 백장미(Weiße Rose)단 사건이나 본회퍼(D. Bonhoeffer) 목사를 비롯한 몇몇 히틀러암살 미수사건도 저항권행사의 전형적인 사례라고 해야 할 것이다.

이들 사례가 공통적으로 내포하고 있는 성격은 '본질적으로 참을 수 없는 불법에 대한 저항'이었기 때문이다. 저항은 폭군살해와 같은 극단적인 사례만을 지칭하는 것이 아니다. 억눌린 자들을 일으켜 세우고, 법에서 굽어진 것을 펴기 위해 비록 자신은 매 맞고, 옥에 갇히면서도 인내와 사랑과 자기희생의 정신에서 나오는 용기로써 불법상황에 담대히 맞서는 것을 말한다. 일찍이 카우프만 교수가 남겨 준 법의 명언처럼 "법의 본질은 불법에 대한 저항"[48]에서 가장 명료하게 표현된다는 점을 상기할 때 더욱 그러한 것이다.

그러나 노무현 전 대통령에 대한 탄핵을 반대하는 길거리문화행사 명목의 촛불집회나 이명박 정부시절의 광우병소고기수입반대를 위한 촛불시위 그리고 박근혜 정부 끝자락에서 정권퇴진에 정치적 영향력을 행사했다고 볼 수 있는 이른바 촛불혁명은 관점에 따라 차이가 있을 수 있겠으나 저항권행사로 보기는 어렵다. 시민의 일부가 집단시위형태로 청원권을 행사한 것으로 볼 수 있을지언정 보편적인 국민주권의 행사라

---

48   Arth. Kaufmann, Rechtsphilosophie im Wandel, a.a.O., S. 256.

고 평가하기 어렵고, 또한 국가의 폭력적 지배나 인권침해와 같은 국가의 체계적인 불법행위가 문제된 것도 아니어서 대상 자체가 결여해 있었기 때문이다.[49]

(3) 시민불복종

불법국가에 대항해서 법치국가를 세우려는 데 투입되는 법적 권리가 저항권이라면, 법치국가 내에서 더 좋은 법 상태를 지향하여 법률의 개정이나 정부의 정책결정에 대한 변경을 가져오려는 것이 시민불복종(civil disobedience)이다. 이것도 저항의 일종일 수 있지만, '헌법 외적 저항'이 아니라 단지 '헌법 내적 저항'에 속할 뿐이며, 이른바 '큰 저항권'이 아나라 '작은 저항권'에 해당하는 것이다.[50] 미국 월든 호수의 은거자 헨리 데이비드 소로(Henry David Thoreau: 1817-1862), 영국의 식민지배에 항거한 인도의 비폭력 저항운동가 마하트마 간디(Mahatma Gandhi: 1869-1948), 미국의 민권운동가 마틴 루터 킹(Martin Luther King: 1929-1968) 목사로부터 유래하는 이 명칭은 그 후 학문적인 관심의 대상으로 떠올랐고,[51] 이 문제를 학문적으로 정리하는 데 큰 기여를 한 사람이 존 롤즈(John Rawls)였다. 이 주제에서 핵심적인 논점은 먼저 시민불복종이 법 내지 법률에 반하는 것인가의 여부, 그 다음으로 불복종운동에 나선 시민들이 자신의 행위에 대한 법률효과들, 특히 형벌을 감수해야 하는가의 문제이다.[52]

먼저 실정법위반행위는 두 측면에서 고려해 볼 수 있다. 첫째, 실정법에 대한 직접적인 복종거부이다, 예컨대 양심과 종교적인 이유로 병

---

49   김철수, 전게서, 96면 참조.
50   심재우, 시민불복종과 저항권, 앞의 책, 17, 23면 이하 참조.
51   유석성, 함석헌의 비폭력 저항, 서울신대 교수논총 제20집(2008), 306면 이하.
52   아르투어 카우프만, 법철학, 김영환 역, 2007, 444면.

역 및 집총거부, 편파보도를 일삼는 공영방송에 대한 수신료납부거부, 부당한 조세부과에 대한 세금납부거부, 시민단체의 낙천·낙선운동에서 선거법준수거부 등이다. 둘째, 시위과정에서 우회적으로 실정법을 저촉하는 경우이다. 예컨대 노동법 개정을 위한 시위에서 집시법위반, 교통방해죄, 다중불해산죄, 강요죄, 공무집행방해죄. 타인에 대한 권리행사방해죄 등의 형법위반이다.[53]

그 다음으로 이들 실정법적인 위반행위가 범죄를 구성하여 처벌의 대상이 되는가의 문제이다. 법실증주의자들의 결론은 당연히 처벌 쪽으로 기울어질 것이다. 그러나 초법률적인 법을 깊이 생각하는 사람들은 경우에 따라 차이는 있을지라도 처벌을 거부하는 쪽으로 나간다. 물론 법치국가 내에서도 국가권력에 의해 저질러지는 불법이 있을 수 있고, 나쁜 법률이나 시의적절하지 못한 법률이 제정되거나 잘못된 정책 때문에 시민의 고통이 가중될 수 있다. 자유민주적 법치국가 내에는 이를 시정하고 조절하기 위한 법적 수단과 절차들이 마련돼 있지만, 이것이 잘 이루어지지 않거나 납득할 만한 이유 없이 거부되는 경우 불가피하게 시민불복종을 통한 저항이 일어나게 마련이다. 이런 의미에서 시민불복종은 나태에 처하기 쉬운 법치국가를 긴장가운데 일깨우고, 국민의 인간으로서의 존엄과 가치, 행복을 위한 법치국가의 사명과 정체성에서 벗어나지 않도록 국정을 비판·반대하고, 항의·규탄하는 행동이다. 이로써 법치국가의 변질을 막고 법치국가가 바른 궤도를 따라 개선·개혁되도록 법적인 소동(legal noise)을 벌이는 적극적인 기능도 담당하는 셈이다.[54]

이처럼 시민불복종은 때로 실정법에 위반하는 정치적 행위이긴 하지만, 공익을 위한 것이고, 원칙적으로 비폭력이어야 하며, 도덕성과 양심에 바탕을 둔 것이라는 특징을 지닌다. 만일 시민불복종운동이 단순

---

53   심재우, 시민불복종과 저항권, 앞의 책, 8면.
54   심재우, 앞의 논문, 18면 이하 참조.

한 의사표현의 정도를 넘어 상대방을 위압하거나 도로를 차단하고 연좌시위를 벌이거나 공무원의 공무집행을 방해하는 등의 투쟁적 · 공격적 행위를 하는 경우 실정법과의 충돌이라는 비극적 상황을 피할 수 없다. 법적으로는 허용되지 않는데, 도덕적으로 정당화되는 이 저항상태는 법에서 하나의 비극이요, 이에서 탈출하려면 고육지책을 쓸 수밖에 없다.[55]

1981년 독일에서는, 우리나라에서 사드배치를 반대하는 시위처럼, 퍼싱 II 미사일 배치를 반대하는 시위가 격렬했었다. 이 시위가 독일형법 강요죄에 해당하는지에 관해 다양한 견해들이 피력됐다. 마틴 크릴레(Martin Kriele)는 시위를 두 가지 유형으로 나눈 뒤, 단순한 의사 표현적시위인 '시위적 저항'은 시위기본권에 의해 정당화되는 반면, 자기의사를 타인에게 강요하는 '강요적 저항'은 시민불복종에는 해당하지만 정당화될 수 없는 것이라고 하였다. 이와 달리 랄프 드라이어(Ralf Dreier)는 강요적 저항도 비례성의 원칙을 충족시키는 한, 시위기본권에 의해 정당화된다는 입장을 내놓았다. 그의 견해에 따르면 시민불복종이 "심각한 불법"에 대한 것이고, 비폭력적이고 비례적인 것이라면, 그것은 "기본법상 정당화 된다"는 것이다. 프랑켄베르크(Frankenberg)는 시민불복종행위는 비록 강요죄의 외관을 갖더라도 국가의 잘못을 바로잡으려는 행위이므로 비난받을 유책행위가 아니라는 입장이다. 호르스트 쉴러-슈프링고룸(Horst Schüler-Springorum)은 이 사건을 의무의 충돌로 보고 독일형법 제34조의 위법성조각사유인 긴급피난에 해당하여 처벌할 수 없다는 입장이다. 빈프리트 하쎄머(Hassemer)는 시민불복종행위는 형법상 구성요건에 해당하는 위법행위지만 그 행위의 목적이 정당하므로 다만 책임을 감경할 수 있을 뿐이라고 한다.[56] 존 롤즈(John Rawls)는 "시민불복종은 어떤 경우라도 법률에 위반된 것임에 틀림없다. 적어도 그 법률이

---

55 아르투어 카우프만, 법철학, 446면.
56 심재우, 앞의 논문, 10면 주 11) 참조.

위헌심사에서 합헌·위헌 여부가 가려질 때까지는 그렇다. 그러나 시민불복종의 대상인 그 법률에 대하여 합헌이라는 결정이 내려진다 할지라도 저항은 계속되어야 한다."[57] 로널드 드워킨(Ronald Dworkin)도 "종래까지는 시민불복종은 위법한 행위라고 여겨져 왔다. 그러나 오늘날의 진보되고 계몽된 눈으로 볼 때에는 그것은 위법한 행위가 아니다…시민불복종행위들이 사실상 헌법에 의해 정당화된다는 우리 주장과는 달리, 법관의 눈으로 볼 때, 그러한 불복종행위는 헌법의 보호범위 밖에 있다는 판결이 내려졌을 때에도 우리 주장이 여전히 타당한지를 (우리는) 결정하지 않으면 안 된다."[58]

끝으로 아르투어 카우프만 교수의 견해를 들어 보자. 그는 원칙적으로 드라이어(Dreier)의 해법에 찬동한다. 드라이어가 말한 바 '심각한 불법'이 '법률적 불법'(라드브루흐)을 의미하는 한, 그러한 법은 어떤 효력도 갖지 못할 터이므로, 그 한에서 이론의 여지가 없다고 본 것이다. 그러나 그의 관점을 좀 더 세분화할 필요가 있음을 지적한다. "만약 복종이 거부된 법률이 유효한 것이라면 불복종은 위법하고 경우에 따라서는 처벌될 수 있다. 그러나 법률이 일반적으로 정의에 반하는 것이라면, 더나아가 법률이 정의를 전혀 실현하려고 하지 않는다면, 이 법률에 반발하는 불복종은 정당한 것이다."[59]

법치국가에서도 불법에 대해 허용되는 거부행위들이 있다. 비록 국가의 작은 불법이지만, 그것을 그냥 못 본체하고 지나쳐 버리지 않고, 시정하도록 발 벗고 나서는 것이다. 또한 짓밟히는 것이 비록 작은 권리라 하더라도 그냥 묵과하지 아니하고, 그 작은 권리를 찾기 위한 법적 투쟁에 나서는 경우이다. 이것을 카우프만 교수는 "작은 동전의 저항"(Widerstand der kleinen Münze)라고 부른다.[60] 저항이라고 하면 거창하게 들릴지 몰라

---

57   심재우, 앞의 논문, 15면에서 재인용.
58   심재우, 앞의 논문, 15면에서 재인용.
59   아르투어 카우프만, 법철학, 446면 이하.

도, 적어도 불법에 대해 "아니요"라고 말해야 할 행위의 가능성은 법치국가 내에도 무수히 많다는 것이다. 그것이 다름 아닌 법치국가를 건강하게 만드는 시민들의 불복종행위라는 것이다.[61]

"힘 있는 자에 대한 불신, 열린 비판을 위한 용기, 악폐의 정체 폭로, 설령 불법이 '위로부터' 온 것이거나 그것이 '지배적 견해'라고 하더라도 바로 이때 불법에 대해 '아니요' 라고 말하는 것, 설령 이 때문에 공감대를 잃는다고 하더라도 재앙을 일으킬 만한 것으로서 인식된 행위들에 대한 참여거부, 그 밖의 항의, 은밀한 배상청구, 그리고 무엇보다도 고뇌에 찬 복종 등이 그것이다."[62] 여기에서 고뇌에 찬 복종이란 롤즈(Rawls)가 말한 "법률에 대한 충성의 한계 안에서의 복종"을 새롭게 풀이한 것이다. 어쨌거나 법치국가의 유지·발전을 위해 우리가 취할 수 있는 바, 현재와 다가올 미래의 불법에 대해 대처할 적법한 수단들은 시민불복종을 포함하여 충분하다는 것이다.

문제는 그러한 무기를 적시적소에서 들고 일어설 시민의 용기가 있느냐 하는 점이다.[63] 이 점에서 우리는 영국의 식민지 정책에 항거한 마하트마 간디의 비폭력저항운동, 남아연방공화국의 인종분리정책에 항거한 넬슨 만델라의 저항운동 및 미국남부 주의 흑백 인종분리정책에 항거한 마틴 루터 킹 목사의 비폭력저항운동[64]은 이 시대를 사는 우리들이 잊어서는 안 될 시민불복종사례의 귀감이라 하겠다.

---

60   아르투어 카우프만, 법철학, 447면.
61   한때 NGO 그룹 경제정의실천시민연대(경실연)에서 캠페인을 벌였던 "작은 권리 찾기 운동"도 이와 궤를 같이한다.
62   아르투어 카우프만, 법철학, 447면 이하.
63   아르투어 카우프만, 법철학, 448면,
64   Arth.Kaufmann, 「Martin Luther King—Gedanken zum Widerstandsrecht」, Rechtsphilosophie im Wandel, 2.Aufl., 1984, S.251ff.

5. 한국법치주의 확립을 위한 과제들

(1) 일제 식민지시대 왜곡된 법 잔상의 극복

우리의 법체계와 법문화뿐만 아니라 우리의 법의식 속에 아직도 법과 법치, 사법 등에 대한 오해가 뿌리 깊게 남아 있다. 그 오해는 일제를 통한 강제적인 법의 이식과정에서 비롯된 것이다. "욕하면서 배운다"는 우리속담처럼, 우리는 해방 이후 지금까지 줄기차게 일제 식민지시대의 잔재를 청산하자고 목소리를 높여 왔지만, 아직까지도 거기에서 완전히 해방된 것은 아니라고 본다. 오히려 얄팍한 정치적인 셈법 때문에 벌써 오래전에 폐기처분됐어야 할 녹이 쓴 멍에와 굴레를 그때그때마다 적당히 재활용하는 실정이라고 말할 수 있겠다.[65]

널리 알려진 바대로 근대적 의미의 사법제도가 우리 역사 속에 편입된 것은 1894년 갑오개혁에서부터 비롯된다. 조선왕조는 그 이전의 왕조역사에 비해 통일된 법전체계를 갖추었고,[66] 제도적으로 형정(刑政)

---

65 이하의 서술은 김일수, 수사체계와 검찰문화의 새 지평, 72-86면에서 발췌 요약한 것이다.

66 조선왕조는 개혁 초기부터 사대부들의 유교적인 관인지배체제 실현을 위해 법제의 정비에 착수하여, 전래적인 「원육전」과 「속육전」을 수정·보완한 「경국대전」을 성종조에 완성, 이를 조선조의 기본 통치규범으로 삼았다. 조선조 말엽에 이르러, 고종 2년 1865년 시대의 조류를 반영한 「대전회통」을 편찬하여, 형정·형치의 준거로 삼았다. 광무 9년(1905년) 대한제국 법률 제2호로 제정·공포된 것이 조선왕조 마지막 형법전이요, 우리나라 최초 형법전이라고 할 수 있는 「형법대전」이었다. 이 법전

과 형치(刑治)가 작동되긴 했으나, 갑오개혁 이전에는 행정과 사법이 분립되지 못하였고, 죄를 다스림에 있어서도 범죄인의 체포 및 수사·소추권과 이에 대한 심리·재판권이 분화되지 않고 한 기관에 의해 행사되었다. 서양의 형사제도에 비교하자면, 프랑스혁명 이전 구체제하의 규문주의가 우리 역사에서는 갑오개혁 이전까지 작동했다고 말할 수 있을 것이다.

청일전쟁 승리 후 일본의 우리나라에 대한 식민지화의 야욕은 거세어졌고, 1894년 6월 25일 일본의 강압에 못 이겨 고종은 국정개혁의 중추기관으로 오늘날 입법기관에 해당하는 군국기무처를 설치하여 개혁의 주도적 역할을 담당하게 하였다. 군국기무처는 새로운 국가통치체제로 근대국가적 행정기구를 답습하여, 의정부 산하에 내무, 외무, 재무, 군무, 법무, 학무, 공무 및 농상아문의 각 부서를 두고, 각 아문하에 국을 설치하여 의정부를 8아문 56국의 행정기구로 만들었다. 그리고 치안과 경찰업무 및 감옥 사무를 전담할 경무국을 내무아문 산하에 배속시켰고,[67] 종전의 형조가 개칭된 법무아문에는 사법, 검찰, 사유(사면) 등을 관장시켰으며, 고등법원 이하 지방재판소를 감독하게 되어 있었고, 종래 대역죄와 강상범죄를 다루었던 의금부를 의금사로 개칭하여 관공리의 공죄에 대한 재판권을 행사하게 하고 이를 법무아문에 예속시켰다.[68] 이 같은 행정개편은 애당초 현실적인 무경험과 인재빈곤 및 국가재정 빈약으로 그 실효를 거두기 어려웠고, 관직 명칭의 개명에 그친 도상개혁의 범주에 머물 수밖에 없었다. 하지만 갑오개혁의 조치 중 조선왕조

은 국한문 혼용에 전문 총 680개 조이며, 전래적인 대전회통의 대명률과 갑오경장 이후 제정된 형률명례 등을 모두 폐지하고, 형사관계법률을 일원화한 것이었다. 그러나 이것은 대명률과 대전회통 등의 통합물이지, 개인주의·자유주의에 입각한 근대 서구 형사법원리의 구현은 아니었다. 이에 관하여는 김병화, 근대한국재판사, 한국사법행정학회, 1974, 257면 이하 참조.

67 이선근, 한국사(현대편), 진단학회, 1963, 229면.
68 대검찰청, 한국검찰사, 1976, 26면.

사회의 신분질서를 붕괴시키는 서정쇄신은 괄목할 만한 성과를 거두었다. 사대부의 관직 취임권, 특별형사재판권과 면세, 병역 및 부역면제 등 신분적 특권이 철폐되고, 적서, 노비, 천업자에 대한 신분적 차별은 폐지되었으며, 형사책임 개별화라는 근대형법의 원리에 상응할 만한 연좌제 폐지 및 자의적인 체포 · 구금 · 과형 금지 등이 가능해졌다.[69]

　1895년 4월 29일 법부령 제3호로 「민 · 형소송규정」을 공포하였다. 비록 동일한 법규정 안에 민소 · 형소를 함께 포괄하였지만, 제1장 민사, 제2장 형사로 나누어 총 44개조에 걸쳐 각 소송절차를 체계적으로 설시한 최초의 절차법인 셈이다. 수년간의 편법과 시행착오를 거치면서 1899년 5월 30일에 법률 제3호 「재판소구성법 개정법률」이 제정 · 공포되었고, 이에 따라 재판소 조직이 통일되고, 종류도 지방재판소, 한성부 및 각 개항시장재판소 · 순회재판소 · 평리원(고등재판소의 개칭) · 특별법원의 5종으로 하였다. 하지만 당분간 지방재판소는 각도의 관찰부에 설치하고, 개항시장재판소는 각 개항시장에 겸설하고, 순회재판소는 유예하도록 하였으며, 관아의 지방행정관이 판 · 검사를 겸할 수밖에 없는 상황에서 사법행정 및 검찰업무에 대한 감독체계도 사법행정과 검찰사무에 관한 최고의 감독권은 법부대신이 가지게 하여 행정감독체계의 일환이 될 수밖에 없었다.[70] 동법 제42조에는 검사의 직무에 관한 사항을 두었는데, 종전의 검사직무와 대동소이했다. 또한 동법 제43조에서는 검사가 사법경찰관에 대해 지휘권을 행사할 수 있다고 규정했다. 이 같은 법 상태는 이 땅에 일제의 통감부가 설치되기까지 유지되었다.

　1905년 11월 17일 을사보호조약의 체결로 1905년 12월에 통감부 관제가 공포되고, 1906년 2월에 서울에 통감부가 설치되었고, 그 하부기관으로 서울 · 인천 · 부산 등지에 이사청이 설치되었다. 1907년 1월부

69　조규창, 「서구법 수용에 있어서 법학교육의 역사적 의의」, 근대서구학문의 수용과 보전(普專), 1986, 고려대출판부 편, 138면.

70　대검찰청, 앞의 책, 44, 55면

터 대한제국 정부의 자진청빙 형식으로 각급재판소에 일본인 법무보좌관을 두게 했고, 대한제국의 각부 차관을 일본인으로 임명하는 한편, 일본인 차관으로 하여금 통감부 참사관을 겸하게 하였다. 이로써 일제는 자문 · 조언 등의 보좌가 아니라 재판사무와 검사사무를 지령 · 감시 · 간섭하기 시작했다. 1909년 7월 12일 을유각서, 즉「대한제국의 사법 및 감옥 사무를 일본정부에 위탁함에 관한 각서」체결로 그해 10월 31일자로 대한제국의 각종 사법기관과 감옥을 폐지하고, 그해 11월 1일에 통감부 재판소를 설치하여, 국권찬탈 전에 일제는 먼저 우리나라의 사법권을 탈취하였다.

이미 언급한 바대로 통감부 재판소의 등장으로 일본인 통감이 대한제국의 사법권을 탈취하면서 식민지경영에 앞서 법을 통한 강제지배의 기반을 다져 나갔다.[71] 그때까지 각급재판소와 검사국이 대한제국 법부에 속해 법부대신의 감독하에 있었으나, 그 후 일본인 통감의 지휘 · 감독하에 놓이게 되고, 대한제국 법부는 아예 폐지되었다. 통감부는 예심제를 창설하고, 통감은 지방재판소 또는 그 지부의 관할에 속하는 형사사건의 예심을 명할 수 있고, 고등법원장도 일정한 경우 예심을 명할 수 있게 했다. 또한 한국인 출신의 판 · 검사에 대하여는 그 권한을 제한하여, 일본인 판 · 검사에 대해 차별대우를 명문화했다. 다만 아직 일본법의 직접 적용이 불가능한 상황에서 법적용의 혼란을 피하기 위해 형사사건에 관한 한 통감부재판소는 통령 기타 법령에 특별한 규정이 없으면 한국인에게 한국법규를 적용하고, 검사 또는 사법경찰관은 통감의 사전허가를 받아야 한국의 친임관 또는 칙임관을 체포할 수 있고, 가출옥에 관한 규정은 한국법규에 의해 처형된 자에게도 적용토록 했다.[72]

이로써 이 땅에서 일본을 통한 근대법제의 강제이식은 싹부터 괴물과도 같은 공포와 위압의 도구로 변질된 것이었음을 미루어 짐작할 수

---

71   스즈키 게이후, 법을 통한 조선식민지지배, 고려대 박사학위논문, 1988, 30면 이하.
72   대검찰청, 앞의 책, 104면 이하.

있다. 서구의 자유주의·개인주의적인 법치주의가 왜 이 땅에서는 권위주의적 지배도구로 오도되고, 진정한 의미에서 '인간을 위해 존재하는 법'이라는 관념이 그토록 착근하기 힘든 일이었는지에 관한 단서를 이러한 역사적 맥락으로부터 어렵지 않게 추론해 낼 수 있을 것이다.

문제는 1910년 경술국치 후 국권이 찬탈되고, 이 땅이 일본의 식민지로 전락한 뒤 35년간 조선총독부 통치시대를 거치면서 누적된 법의 이중성, 모순된 두 얼굴이 그렇지 않아도 예와 덕치를 법치보다 동경해 온 우리네 정서 속에[73] 법을 완전히 일그러진 체념과 환멸의 대상으로 전락시켜 버렸다는 점이다. 또한 장기간의 식민지정책은 그 출발에서부터 채찍에 의한 정치·경제적 식민지뿐만 아니라, 당근에 의한 문화의식·규범의식·사회의식의 식민지화를 간교히 도모해 나갈 계책이었다:

"조선민중은 모두 제국의 신민이 되고, 천황폐하의 성은을 입어 영구히 깊은 자애와 두터운 성덕을 입게 될 것이다. 특히 충성과 순종으로 신정(新政)을 지지하는 현명하고 덕망 있는 자는 그 공로에 따라 작위와 은급을 받게 될 것이며 또는 그 재능에 따라 제국의 관리로서 혹은 중추원 의관이 되거나 중앙 또는 지방관청의 직원으로 등용될 것이다. …

종전에 지방 관리의 직에 있으면서 국세를 결손 포탈한 행위를 한 자는 그 책임을 해제하며 특히 미수금의 완납을 면제받게 될 것이다. 또한 이전에 법률을 위반한 자로서 그 범죄의 정상이 극히 민량한 자에 대하여는 일률적으로 대사(大赦)의 특전이 베풀어질 것이다. …

함부로 망상에 사로잡혀 감히 시정을 방해하는 자가 있을 때는 결코 용납하지 않을 것이다. 만약 충성을 다하여 몸을 유지하고 근신함으로써 법을 지키는 선량순종의 인사가 있으면 반드시 천황폐하의 거룩하신 성은을 입을 것이며 그 자손 역시 오래도록 성은을 받게 될 것이다."[74]

---

73 이에 관하여는 이재룡, 조선―예의사상에서 법의 통치까지, 예문서원, 1995, 특히 137면 이하 참조.

이로부터 한국인이 법률가나 식민지관리로 등용되어 살아가는 길은 천황과 일본제국에 대한 무조건적인 충성심이 전제되어야만 했음을 엿볼 수 있다. 충성과 의리, 정의와 양심, 죄와 벌, 규범적 정당성의 방향이 식민지시대의 도래로 180도 뒤바뀌는 일대 착란을 당대의 조선거류민은 경험해야 했고, 그것은 선악, 의(義)와 불의, 진리와 허위, 죄와 덕행 등을 둘러싼 전래적 가치관의 혼란을 점증시킬 수밖에 없었다.

일본은 국치일에 일본국 칙령 제324호「조선에 시행할 법령에 관한 건」을 공포하여 일본 법률의 전부 또는 일부를 조선에 시행하려 할 때에는 칙령으로 정하도록 하여 일본국 법률의 효력이 조선에 미칠 수 있게 하고, 조선에서 법률로 정해야 할 입법사항은 조선총독의 명령으로 정할 수 있게 했는데, 이를 제령(制令)이라 칭했다. 그 후 1911년에는 이 칙령을 일본국 법률 제30호로 격상시켰다. 형사사법과 관련해서는 1910. 10. 1. 제령 제5호 조선총독부재판소령, 동일자 제령 제6호 조선총독부판사 및 검사의 임용에 관한 건, 1912. 3. 18. 제령 제1호 조선형사령이 기본이 되었고, 조선형사령에 의해 시행된 일본법률로 형법, 형법시행령, 형사소송법 등이 있었고, 기타 법령으로 1910. 12. 15. 제령 10호 범죄즉결례, 1912. 3. 18. 제령 제13호로 공포된 조선태형령, 1912. 7. 11. 제령 제26호 사법경찰사무 및 영장집행에 관한 건, 1912. 3. 25. 부령 제40호 경찰범처벌규칙 등이 있었다.

검찰권 행사를 포함한 사법의 최고감독권은 통감부시대의 마감과 총독부시대의 등장과 함께 총독의 손에 넘어갔다. 1910. 10. 1.「조선총독부관제」는 총독부 내에 사법부를 설치하고, 사법부장관으로 그 감독사무를 집행케 하다가, 1919. 8. 20. 사법부가 법무국으로 개편된 뒤, 1945년 해방기까지 유지되었다. 특히 검사의 직무권한 등에 관하여는 일제가 국권찬탈 전 통감부 통치시절에 이미 사법권 전반을 찬탈하여

74　경술국치에 즈음한 1910년 8월 29일자 조선통감 유고의 일부.

법을 통한 식민지 지배의 발판을 다져 온 터라, 총독부 통치 시기가 도래했어도 별반 달라진 것이 없었다. 의연히 검사는 공익의 대표자로서 비상상고와 재심청구권이 있으며, 범죄수사의 주체로서 검사내부의 상명하복관계 외에 사법경찰관에 대한 지휘·감독권이 있었고, 사법경찰은 범죄수사에 관련된 검사의 일반적인 지휘·감독을 받아야 할 뿐 아니라 검사의 구체적인 사건수사에 대한 직무상 명령에 복종해야 했다. 1924년 부령 제33호「사법경찰관리의 직무를 행할 자 및 직무의 범위」에 관한 규정과 1923년 훈령 제52호「사법경찰관리 집무규정」이 이에 관한 상세한 준거규정인 셈이지만,[75] 그 본질적인 내용은 1909년 4월 법부령 제2호「사법경찰관 직무규정」의 정신을 그대로 답습한 것이라고 할 수 있다. 그 밖에도 검사가 국가형벌청구권과 집행권의 담당자로서 공소제기 및 그 유지와 재판의 집행지휘권을 독점적으로 갖고 있는 점은 전례와 비교하여 볼 때 달라진 것이 아니다.

이와 같이 근대법이라는 이름은 우리의 자력이 아니라 온전히 타력에 의해 근대적인 사법제도의 근간으로서 이 땅에 이식되어 들어왔지만, 우리 역사의 암흑기에 식민통치의 법적 탄압장치의 선봉장으로서 각인될 수밖에 없었다는 점은 법치주의이념의 왜곡이라는 관점에서 역사적인 큰 불행이다. 특히 이 같은 역사적 배경에서 법·법치·사법·검찰·경찰이란 이름은 이 땅의 거류민들의 마음으로부터 경원시될 수밖에 없었다. 본디 백성의 마음으로부터 나와 정당한 제도와 권력으로서 신뢰를 얻고, 백성들의 삶 곁으로 돌아가 그들의 삶의 자리를 섬겨야 할 이들 제도가 백성들을 소외시키는 타율적인 그 무엇, 억압과 두려움의 냄새를 풍기는 그 무엇으로 오래도록 잘못 인상지어져 왔다는 사실은 선진법치사회를 지향하는 오늘 여기의 우리들이 근본적으로 성찰하고 뛰어넘어야 할 과제이기도 한 것이다.

---

75 그 상세한 내용은 대검찰청, 앞의 책, 170면 이하 참조.

(2) 권위주의시대 왜곡된 법치이미지의 갱신

아직도 민주주의의 길은 요원해 보인다. 문민독재가 이런 것이로구나 하고 실감나게 하는 요즘 우리사회의 걷잡을 수 없이 혼란한 시대상을 목도할 때 더욱 그러하다. 특히 대통령과 그 가족 보호에 의사당 안팎에서 충성경쟁을 벌이는 여당과 국회, 법률이나 법규명령도 아닌 대통령의 말 한마디에, 소위 김학의 성 접대 스캔들, 장자연 사건, 버닝 썬 사건의 수사 또는 재수사에 온통 매달려 동분서주하는 검찰과 경찰의 행태, 적폐청산이란 미명 아래 이념적인 우리법연구회니 국제인권법연구회니 하는 법원 내 사조직들의 영향력에 휘둘려 온갖 혼란과 사법 불신을 자아내는 사법부의 불안한 행태들은 법치이념을 소리 없이 좀먹는 세태들 중의 일부일 뿐이다.

그 원인은 이 땅 위에 아직 권위주의가 활보하고 있기 때문으로 보인다. 자유민주주의, 삼권분립, 법치주의가 시행된 지도 정부수립 후 어언 70여 년이 훨씬 지났지만, 아직 그것은 종이 위에 씌어져 있는 제도일 뿐 우리의 삶과 의식의 내면에 깊숙이 자리하지 못했기 때문이다. 오늘날까지도 우리는 종종 장관과 왕조시대의 대감을, 국무총리와 정승을, 대통령과 제왕을, 대통령비서실장과 도승지를 혼용하는 정서 속에 살고 있지 않은가. 대통령만 되면 무엇이든지 다 할 수 있고, 대통령의 말 한마디면 모든 논의와 토론은 종결돼야 한다.[76] 정권과 유착하여 마땅히 해야 할 말을 잃어버린 언론들, 절차적 정의를 무시하고 일방적으로 밀어붙이는 권력기관들의 적폐청산이란 이름의 궤도이탈 행보, 인사제도의 알맹이를 도려내어 빈껍데기로 만들면서 국민의 눈을 무시하는 인사난맥상, 대화와 타협을 외면한 채 힘으로 밀어붙이는 일련의 의회정치행태들이 일상화하는 이유가 제왕이 된 대통령 때문이라 해도 지나

---

76   김일수, 「사법제도의 개혁」, 개혁과 민주주의, 351면.

치지 않을 것이다.

대통령제가 이렇게 변질될 수밖에 없는 까닭은 장기간에 걸친 독재정치의 영향이라는 점 외에도 삼권분립과 견제·균형의 정신을 무력하게 만드는 헌법상 통치기구의 취약성에서 찾을 수 있다. 즉, 행정부에 우월한 권한이 불균형하게 쏠려 있기 때문인 것이다. 예컨대, 입법부의 고유권한에 속하는 법안제출권, 예산편성권, 세입세출과 관련된 회계감사권 등이 행정수반인 대통령에게 주어져 있다. 또한 사법부의 예산편성권과 사법개혁을 위한 각종 법안제출권도 대통령의 수하에 놓여 있다. 더 나아가 고도의 정치적 중립성이 요구되는 감사원, 경찰, 검찰, 각종 정보기관, 국세청과 같은 중앙통제력을 갖는 권력기관들이 인사권자인 대통령의 통치를 뒷받침하도록 설계되어 있고, 대법관과 헌법재판관의 인사에도 대통령의 영향력은 음으로 양으로 막강하다. 실로 성숙한 민주주의가 확립된 사회에서는 상상하기 힘든 풍경이다.[77]

자유와 민주주의의 정신으로 먼저 이 응고된 권위주의의 우상을 깨트리는 것이 급선무다. 개헌과 개혁을 통해 성숙한 민주주의의 길에 들어서지 않고는 법치주의이념도 결국, 군사독재든 문민독재든 간에, 독재의 유용한 도구로 변질되기 십상이기 때문이다. 시급한 민주화과제 중 사법의 민주화만큼 절실한 것도 없다. 군인과 그 조직이 민주화되고, 행정이 개혁되어도 사법이 민주화되지 않는다면 질서 있는 사회를 기대하기 어렵기 때문이다. 사회질서는 법의 권위가 바로 설 때 가능하고, 법의 권위는 최종적으로 법원의 재판에 의해 바로 세워질 수 있는 것이다. 그런데 사법부가 정치권력에 종속하고, 일반 여론에 휘둘려서 그 눈치를 보게 될 뿐만 아니라, 내부적으로도 균형감각을 잃어버리고 진영논리에 이끌린 법관들이 설쳐대게 되면, 사법권의 독립은 허울 좋은 개살구에 불과할 것이다. 정치적인 편향성으로 인해 양심이 오염된 법관

---

77 제왕적 대통령제의 적폐해소 등을 위한 개헌의 방향에 관하여는 허화평, 사상의 빈곤이 가져온 우리시대 모순과 상식, 2018, 117-121면 참조.

들에 의한 재판이 건전한 상식을 지닌 일반 국민들에게 공정하지 못하다는 인상을 자주 주게 된다면, 사법 전반에 대한 국민의 신뢰는 말할 것도 없고 법의 권위마저 실추되어 법치주의는 근저에서부터 흔들릴 수밖에 없다.

사법의 본질은 진실을 추구하여 그 진실의 바탕 위에 정의를 세우고자 하는 지향성에 있다. 사법부는 국민의 자유와 인권, 즉 정의를 수호하는 최후의 보루이다. 그래서 법정은 오늘날 세속국가 내에서도 어느 정도 신성성의 흔적을 엿볼 수 있는 것이다. 우리 형법은 법정ㆍ국회회의장모욕죄(제138조)에서 "법원의 재판 또는 국회의 심의를 방해ㆍ위협할 목적으로 법정이나 국회회의장 또는 그 부근에서 모욕ㆍ소동"하는 행위를 3년 이하의 징역 또는 7백만 원 이하의 벌금으로 처벌하고 있고, 이를 보완하는 질서벌로서 법원 및 재판장은 법정 내에서 법정의 질서 유지에 필요한 명령을 위반하는 행위를 하거나 폭언ㆍ소란 등 행위로 법원의 심리를 방해하거나 재판의 위신을 현저히 훼손한 자에 대하여 직권으로 20일 이내의 감치 또는 100만 원 이하의 과태료에 처하거나 이를 함께 과하는 결정을 내릴 수 있다(법원조직법 제61조 제1항).[78] 특히 영미법계의 법정모욕죄(contempt of court)는 우리 형법의 규율보다 더 광범위하고 더 엄격한 내용을 담고 있는데, 그것은 신성한 사법의 권위를 아무도 함부로 흔들려 해서는 안 된다는 점을 내포한다.

유감스럽게도 우리의 사법부는 최근까지 국민의 자유와 인권을 지키는 최후의 보루답게 국민의 사법부, 국민을 위한 사법부로 제자리를 지키지 못했다. 때때로 불의한 독재 권력의 안정을 담보해 주는 하수인 역할에 충실하다는 인상을 주었다. 그래서 특정한 시국재판에 관심을 기울이는 많은 이해관계인들에게 재판이란 진실과 정의를 추구하는 공정한 제도가 아니라 정권의 입맛에 따라 국민의 자유를 박탈하고 억누

---

78   김일수/서보학, 새로쓴 형법각론, 제9판(2018), 687면 이하.

르는 도구인 양 오해하게 만들었던 것이다. 시국·공안사건 때마다 빈번히 발생하는 재판거부 사태나 법정소동도 따지고 보면 사법이 국민의 재판을 받을 권리와 자유권 등의 기본권 실현을 위해 친절히 서비스하지 못하는 사태에 대한 누적된 시민적 항의의 표현이라고 볼 수 있는 측면도 없지 않다.

사태가 이 지경까지 이른 데는 복합적인 원인이 있겠으나, 그 일단을 우리는 식민지통치기의 사법관행에서 찾을 수 있음을 위에서 살펴보았다. 그 당시의 사법작용은 식민지경영의 일환으로 악용되었기 때문에 사법은 국민을 위한 국민의 사법이 아니라, 국민을 억압하고 수탈하는 제도로 잘못 뿌리를 박게 되었던 것이다. 사법이 법률기술자들의 요식적인 제품생산과정으로 전락하여 수사와 재판에 관여하는 법률가 계층은 정권안보의 파수꾼으로 전락하는 대가로 정권으로부터 일정한 특권에 가까운 지분을 받아 누려 왔던 것이다. 국민의 자유와 인권을 보장하라고 제도적으로 확립해 준 사법의 존엄성과 사법권독립의 원칙이 사법종사자들의 기득권을 옹호하기 위한 방패막이로 둔갑하기도 했다. 한때 세인들의 입에 오르내리던 수많은 법조비리는 이 같은 구조적인 풍토에서 저질러질 수 있었던 것이다.

이러한 쓴 뿌리가 실무계의 관행과 전통으로 굳어져 권위주의적인 사법, 국민 위에 군림하는 사법, 국민의 눈을 두려워하지 않는 사법, 악법도 법으로 통용시키는 사법이라는 음영(陰影)이 지난 한 세기를 넘어서 우리 사법의 현재까지 드리우고 있는 셈이다.[79] 사법부가 재판을 통하여 국민을 섬기는 자리에 있기보다는 부지불식간에 권위주의적인 사법권행사의 면에 치우쳐 있었기 때문이다. 우리의 사법풍토에서 가장 낙후된 부분을 지적하자면, 수사에 임하는 검·경이나 재판에 임하는 법관이 주인이고 조사받거나 재판받는 당사자는 주체가 아니라 단지 대

---

[79] 김일수,「사법제도의 개혁」, 전게서, 355면.

상이나 객체일 뿐이었다는 점이다. 그러나 당연한 것처럼 인식해 온 이러한 잘못된 관행과 의식은 헌법의 민주주의 원칙과 맞지 않는 것으로서, 빨리 불식되고 개선되어야 할 과제인 것이다. 행정개혁에서 국민의 어깨에 씌워진 까다로운 행정규제를 풀어 국민의 주인 됨과 주체성 그리고 그들의 존엄성의 근거인 자율(autonomy)을 높이듯, 사법개혁도 당사자들의 재판절차형성에서 의사소통과 참여의 기회를 넓히고 자율과 주체성을 높이는 데 초점을 맞춰야 한다.[80]

물론 이렇게 된 데는 법률가들이 익힌 형법학 사고의 영향도 적지 않았다고 생각한다. 비록 일본학자들을 통해 전해진 것이긴 하지만, 우리나라 형법학의 뿌리가 된 독일형법학이론은 빈딩(Binding)에게서 발견할 수 있는 것처럼, 원래 '순수형법학'의 모습이었다. 여기에서는 논리학·법률학적 체계 내의 관련성이 그 고찰대상이었다. 이 순수형법학은 체계적으로 법적용에서 우연과 자의를 배제하기 위하여 균등하고 공평한 사법을 꾀하려는 데 주안점을 두었기 때문에, 형법의 정치적·사회적 차원은 관심 밖에 두었던 것이다.

이에 반해 리스트(v.Liszt)는 범죄투쟁이라는 실천적 요구에 직면하여 사회현실을 법의 세계에 끌어들였다. 이런 관점에서 그는 '총체적 형법학'을 착안했다. 즉 그의 총체적 형법학 사상은 형법과 형사소송법에서 형사실무가들을 논리적·법률적으로 지시하는 것과 관련된 교육적 임무, 범죄학(criminology)과 행형학(penology)에서 범죄와 형벌의 인과관계를 해명하기 위한 과학적 임무 그리고 형사정책으로서 입법의 발전을 기하는 정책적 임무를 그 내용으로 삼고 있다.

그러나 오늘날의 국가질서는 자유적·민주적·사회적 법치국가 원리하에서 하나의 통일된 기능을 담당하고 있는 것이지, 자유 법치국가원리와 사회국가원리 그리고 민주주의원리가 각각 분리된 채 연계되어

---

80   D.Lyons, Ethics and the rule of law, 1984, p.168; 김일수, 「사법개혁 무엇이 문제인가」, 개혁과 민주주의, 348면 이하.

있는 것이 아니다. 특히 근대형법학의 발달사를 따라서 우리는 포이어바흐(Feuerbach)에게서 법치국가적·권위주의적 형법사고를 보고, 리스트에게서 사회국가적·권위주의적 형법사고를 파악할 수 있다면, 오늘날 민주적 법치국가시대에 살고 있는 우리들로서는 바로 이 민주주의원리를 백분 활용하여서 그 이전의 형법학적 사고에 붙어 있던 권위주의 요소를 털어 내버리는 일이 시급하고 또 중요해 보인다.[81]

그리하여 이와 같은 민주적 법치국가 질서하에서 타당할 수 있는 형법학은 아직 권위주의요소를 부착한 '순수형법학'이나 '총체적 형법학'이 아니라 이를 새로운 관점에서 파악한 자유적·민주적 '사회체계에 관한 구조과학으로서의 형법학'(Calliess)이어야 할 것으로 본다. 오늘날 학문방법론으로서도 유용성을 인정받는 '개인의 상호작용 내지 대화적인 의사소통의 체계론'은 커뮤니케이션(communication)에의 참여기회가 널리 보장된 사회체계 내지 이를 통한 개인의 자유와 활동의 신장에 관한 조종 및 규율의 구조를 그 내용으로 삼고 있다. 이런 의미에서 오늘날의 형법학은 사회체계의 구조과학(Luhmann)으로서의 성격을 띤다. 그리고 바로 여기에 형법은 주체-객체관계를 보충하는 상호주관성(Intersubjektivität)을 배려하고 사회적 공동생활의 복잡성을 감소시킴으로써 인간의 사회생활 속에서 평화로운 상호교류·상호작용·정보교환이 더욱 평화롭고 자유스럽게 이루어질 수 있도록 조종·규율하는 기능을 갖게 된다.[82]

바로 이러한 사회체계의 구조과학으로서의 형법학적 사고를 우리나라 법학전문대학원이나 법과대학에서 숙지할 수 있는 기회들이 강화될 때, 특히 형사 법률가들이 형사사법에 잠복해 있는 낡은 권위주의의 무거운 옷을 쉽게 벗어던질 수 있는 지혜와 용기를 얻게 될 것이다. 더

---

81   김일수, 범죄피해자론과 형법정책, 2010, 152면.

82   R.P.Calliess, Theorie der Strafe im demokratischen u sozialen Rechtsstaat, 1974. S.51ff.

불어 법률가들이 왜 수사절차에서 피의자나 참고인들에게 친절하고 온화해야 하며 또한 추상같은 논고나 판결문에서도 피고인들과 방청석에 앉아 있는 일반인들까지도 쉽게 이해할 수 있도록 법률과 법학의 난해한 전문술어를 풀어서 이해하기 쉬운 일상 언어로 말해야 하는지를 내심으로 수긍하고 실천해 나갈 수 있을 것으로 본다.[83]

(3) 탈권위주의를 위한 대화적 소송절차론[84]

소송절차에 남아 있는 권위주의와 관헌주의 내지 관료주의의 잔재를 뿌리 뽑자면 소송구조개혁에 대한 근본적인 발상의 전환이 일어나야 한다고 생각한다. 소송절차에서 특수한 문제들, 예컨대 영미식의 적극적 배심원제도나 지역별로 법원장과 검사장을 주민들이 자치적으로 선출하는 미국식의 이른바 사법자치제도의 도입 또는 유럽대륙식의 참심(參審)재판(Schöffengericht)제도, 그 밖에 판결전조사제도, 공범증인 책임감면제도, 자백협상(plea bargaining)제도, 범죄피해당사자의 형사재판참가제도 같은 새로운 제도를 형사소송법에 도입하려면, 논쟁의 큰 틀에서 빠지지 않고 등장하는 것이 바로 당사자주의와 직권주의 형사소송구조이다.

문제는 우리나라 형사소송구조에서 이미 당사자주의와 직권주의는 그동안 그 연원과 상관없이 다양한 변용을 거듭하면서 현재에는 그 정체성을 확인하기 힘들 정도로 하이브리드가 생성되었다는 점이다. 이두 구조의 연원지라고 할 수 있는 영미법계와 대륙법계에서도 당사자주의와 직권주의는 비록 정도의 차이는 있지만 이미 순수한 원형을 찾기 어려울 만큼 변용을 겪었다는 점을 고려할 때,[85] 오랫동안 수입법학에

---

83   김일수, 「판결문 달라져야 한다」, 법은 강물처럼, 2002, 200면.
84   이 부분은 필자의 범죄피해자론과 형법정책, 2010, 105-117면 및 형법질서에서 사랑의 의미, 2013, 343-344면에서 발췌 · 요약한 것이다.

의존해 온 우리법의 실상을 가늠하기는 그다지 어렵지 않으리라.

미국의 당사자주의적인 배심재판에서 소추 및 공소유지는 오로지 검사의 임무에 속하지만, 영국의 당사자주의에서 사적 또는 국가적 소추이익은 소의 대리자, 즉 대부분의 경우에 경찰, 그 밖에는 공소관, 배심재판에서는 변호사에 의해서도 대리될 수 있다. 반면 피고인의 이익은 공통적으로 변호인에 의해 대리된다. 피고인신문제도는 존재하지 않으며, 공판중심주의가 확립되어 피고인·변호인 및 공소유지 측을 중심으로 한 양 당사자 측은 똑같이 교차신문(cross examination)의 방식으로 증인신문을 이끌어 나간다. 또한 당사자들은 소송절차를 주도하며, 민사소송에서 당사자처분주의처럼 피고인의 자백을 통해 소송대상을 처분할 수도 있고, 합의에 의해 절차형성 및 진행에 영향을 줄 수 있다. 법관은 대륙형사소송에서처럼 직권탐지활동을 통해 판결의 근거를 얻지 않고 단지 질문의 허용 또는 거부를 통해 중립적인 심판자처럼 행동한다. 배심재판의 경우 법관은 배심원과 함께 단지 당사자에 의해 수집된 증거자료만을 기초로 판단한다. 소 제기된 사실, 즉 소인(訴因, count)만이 판결의 대상이 되기 때문에 법원의 소송상 역할은 소극적이며, 그 권한은 당사자주의에 의한 제약을 받는다.[86]

대륙법계의 직권주의 소송구조하에서 변론 및 재판절차의 개시는 탄핵주의 소송구조의 확립 이후, 물론 검사의 공소제기에 의하지만, 일단 공소가 제기되고 나면 그 후 일체의 재판절차는 전적으로 법원의 손에 주도된다. 심지어 피고인의 신문 및 증거조사까지도 법원이 그의 책임하에 행한다. 따라서 법원은 적극적·주도적으로 소송절차에 관여하여 소송을 직권으로 이끌어 나가며, 다른 소송주체에 비해 가장 지배적인 소송상의 기능과 역할을 수행하는 셈이다.

---

85 조병선, 우리나라 형사소송구조의 분석과 비교형사소송의 방법론, 한국형사소송법학회 제7회 발표회 자료집(2009.12), 43면 이하 참조.

86 Ch.J.Emmins, A practical approach to criminal procedure, 4th ed., 1988, p.7.

위에서 두 구조의 자체적 변용을 언급했거니와, 오늘날 영미의 당사자주의라고 하더라도 당사자처분주의로 나가지는 않는다. 아무리 법원의 지위가 소극적이라 해도 법관은 마치 손 하나 까딱하지 않는 국외적인 방관자가 아니다. 당사자주의의 핵심은 검사와 피고인·변호인 양당사자 측의 주장과 입증에 의한 공격·방어활동이 절차형성의 주류를 이룬다는 점에 있을 뿐, 법관은 그 심리에 임하여 중요한 쟁점들이 드러나도록 해야 하며, 또 심리절차상의 문제에 관해 당사자 간에 다툼이 있을 때, 즉각 그 문제에 개입하여 어느 쪽의 손을 들어줘야 할 임무가 있는 것이다. 법관은 사건의 예단에 빠져 편파적이 돼서는 안 되지만, 공평한 입장에서 어느 정도 유형·무형의 능동적인 참여가 요청된다.[87]

반면 대륙법계의 직권주의도 다시 프랑스대혁명 후 이른바 개혁된 형사소송 이전의 규문절차로 되돌아갈 수는 없다. 법관의 진실발견과 양형절차에서 형사 정책적 예방목적을 합리적으로 수행하려면 이들 절차과정에 반드시 다른 소송주체들의 참여를 필요로 하는 때문이다. 따라서 직권주의에도 당사자주의의 일정요소를 가미하지 않을 수 없다. 그 대표적인 예가 우리나라 형사소송법의 개정역사라고 말해도 지나침이 없을 것이다.

우리나라 형사소송구조는 구 형사소송법 통용 시까지는 대륙법계, 특히 독일법계와 유사한 탄핵적인 직권탐지주의 소송구조였으나, 1961년 형사소송법 개정 이래 최근 2007년 형사소송법 대개정에 이르기까지, 수차례 법 개정을 통해 당사자주의 요소가 점점 강화되어 왔다. 현행 형사소송법상 공판절차는 당사자주의를 기본으로 하고, 직권주의를 이에 가미한 형태라고 말해도 좋을 정도다. 현행 형사소송법상 직권주의는 당사자주의에 대해 규제적·보충적 기능만을 담당하기 때문이다.[88]

---

87 이를 공익적으로 요구되는 법원의 후견적 활동이라고도 한다: 신현주, 형사소송법, 2002, 153면.

이와 같이 현행 형사소송법은 당사자주의와 직권주의를 혼합한 비빔밥형태이므로 법원의 소송상 기능과 역할은 영미의 그것보다 강하고, 대륙의 그것보다는 약하다고 할 수 있다. 그런데 우리의 법정풍경은 왜 여전히 권위주의적이고 답답하게 꽉 막힌 것 같은 살풍경인가? 여기에서 벗어나려면 이 하이브리드 성격의 한국 형사소송구조를 땜질식으로 만든 양자 절충이 아니라, 전혀 새로운 제3의 관점으로 향하는 근본적인 발상의 전환이 필요하다. 혼합형 속에 남아 있는 낡은 권위주의 요소를 청산하고, 보다 더 철저하게 민주적이고 평등한 절차적 정의의 관점에서 소송절차구조를 새롭게 체계화할 방도는 없을까? 필자가 오래도록 숙고해 온 대화적 소송절차론이 그 답이 아닐까 하고, 여기에 다시 한 번 조심스럽게 그것의 요지를 펼쳐 보이고자 한다.[89]

소송절차의 법리적 성격은 바로 절차가 의사소통과정이라는 점에 있다. 특히 형사소송은 그 절차 과정에서 대화를 통한 의사소통을 실현하는 조건들을 제공하기 때문이다. 형사사법의 본질이 '진실과 정의에의 지향성'이라면,[90] 그 기초인 실체적 진실의 발견은 이 상호교류적인 의사소통과정에 관여하는 절차참여자들이 각기 문제해결능력을 지닌 동등한 인격주체임을 서로 인정하고, 그들의 자유롭고 평등한 참여가 보장된 대화의 절차적 조건 속에서만 제대로 실현될 수 있다.[91] 그러므로 형사소송절차를 소송주체 및 그 보조자·관여자·이해관계인들의 대화와 상호의사소통과정으로 이해하는 인식의 전환이 우선적으로 필요하

---

88 규제적 기능으로는 당사자의 변론권 제한, 증인신문개입권, 증거결정권, 당사자가 증거로 함에 동의한 증거에 대한 진정성 여부 조사, 공소장 변경허가 등이다. 보충적 기능으로는 직권에 의한 증거조사, 피고인에 대한 보충신문, 검사 또는 피고인이 신청한 증인에 대한 보충신문, 검사에 대한 공소장변경요구 등이다.
89 김일수, 나의 형법 이해 30년—배움과 가르침의 여정에서, 형법질서에서 사랑의 의미, 343면 이하.
90 김일수, 바람직한 양형조사제도, 2010, 235면.
91 이상돈, 형사소송에서 항소심과 상고심의 공판형태, 안암법학 제1호(1993), 362면 주19 참조.

다.[92] 그래야만 이 상호교류적인 의사소통과정에 참여하는 절차참여자들에게 동등한 주체성과 함께 참여기회의 평등이 보장될 수 있기 때문이다.

참여 민주적 법치국가에서 통용될 대안적 형사소송절차는 형법의 귀속, 즉 죄와 벌의 귀속에 관한 소송주체 및 절차참여자들의 평등하고 자유로운 대화와 의사소통에 의한 변증론적 발전과정이라고 말할 수 있다. 왜냐하면 범죄와 형벌은 처음부터 확정되어 있는 것이 아니고, 자유 법치국가적 소송절차의 지도이념인 무죄추정의 법리에서 출발하여 절차참여자들의 '책임확정을 위한 대화'(Schulddialog)를 통한 의사소통과 상호교류 과정을 거쳐 점진적으로 책임귀속의 실체를 확정하여 나가는 것이기 때문이다.[93] 고소(고발)·수사·공소제기 등 일련의 절차는 책임 귀속의 전 과정을 연계시키는 정보제공의 낮은 단계의 것들이다. 여기에서 더 나아가 재판절차를 통한 책임귀속의 과정은 점차 높은 정도의 확정성을 얻기 위한 단계적인 진행과정으로서 낮은 단계의 수사절차로부터 높은 단계의 공소제기절차, 그 다음 단계, 단계로의 변론준비절차, 변론절차와 판결절차로 발전해 나간다. 이런 일련의 과정에 피의자·피고인 및 피해자를 포함한 그 밖의 참고인, 검사와 법원, 변호인·보조인, 전문수사자문위원(형소법 제245조의2)·전문심리위원(형소법 제279조의2), 배심원, 감정인, 증인 및 판결전조사 내지 양형조사를 위한 조사인력까지도 대화적 소송절차과정의 주체들로서 절차에 참여하게 되는 셈이다.

소송절차는 본원적으로 혼자서 읊조리는 독백모델(monologisches Modell)이 아니라 상호 간 의사를 주고받으며 언어로 소통하는 대화모델(dialogisches Modell)이다.[94] 여기에서 소송절차의 목적 실현을 위해 각 소

---

92   R.P.Calliess, ebd., S.97; W.Hassemer, Einführung in die Grundlagen des Strafrechts, 1981, S.12ff.; Mir Puig, Rechtsgüterschutz durch dialogisches Strafrecht, GA(2006), S.667ff.

93   F.Haft, Der Schulddialog, 1978, S.70ff.

94   김일수, 바람직한 양형조사제도, 233면.

송주체는 물론 절차참여자들에게 주어진 역할분담에 상응한 각자의 독특한 개성과 전문성 그리고 동등한 참여를 승인하고 그 기여분을 평가하며, 또한 적법절차 내에서 행위규칙으로 주어진 일정한 규칙(rule)에 따라 절차를 함께 형성해 나간다. 이처럼 대화적 소송절차에서는 모든 참여자가 각기 역할수행의 기회를 갖고 독립된 주체로서 자기 몫을 다하는 것이지 다른 참여자에게 예속된 역할수행자일 수 없다. 각자가 인격적 자율성의 범주 안에서 주체들 상호 간의 편견이나 적대적인 간극을 지양하고, 대립되는 입장을 조정하여, 상호이해의 바탕 위에서 서로 납득할 수 있는 상호주관적 방법으로 죗값 및 벌의 종류, 크기와 정도를 함께 형성해 나가는 것이다.

　형사소송절차를 대화과정으로 이해해야 할 필요성은 오늘날의 재사회화형법의 이론과 실천 여러 곳에서 발견된다. 평등하고 자유로운 담론상황에서 진실은 더 밝고 환하게 드러날 수 있으므로, 대화적 소송구조는 소송절차의 목적을 실현할 수 있는 더 나은 전제로서 의미를 지닌다. 그뿐만 아니라 범인에게 돌아갈 가능한 형사책임과 그와 관련돼 있는 사회의 공동책임(Mitverantwortung)[95]을 균형 있는 시각으로 성찰할 수 있기 때문에 이른바 회복적 사법(restorative justice)의 이념을 실천하는 데도 유용할 수 있다. 더 나아가 범죄행위에 상응하는 죗값과 상호 간 연민과 사랑의 정신에 의한 그 죗값의 청산을 고려하여 범인의 자기화(Personalisation)와 사회화(Sozialisation)라는 적극적 특별예방목적과 범죄피해자의 재사회화뿐만 아니라 사회의 재사회화를 통하여 법규범의 준수와 법질서의 안정에 대한 일반인의 신뢰를 강화하는 적극적 일반예방목적을 실현하는 데도 의미를 지닌다.[96] 특히 참여자들 사이에 소송절차 과정에서 비교적 원활한 소통의 기회가 열린다면 그런 소송절차는 주어진 규범의 틀 안에서 참여주체들 간의 창조적인 협동과 협업을 이루어

95　P.Noll, Die ethische Begründung der Strafe, 1962, S.14, 24ff.
96　Th.Lenckner, Der Strafprozess im Dienst der Resozialisierung, JuS(1983), S.340f.

내는 과정을 뜻할 것이다. 더불어 그 소송절차 이후로 이어질 행형절차도 사회화와 재사회화의 조건을 범죄자의 특성에 맞추어 미리 검증하고 준비하는 과정으로서의 의미를 지닐 수 있어, 형 집행절차에서 오래된 관료주의적 적폐를 씻어내는 데도 효과가 있을 것으로 본다.

어쨌거나 형사소송절차를 이처럼 대화적 구조로 이해하고 그것을 실제로 적용할 수 있는 실천적 과제들을 제도적으로 풀고 확립해 나갈 수만 있다면 당사자주의와 직권주의 소송구조나 이를 혼합한 구조에 잠복해 있는 권위주의잔재를 훨씬 더 용이하게 씻어낼 수 있을 것이다. 그 실천단계에서 고려할 소프트웨어는 아직 생소해 보이지만 유용한 기제들로 채워질 수 있다. 대화는 원래 원탁(round table)에서 원활하게 이루어지는 속성을 감안할 때, 조사실도 법정도 평의하는 방실도 원탁구조로 만들 필요가 있다. 모난 탁자를 중심으로 마주 앉는 조사실, 법단을 중심으로 높낮이를 달리하는 참여자들의 차별화된 위치배정은 권위주의가 기승할 수 있는 잠재적 위험성이 평등하게 둘러앉는 원탁보다 훨씬 높기 때문이다. 하버마스(Habermas)의 '이상적인 담론상황'을 여기에서 굳이 거론하지 않더라도 대화절차에서 독선적으로 누가 누구보다 우월하다는 인상을 비치는 것은 진실발견에 별 도움이 되지 않기 때문이다.

그 밖에도 미래의 어느 시점에서는 우리나라도 행정자치를 넘어서 경찰자치와 미국의 주에서 이루어지는 사법자치와 검찰자치제를 실시할 필요가 있다. 지방법원장, 지방검찰청검사장, 지방경찰청장 등을 주민의 손으로 직접 선출하는 계기가 마련되면, 사법의 독립과 검·경 같은 권력중추기관들의 정치적 중립성확보에 큰 도움이 될 것이기 때문이다. 뿐만 아니라 넓은 의미의 사법 민주화에도 획기적인 변화를 가져다 줄 수 있을 것이다. 더 나아가 법조 인력의 중앙 집중현상을 완화시킬 수 있어, 우리나라에 로스쿨제도를 도입할 때부터 의도하였건만, 지금은 아득히 멀어진 특정대학 출신들의 법조인 편중현상의 흐름을 되돌릴 수 있는 계기도 될 수 있으리라.[97]

대화과정으로서 형사소송절차를 이처럼 이해할 때, 법원의 지위는 직권주의에서처럼 결코 권위주의적이거나 독선적일 수 없다. 또한 검사나 피고인 · 변호인의 지위도 당사자주의에서처럼 투쟁적이거나 독단적일 필요가 없다. 미국식 당사자주의에서조차 법관의 우월적 지위와 권위주의는 불식되지 않는 배경을 곰곰 생각해 보라. 대화적 소송절차가 이상적인 대안이라고 생각하는 이유가 여기에 있다. 여기에서는 피고인과 법관, 검사와 변호인 그리고 피해자와 그의 대리인 등이 원탁의 법정에 둘러앉아 이미 일어난 죄의 극복과 벌의 현안을 놓고, 실책한 동료시민과 공동체의 치유와 회복이라는 미래의 지평을 내다보며 대화로 풀어가는 숙의절차요 협동작업인 셈이다.

이 절차에 참여한 주체들은 형사사법의 본질인 진실과 정의에의 지향성이라는 목표를 향해 서로가 서로를 필요로 하며 마주하고 있다. 이 절차과정에서 누가 누구보다 우월하다는 생각은 오만이며, 권위주의적인 편견이다. 사건의 진실을 아는 데 있어서 피의자나 피해자보다 경찰 · 검찰 또는 법원의 지적 능력이 훨씬 더 뛰어나다고 어느 누가 함부로 속단할 수 있을까. 결코 형사소송절차는 과거만을 회상하는 당사자들 및 이해관계인들의 싸움판이 되어서는 안 된다. 회복이라는 미래의 지평에 초점을 맞추어 공동사회의 비극적인 현상인 범죄문제해결에 당사자들과 이해관계인들이 둘러앉아 보다 더 유연하게 용서와 화해의 가능성을 열어 가는 놀이마당, 그리고 그 놀이마당에서 벌이는 춤판이 돼야 한다는 것이 필자가 꿈꾸는 대화적 형사소송절차의 틀이다.[98]

---

97   허화평, 앞의 책, 133-135면 참조.
98   김일수, 형법질서에서 사랑의 의미, 344면.

VI

결론

이제 이 주제에 관한 결론을 맺어야 할 목표점에 이르렀다고 생각한다. 애당초 의도했던 대로라면 정의론에 관한 더 많은 다양한 관점들을 둘러보고, 주제에선 선별적일 수밖에 없긴 하겠지만, 좀 더 깊은 논의를 이끌어 들였어야 했다. 필자를 포함한 12사람이 공동집필한『한국사회 정의 바로세우기』[1]가 좋은 길잡이가 되리라는 기대는 여기에 이르기까지 변함이 없다. 하지만 그럼에도 불구하고 그 책에 실린 다양한 주제들은 법치국가의 범위를 넘어 상당부분 사회국가의 관점들과 더욱 밀접한 관계에 있는 것들이어서, 기회가 주어진다면 사회국가적 정의실현차원에서 별도의 연구과제로 삼는 것이 좋겠다고 생각했다. 다 나아가입법과 법치주의, 행정과 법치주의 그리고 사법민주화에 대한 좀 더 깊은 논의가 애초 의도했던 바대로 다루어지지 못했다.

또 하나 다루고자 했던 주제는 시간과 정의의 문제이다. 법과 존재의 문제는 이 연구주제의 범위 안에서 자연법론과 법실증주의, 법의 역사성 및 법의 본질적 내용을 보존하기 위한 새로운 논의를 다루는 장을통해 어느 정도 다루었다고 생각한다. 하지만 법과 시간의 문제, 정의의시간적 차원은 여러 군데서 간헐적으로 언급했을 뿐, 별도의 장에서 체계적으로 다루지 못했다. 우리는 과거청산과 관련하여 "너무 때에 늦은정의는 정의가 아니다."라는 말을 비교적 자주 들어 왔다.

---

1   김일수 외 11인 공저, 한국사회 정의 바로세우기, 세창 미디어, 2015.

그러나 헌정사상 초유의 대통령탄핵을 경험하면서 "너무 이른 정의도 정의가 아니다."라는 명제에 대해서는 깊이 생각해 볼 기회가 없었다. 법치주의의 실현에서 양자는 똑같은 무게를 안고 있는 현실의 문제라고 생각한다. 혁명적 욕망이 광장의 정치를 지배할 때엔 법치주의의 확립된 원칙들을 무시한 채, 사법절차에서 아직 실체적 진실과 정의가 그 윤곽을 드러내기도 전에 운동권에서 쏟아내는 광기에 찬 자기표현들, 그리고 또한 적법절차를 걸쳐 신중하게 접근해야 할 사법적 정의에 대해, 사법권의 독립을 훼손할 만큼 정치권으로부터 쏟아지는 막무가내식 자기주장들은 사법에 나쁜 영향을 미칠 만한 정도여서, 법치주의를 뒤흔드는 너무 빠른 예단, 사려 깊지 못한 행동들이었다.[2]

법과 시간의 문제는 그처럼 중요함에도 불구하고, 여기에서는 법의 역사성 문제, 법과 이데올로기 문제에서 그리고 5·18특별법을 둘러싼 소급입법의 문제를 다루면서 스쳐 지나가는 정도에 머물렀다. 이 주제는 형법상 죄형법정원칙의 틀 안에서 특히 소급입법의 문제를 중점으로 다루는 기회가 있을 때, 별도로 깊이 있게 천착하는 것이 좋겠다는 생각이다.

법과 이데올로기에 관련한 중후한 논문들을 모아 한 권으로 엮은 책, 『이데올로기와 법』(Ideologie u Recht)을 출간한 마이호퍼(W. Maihofer) 교수는 그 책에 함께 수록된 자신의 논문, "이데올로기와 자연법"에서 자연법의 역사적 흐름을 이데올로기와 유토피아를 대칭시키면서 해석하는 흥미로운 관점을 제시한 바 있다. 앞서 이미 살펴본 바와 마찬가지로 칼 만하임(Karl Mannheim)과 테오도르 가이거(Theodor Geiger)의 연구 결과가 알려진 이래로 우리는 이데올로기를 사회적인 허위의식으로 이해하고 있다. 이 사회의식의 허위성은 사회의식과 사회존재의 불일치성에서 오는 것을 의미한다. 따라서 이데올로기는 사회존재가 단지 허위로 표현되는 경우뿐만 아니라 누군가가 자의적으로 또는 우연히 이 사

---

2 https://www.seoul.co.kr/news/newsView.php?id=20170403027007&wlog_tag3=daum

회존재를 허위로 조작하는 의식인 것이다.

이런 사회적 허위의식하에서는 양쪽의 이해관계가 대립할 때, 자기편의 입장을 절대시하고, 실은 반쪽 진리에 불과한 자기 쪽의 주장을 전체의 진리인 양 가설화하는 현상이 나타난다. 이런 현상은 어느 일부의 경제적, 사회적 이익을 완전무결한 것으로 내세우는 완전주의를 통해, 또는 정치적, 종교적 세계관을 통해서도 만들어질 수 있다는 것이다. 오늘날 우리 사회의 쟁점 가운데 하나인 낙태죄폐지나 동성혼 합법화 논쟁에서도 어느 일부의 부분적인 진리가 전체적인 진리로 과장되어 주장되는 경우를 예로 들 수 있고, 100년 집권을 입에 올리는 한 정당지도자의 현실과 동떨어진 말 짓기 같은 것도 그 예에 속한다.

법치주의 핵심을 이루는 법 그 자체에 대한 자연법적 근거 지음과 그것을 통한 법의 정당화, 실정법에 대한 자연법의 우위 주장에도 정도의 차이는 있을지라도 이런 유의 허위의식인 이데올로기가 작동할 수 있다. 뿐만 아니라 국가개념이나 국가형벌개념에도 형이상학적인, 도덕신학적인 관점에서 이데올로기화한 이론의 전개가 우리 주위에 숱하게 흘러 다니고 있다.[3] 신화가 지배하던 고대(자연의 본성)에서 신이 지배하던 중세(신의 본성)를 넘어 인간이 중심이 된 근대(인간의 본성)에 이르기까지 이러한 이데올로기적 자연법개념은 형이상학적, 신학적 본질철학의 구름덮개를 머리에 이고 위세를 떨쳐 왔던 것이다. 법 개념에서 이와 같은 이데올로기적인 잔재를 떨어버릴 수 있는 대응사상으로 마이호퍼는 유토피아사상을 이 논의의 중심부로 끌어들인다.

유토피아도 이데올로기와 같은 차원에서 하나의 사회의식이다. 그러나 유토피아는 단지 과거와 현재적인 사회존재에 관계된 것이 아니라, 아직 도래하지 않은 어떤 미래적인 사회존재와 관련을 맺고 있는 것이 그와 다른 지평이다. 이런 의미에서 유토피아는 사회의 어떤 미래 상

3   W.Maihofer(Hrsg), Ideologie u Recht, a.a.O., S.132f.

태를 내다보고 그리는 청사진 같은 것이라고 할 수 있다. 즉 과거나 현재의 상태와 비교하여 보다 더 자유롭고 안전하며, 평등하고 정의로우며, 훨씬 더 인간적으로 존엄하고 살 만한 가치 있는 사회상태에 대한 의식이 바로 유토피아인 것이다.

독일철학자 에른스트 블로흐(Ernst Bloch)가 그의 대표적인 저작 중하나인 『유토피아의 정신』(1918)에서 '추상적 유토피아'와 '구체적 유토피아'를 구별한 이후, 유토피아의 구체적 적용에서 괄목할 만한 진전이 나타났다.[4] 전자는 지금의 사회현실과 완전히 절연하고 현실세계에서는 그 착상을 실현할 가망조차 없는, 한 아름답고 고상한 세계를 단지 사상의 누각 속에 구축하고 있는 것을 말한다. 반면 후자의 구체적 유토피아는 아직 허위로 각색되지 않은 현 상태를 있는 그대로의 현실로 받아들이되, 그것에 만족해하지 아니하고, 도리어 현재성 속에서 내다보는 장래의 보다 인간다운 사회현실의 완성을 이른바 "객관적인 실현가능성"으로 바라보고 오늘, 여기에서 실행에 착수하는 것을 말한다. 다시 말해, 미래의 어느 불확실한 시점이 아니라 내일 또는 모레가 되면, 이루어질 것으로 예상되는 어느 가시적인 전망을, 지금 당장 여기에서 두루 찾으며 문을 두드리며 눈앞에 펼쳐지는 현실로 만들어 가는 것을 말한다.[5] 헤겔(Hegel)이 그의 법철학 서문 끝 부분에서 "미네르바의 부엉이는 저녁노을이 깃들 무렵에야 비로소 날기 시작 한다"고 서술했을 때, 구체적 유토피아의 객관적인 실현가능 사상을 이보다 더 의미심장하게 요약한 것은 일찍이 없었던 것이다.

이 땅위에 법치주의이념을 구현하기 위하여 법 정책적 관점에서 필자가 특히 주목하는 것이 마이호퍼(Maihofer) 교수의 구체적 유토피아 법사상이다. 그의 견해에 따르면 실정법의 한계성을 극복할 수 있는 현대의 자연법사상은 사물의 본성(Natur der Sache)에 기초한 이러한 구체적인

---

4   E. Bloch, Das Prinzip Hoffnung I, 1959, S. 179f.
5   W. Maihofer, a. a. O., S. 135f.

유토피아적 자연법사상이라는 것이다. 이것은 선험적으로 주어져 있는 자연, 신, 인간의 본질에 의해 규율되는 질서가 아니라 현실적 인간의 자발적이고도 창조적인, 즉 도전에 적절히 응전함으로써 개선해 나가는, 연속성을 유지하되 늘 새로운 법을 향하여 열려 있는 질서의식을 뜻한다.[6] 이 구체적 유토피아 법사상은 개인의 최대한의 동등한 자유와 안전을 위한 법치국가를 넘어서 개인의 최대한의 동등한 복지와 정의의 사회국가에까지 이르고, 종국에는 개인의 최대한의 평등한 자유와 안전을 위한 법 유토피아(Rechtsutopie)와 개인의 필요충족과 또한 개인능력의 계발에서 최대한의 평등한 복지와 정의를 위한 사회유토피아(Sozialutopia)의 구상에까지 나아간다.[7] 마이호퍼는 결론적으로 이러한 의미의 자연법, 즉 아직 도래하진 않았지만 가까운 장래에 반드시 되어 질 새로운 법을, 이미 만들어져 있는 현행의 실정법에 대한 비판의 포기할 수 없고 뒤로 물러설 수 없는 지평으로 제시한다.[8]

우리나라 법치주의의 발전을 위해 이제 눈을 조금 더 높이 떠 한번 미래의 지평을 내다보면 어떻겠는가. 바로 위에서 본 구체적 유토피아적 법에서 상정한 법의 지배는 과거가 특정법률의 이름으로 미래를 얽어매고 욕망과 힘이 지배하는 상태를 말하는 것이 결코 아니다. 재탕, 삼탕 과거를 달여 먹으면서 미래의 허리춤을 잡고 뒤로 끌어당기는 한, 법의 지배는 이데올로기의 지배에 휘둘려 제대로 발전해 나가기 어렵다는 것이다. 왜냐, "자연법은 인간의 상황을 참으로 인간다운 사회의 형태를 향하여 변혁하기 위한 기치(旗幟)"[9]이기 때문이다. 이런 맥락에서 볼 때 과거를 바로 세운다는 명목으로 등장하곤 하는 정의는 단지 응징하고 보복하기 위한 정의가 아니었던가. 그런 의도로 정의의 칼을 휘둘

---

6   Ebd., 139; 마이호퍼의 구체적 유토피아 법사상은 앞서 본, 아르투어 카우프만의 법의 역사성에서 본 바, 역사적인 자연법사상과 일맥상통하는 것이다.
7   Ebd., 142f.
8   Ebd., 144f
9   베르너 마이호퍼, 실존법으로서의 자연법, 72면.

러댄다면 역사는 보복의 악순환에서 아마 한 걸음도 앞으로 나아가기 어렵고, 거기에서 나오는 정의는 기껏해야 반쪽짜리 정의에 지나지 않을 것이다.[10] 과거의 경험으로부터 배우며 사회통합이라는 미래의 전망을 열어가는 정의는 사랑과 함께하는 정의여야 한다는 것이 필자의 생각이다. 다가올 새로운 법의 시대에는 정의가 아니라 사랑이 희망의 기초를 놓을 수 있다고 믿기 때문이다.[11]

예나 지금이나 법은 인간의 언어를 통해 표현된다. 법은 생활세계의 신호체계로서 인간의 삶에 필요한 수단이기에 인간의 언어를 통해 항상 자신의 존재와 그 양상을 나타낸다. 이것은 인간생명의 풍성한 삶을 보존하기 위해 주어진 질서의 표현이다. 이러한 질서를 통해 인간과 법은 상존하며 서로를 이해하고 서로를 돕는다. 그러므로 더 좋은 법 상태로 나아가는 길은 결코 통치자의 외로운 결단이나 대중의 혁명에 의해 이루어질 수 없다. 비록 작은 행보일지라도 한 걸음씩 법 속에 살아가는 법의 주체들이 미래의 지평을 내다보고 현실의 법 세계를 끊임없이 새롭게 바꾸고 고쳐 나가는 개인적이고도 연대적인 실천적 삶에서 비로소 이루어질 수 있을 것이다. 법의 지배, 법치주의의 원리는 이러한 삶을 인도하는 길이다. 때로는 좁고 험한 길이기도 하고, 가다가 때로는 거추장스러운 듯해 보이는 철조망을 만나기도 한다. 하지만 이것도 실은 법이, 인간의 삶터에 가까이 있으면서도 잘 보이지 않는 물웅덩이와 가파른 낭떠러지로부터, 인간을 안전한 생명의 길로 인도하기 위해, 바로 그 옆에 미리 설치해 둔 보호막, 즉 지팡이와 막대기의 일종이라는 것을 이해해야 할 것이다.

---

10 헤겔시대의 철학자 쇼펜하우어는 과거를 향한 징벌은 단지 복수가 될 뿐이라고 말했다.

11 M.Douglas Meeks, Love and the Hope for a Just Society, in: F.B.Burnham et al(edt), Love: The Foundation of Hope, 1988, p.41.

참고문헌

Ⅰ. 국내문헌

강수영 역, 에띠엔느 발리바르 외, 법은 아무것도 모른다, 2008

계희열 역, 콘라드 헤세, 헌법의 기초이론, 2001

김동률/최성진, 「체제불법의 형법적 과거청산의 당위성에 대한 연구」, 동아법학 세66호(2015)

김병화, 근대한국재판사, 한국사법행정학회, 1974

김선택, 과거청산과 법치국가, 고려법학 제31권, 1995

김성돈, 국가폭력과 형법 그리고 헌법, 법조, 2018

김성돈, 공소시효제도와 소급금지원칙, 경북대 법학논고 제11권, 1995

김성천 역, 마륵쎈, 소급효금지의 근거와 범위, 형사법연구 8, 1995

김성천, 형법에 의한 체제불법청산, 형사법연구 14, 2000

김영환 역, 아르투어 카우프만, 법철학, 2쇄. 2013

김영환, 공소시효와 형벌불소급의 원칙, 형사판례연구 5, 1997

김일수, 형법학원론, 1988

김일수, 한국형법 Ⅰ (개정판), 1996

김일수, 법·인간·인권, 3판 중판, 1999

김일수 역, 노베르트 브리스코른, 법철학, 1996

김일수, 수사체계와 검찰문화의 새 지평, 2010

김일수, 범죄피해자론과 형법정책―어느 실정법의 안락사, 2010

김일수, 바람직한 양형조사제도, 2010

김일수 형법질서에서 사랑의 의미, 2013

김일수, 「인간의 역사와 교회」, 시대와 지성(이문영 교수 화갑기념논문집). 1988

김일수, 「국가형벌권의 정당화 문제」, 김일수·배종대 편, 법치국가와 형법― 심재우 선생의 형법사상에 대한 재조명, 1998

김일수, 「한국검찰 무엇이 문제인가―그 해법과 과제」, 월간중앙, 2009. 8

김일수, 「법질서에서 정의 — 왜 정의여야 하는가?」, 김일수 외, 한국사회 정의 바로세우기, 2015

김일수, 「위험형법 · 적대형법 · 사랑의 형법」, 고려법학, 제65호, 2012

김일수, 법치주의 확립을 위한 경찰의 역할, 제8기 경찰위원회 백서, 2014

김일수, 「5공의 인권과 사법부」, 5공평가 대토론, 1994

김일수, 사랑과 희망의 법(법 에세이집), 1992

김일수, 개혁과 민주주의, 1996

김일수, 법은 강물처럼(법 에세이집), 2002

김일수, 우리시대의 자화상(칼럼집), 2004

김일수/서보학, 새로쓴 형법각론, 제9판(2018)

김철/버만 공저, 종교와 제도, 1992년 한국어판

김철수, 헌법학신론, 제21전정신판, 2013

김한주, 「안기부법의 문제점과 바람직한 개정방향」, 씨올의 소리, 1989. 7

김항 역, 칼 슈미트, 정치신학, 2010

김호진, 「제5공화국의 정권적 성격」, 5공평가 대토론, 1994

대검찰청, 한국검찰사, 1976

민주사회를 위한 변호사모임, 반민주악법개폐에 관한 의견서, 1989

박병호, 개화기의 법제, 정범석 박사 화갑기념논문집, 1977

배종대, 「보안처분과 비례성원칙」, 김일수 · 배종대 편, 법치국가와 형법 — 심재우 선생의 형법사상에 대한 재조명, 1998

백승헌, 「악법개폐의 제문제」, 대한변호사협회, 1987/1988 인권보고서

법무부 검찰국, 검찰국지, 1987

변종필, 「사랑과 정의의 관계」, 고려대 법학석사학위논문, 1987

변종필 역, 빈프리트 하쎄머, 형사소송에서 처분 불가능한 것, 배종대 · 이상돈 편역, 형법정책 — 법치국가와 형법.1998

변종필, 「반인도적, 국가적 범죄와 공소시효」, 비교형사법연구 제8권 제1호, 2006

스즈키 게이후, 법을 통한 조선식민지지배, 고려대 박사학위논문, 1988

신현주, 형사소송법, 2002

심재우 역, 베르너 마이호퍼, 법치국가와 인간의 존엄, 1994

심재우, 저항권, 고려대 법학논집 제26집, 1991

심재우, 「시민불복종과 저항권」, 한국법철학회 편, 법치국가와 시민불복종, 2001

오민용, 존 피니스의 법사상 연구, 고려대 법학박사학위논문, 2018

유석성, 함석헌의 비폭력 저항, 서울신대 교수논총 제20집, 2008

윤재왕 역, 노베르트 회르스터, 법이란 무엇인가?, 2009

윤재왕 역, 프랑크 잘리거, 라드브루흐의 공식과 법치국가, 2판, 2011

윤재왕 역, 베르너 마이호퍼, 실존법으로서의 자연법, 2011

윤재왕 역, 쿠르트 젤만, 법철학, 제2판, 2010

이상돈, 법의 깊이, 2018

이상돈, 형사소송에서 항소심과 상고심의 공판형태, 안암법학 제1호, 1993

이선근, 한국사(현대편), 진단학회, 1963

이재룡 역, 라인홀트 치펠리우스, 법의 본질, 1999

이재룡, 조선─예의사상에서 법의 통치까지, 예문서원, 1995

이준일, 헌법학강의, 2005

장영민 역, 니콜라 레시, 국가형벌론, KIC번역총서 13, 2012

전용희 역, 아르망 마틀라르, 감시의 시대, 2012

조규창, 「서구법 수용에 있어서 법학교육의 역사적 의의」, 근대서구학문의 수용
과 보전(普專), 1986

조병선, 우리나라 형사소송구조의 분석과 비교형사소송의 방법론, 한국형사소송
법학회 제7회 발표회 자료집, 2009.12

조준희, 「사법부의 개혁」, 대한변호사협회, 인권과 정의, 1993. 8

하상복, 하버마스의 『공론장의 구조변동』 읽기. 2016

한국형사정책연구원 역간, 울리히 지버, 전세계적 위험사회에서 복합적 범죄성
과 형법, 2011

한인섭, 식민지적·권위주의적 지배구조와 법체계, 계간 사상과 정책, 가을 호,
1989

허승호, 「머나먼 법집행 선진화」, 동아일보 시론, 2009. 11. 25.

허영, 한국헌법론(제11판), 박영사, 1999

허일태, 권위주의시대의 반인륜적 범죄행위와 소급효금지원칙, 동아법학 31,
2002

허화평, 사상의 빈곤이 가져온 우리시대 모순과 상식, 2018

홍영기, 과거사에 대한 법적 처리의 정당성과 가능한 대안, 법철학연구 10권 2호, 2007

홍영기, 「법이념관점에서 죄형법정주의」, 김일수교수 화갑기념논문집, 2006

홍영기, 「소급효금지원칙의 확립근거와 구체적 적용」, 안암법학 제22호, 2006

황영철/정옥배 역, 존 스토트, 그리스도의 십자가, 1988

https://blog.naver.com/goldbuy/140010959259

https://blog.naver.com/goldbuy/140010959285

https://blog.naver.com/goldbuy/140010959222

http://sichdb1.chosun.com/pdf/i_service/pdf_ReadBody.jsp?ID=20190115001
05

http://www.munhwa.com/news/73011000001view.html?no=20190110010

http://news.donga.com/3/all/201902113/94087263/1

http://www.seoul.co.kr/news/newsView.php?id=20170220031018&wlog_tag
3=daum

https://www.konas.net/article/article.asp?idx=41396

II. 외국문헌

Alexy, R., Begriff u Geltung des Rechts, 1992

Barth, K., Römerbrief, Zürich, Theologischer Verlag, 1984

Berman, H.J., The Interaction of Law and Religion, 1974

Bloch, E., Naturrecht und menschliche Würde, 1961

ders., Das Prinzip Hoffnung I, 1959

Böckenförde, E.W., Die verfassungstheoretische Unterscheidung von Staat
und Gesellschaft als Bedingung der individuellen Freiheit, 1973

Buber, M., Das Problem des Menschen, 4.Aufl., 1971

ders., Ich und Du, 1967

Buchholz-Schuster, Rechtsphilosophische Legitimation der Rechtspraxis nach
Systemwechseln, 1988

Burckhardt, G., Was ist Individualismus?, 1913

Calliess, R.P., Theorie der Strafe im demokratischen u sozialen Rechtsstaat, 1974

Coing, H., Grundzüge der Rechtsphilosophie, 3.Aufl., 1976

v.Coudenhove-Kalergi, R., Totaler Mensch, totaler Staat, 1965

Denninger, E., Rechtsperson und Solidarität, 1967

ders., "Rechtsstaat" od ""Rule of Law"—was ist das heute?, in: Lüderssen-FS, 2002

Dreier, R., Mauerschützen, 1993

Emmins, Ch.J., A practical approach to criminal procedure, 4th ed., 1988

Eser/Arnold/Kreicker, Strafrecht in Reaktion auf Systemunrecht, 2001

Fechner, E., Rechtsphilosophie, 1956

Habermas, J., Wie ist Legitimität durch Legalität möglich?, in: KJ 1987

Haft, F., Der Schulddialog, 1978

Hart, L.L., The Concept of Law, 2nd ed., 1994

Hassemer, W., Einführung in die Grundlagen des Strafrechts, 1981

Henkel, H., Die Selbstbestimmung des Menschen, In: K.Larenz-FS, 1973

ders., Rechtsphilosophie, 2.Aufl., 1977

Hesse, K., Bemerkungen zur heutigen Problematik und Tragweite der Unterscheidung von Staat und Gesellschaft, in: Die Öffentliche Verwaltung, 1975.7.

Heydte, F.A.v., Vom Wesen des Naturrechts, in: ARSP43, 1957

ders., Existenzialphilosophie u Naturrecht, in: W.Maihofer, Nr od Rp, 1972

Hobbes, Th., Leviathan, Ausgabe von I.Fetscher, 1966

Husserl, G., Recht u Zeit, 1955

Isensee, J., Subsidiaritätsprinzip u. Verfassungsrecht, 1968

Jacobs, G., Staatliche Strafe : Bedeutung und Zweck, 2004

ders., Strafrecht AT, 2. Aufl., 1991

Jehn, Margarete, Niemands Land, H.Böll(Hrsg), Niemands Land Kindheitserinnerungen an die Jahre 1945 bis 1949, 1987

Kant, I., Die Metaphysik der Sitten, in: Kant-Werke, Bd.VIII, 1968

Kaufmann, Arth., Rechtsphilosophie im Wandel, 2.Aufl., 1984

ders., Tendenzen im Rechtsdenken der Gegenwart, 1976

ders., Subsididiaritätsprinzip und Strafrecht, in: H.Henkel-FS, 1974

ders., Rechtsphilosophie in der Nach-Neuzeit, 1990

ders., Vorüberlegungen zu einer juristischen Logik u Ontologie der Relationen, in: Rechtstheotie 17(1986), ders., Theorie der Gerechtigkeit, 1984

ders., 「Martin Luther King-Gedanken zum Widerstandsrecht」, Rechtsphilosophie im Wandel, 2.Aufl., 1984

Kim, Il-Su, Die Bedeutung der Menschenwürde im Strafrecht, Diss. München, 1983

ders., Der Gesetzlichkeitsgrundsatz im Lichte der Rechtsidee, Roxin-FS, 2001

Kinkel, 40 Jahre SED-Unrecht, Eine Herausforderung für den Rechtsstaat, 1.Forum des Bundesministers der Justiz am 9.7. 1991 in Bonn, ZG Sonderheft 1991

Kubes, Die Illusion der Gerechtigkeit, in:Rechtstheorie 17(1986)

LaFave/Scott, Criminal Law, 8th reprint, 1985

Lagodny, O., Strafrecht vor den Schranken der Grundrechte, 1996

Lampe, E.J., Rechtsanthropologie, Bd.1, 1970

Lang-Hinrichsen, D., Zur ewigen Wiederkehr des Rechtspositivismus, in: Mezger-FS, 1954

Lenckner, Th., Der Strafprozess im Dienst der Resozialisierung, JuS(1983)

v.d.Leye, O., Vom Wesen der Strafe, 1959

Luhmann, N., Gibt es in unserer Gesellschaft noch unverzichtbare Normen? 1993

Lyons, D., Ethics and the rule of law, 1984,

MacCormick, N., Questioning Sovereignty, 1999

Maihofer, W., Rechtsstaat und menschliche Würde, 1968

ders., Menschenbild und Strafrechtsreform, 1964

ders., Vorwort, in: Begriff u. Wesen des Rechts, 1973

ders., Der Unrechtsvorwurf, in:Th.Rittler-FS, 1957

ders., Die Bindung des Richters an Gesetz u Recht(Art.20Abs.3GG), in: Annales Universitatis Saraviensis, Serie Rechts- u Wirtschaftswissenschaften, Vol.VIII(1960), 1/2

ders., Die Natur der Sache, in: Arth.Kaufmann(Hrsg), Die ontologische Begründung des Rechts, 1965

ders., Recht u Sein. Prolegomena zu einer Rechtsontologie, 1954

ders., Vom Sinn menschlicher Ordnung, 1956

ders., Naturrecht als Existenzrecht, 1963

ders., Ideologie u Recht, ders.(Hrsg). Ideologie u Recht, 1969

ders., Ideologie u Naturrecht, in:ders.(Hrsg), Ideologie u Recht, 1969

Marcic, R., Vom Gesetzesstaat zum Richterstaat, 1957

ders., Ein neuer Aspekt der Menschenwürde, E.v.Hippel-FG, 1965

ders., Der unbedingte Rechtswert des Menschen. Seine Würde und Freiheit als präpositive Strukturelemente der positiven Rechtsordnung, E,Voegelin-FG, 1962

ders., Rechtsphilosophie Eine Einführung, 1969

Meeks, M.Douglas, Love and the Hope for a Just Society, in: F.B.Burnham et al(Edt), Love: The Foundation of Hope, 1988

Meier, Die Reform des Ermittlungsverfahrens, in : GA(2004/8)

Menger, Ch.F., Der Begriff des sozialen Rechtsstaates, in: E. Forsthoff(Hrsg.), Rechts- staatlichkeit u. Sozialstaatlichkeit, 1968

Messner, J., Das Naturrecht, 3.Aufl., 1958

Mir Puig, Rechtsgüterschutz durch dialogisches Strafrecht, GA(2006)

Moens, v., Gleichheit als Wesensmerkmal der Gerechtigkeit, in : ARSP(1975)

Müller, I., Rechtsstaat und Strafrechtsverfahren, 1980

Münch, F., Die Menschenwürde als Grundforderung unserer Verfassung, 1951

Naucke. W., Die strafrechtliche Privilegierung staatsverstärkter Kriminalität, 1996

Noll, P., Die ethische Begründung der Strafe, 1962

Nowakowski, F., Zur Rechtsstaatlichkeit der vorbeugenden Maßnahmen, in:

H.v.Weber-FS, 1963

Perelman, Ch., Über die Gerechtigkeit, 1967

Radbruch, G., Rechtsphilosophie, 3.Aufl., 1932

ders., Fünf Minuten Rechtsphilosophie, 1945

ders., Gesetzliches Unrecht u übergesetzliches Recht, SJZ, 1946

ders., Der Mensch im Recht, 1957

ders., Der Geist des englischen Rechts, 3.Aufl.,1956

ders., Die Erneuerung des Rechts, in: W.Maihofer(Hrsg.), NR od RP?, 1972

ders., Gesamte Ausgabe, Rechtsphilosophie III, 1990

Ralws, J., A theory of justice, 1973

Reese-Schäfer, Was ist Kommunitarismus?, 2. Aufl., 1995

Richter, W., Mensch und Recht, 1953

Riezler, E., Der totgesagte Positivismus, in: W.Maihofer(Hrsg), NR od RP?, 1972

Rommen, H., Die ewige Wiederkehr des Naturrechts, 2.Aufl., 1947

Roxin, C., Strafrecht AT I ,3.Aufl., 1997

Saliger, F., Radbruchsche Formel u Rechtsstaat, 1995

Sauer, E.F., Staatsphilosophie, 1965

Schmitt, C., Theorie des Partisanen, 1975

Schneider, P., In dubio pro libertate, in: Hundert Jahre deutsches Rechtsleben, Bd. II, 1960

Shim, Zai-Woo, Widerstandsrecht und Menschenwürde, Diss. Bielefeld, 1973

Seidel, Rechtsphilosophische Aspekte der "Mauerschützen"-Prozesse, 1999

Süsterhenn, A., Das Naturrecht, in: W.Maihofer, Nr od Rp?, 1972

Vassalli, G., Radbruchsche Formel u Strafrecht(이태리어의 독어역 Vormbaum), 2010

Verdross, A., Was ist Recht?, W.Maihofer(Hrsg), Naturrecht od Rechtspositivismus?, 1972

Welzel, H., Das Recht als Gemeinschaftsordnung, in: H.Henkel-FS, 1974

ders., Vom irrenden Gewissen, 1949

ders., Persönlichkeit u Schuld, in:ders., Abhandlungen, 1975

ders., Naturrecht u Rechtspositivismus, in:ders., Abhandlungen, 1975

ders., Über die ethischen Grundlagen der sozialen Ordnung, in: Abhandlungen,
  1975

찾아보기

285

김일수

고려대학교 법과대학 졸업
제12회 사법고시 합격, 사법연수원 제2기 수료, 변호사
고려대학교 대학원 수료(법학석사)
독일 München 대학 수학(법학박사: Dr. jur)
독일 Humboldt Foundation Fellow
미국 Harvard University Law School Visiting Scholar
고려대학교 법과대학 교수, 학장 역임
한국형사정책연구원장, 국가경찰위원장 역임
현재 고려대학교 법학전문대학원 명예교수
　　　중국 무한대학 법학원 겸직교수, 길림대학 · 요령대학 법학원 객좌교수
　　　Zeitschrift f.d. ges. Strafrechtswissenschaft(ZStW) 국제편집자문위원

저서 및 역서
한국형법 I (총론 상)/II (총론 하)/III (각론 상)/IV (각론 하)
새로 쓴 형법총론(제13판)(2008년 중국어 역간; 2019년 일본어 역간)
새로 쓴 형법각론(제9판)
사랑과 희망의 법/개혁과 민주주의/공정사회로 가는 길/
법 · 인간 · 인권/수사체계와 검찰문화의 새 지평/범죄피해자론과 형법정책/
바람직한 양형조사제도/전환기의 형사정책/형법질서에서 사랑의 의미/
Lebensschutz im Strafrecht(Mithrsg.)/C.Roxin, 형사정책과 형법체계 (역서)/
N.Brieskorn, 법철학 (역서)/G.Jakobs, 규범 · 인격 · 사회 (공역) 외 다수

한국의 법치주의와 정의의 문제

초판 인쇄　2020년 10월 7일
초판 발행　2020년 10월 15일

지은이 김일수
펴낸이 이방원
펴낸곳 세창출판사
　　　신고번호 제300-1990-63호
　　　주소 03735 서울시 서대문구 경기대로 88 냉천빌딩 4층
　　　전화 02-723-8660　팩스 02-720-4579
　　　이메일 edit@sechangpub.co.kr　홈페이지 www.sechangpub.co.kr
　　　블로그 blog.naver.com/scpc1992　페이스북 fb.me/Sechangofficial　인스타그램 @sechang_official

ISBN 978-89-8411-801-0 93360

이 도서의 국립중앙도서관 출판예정도서목록(CIP)은 서지정보유통지원시스템 홈페이지(http://seoji.nl.go.kr)와
국가자료공동목록시스템(http://www.nl.go.kr/kolisnet)에서 이용하실 수 있습니다.(CIP제어번호: CIP2020041141)